# 中國學術思想 研究輯刊

六 編

林慶彰 主編

第 18 冊

《諸儒鳴道》與道學之再檢討

邱佳慧 著

花木蘭文化出版社

國家圖書館出版品預行編目資料

《諸儒鳴道》與道學之再檢討／邱佳慧 著 — 初版 — 台北縣永

和市：花木蘭文化出版社，2009〔民 98〕

目 4+220 面；19×26 公分

（中國學術思想研究輯刊 六編；第 18 冊）

ISBN：978-986-254-069-5（精裝）

1. 儒學　2. 理學　3. 研究考訂

121.2　　　　　　　　　　　　　　　　98015286

ISBN - 978-986-2540-69-5

9 789862 540695

中國學術思想研究輯刊

六　編　第十八冊　　　　　　　ISBN：978-986-254-069-5

《諸儒鳴道》與道學之再檢討

作　　　者　邱佳慧
主　　　編　林慶彰
總 編 輯　杜潔祥
出　　　版　花木蘭文化出版社
發 行 所　花木蘭文化出版社
發 行 人　高小娟
聯 絡 地 址　台北縣永和市中正路五九五號七樓之三
　　　　　　電話：02-2923-1455／傳眞：02-2923-1452
網　　　址　http://www.huamulan.tw 信箱 sut81518@ms59.hinet.net
印　　　刷　普羅文化出版廣告事業
封 面 設 計　劉開工作室
初　　　版　2009 年 9 月
定　　　價　六編 30 冊（精裝）新台幣 50,000 元

# 《諸儒鳴道》與道學之再檢討

邱佳慧　著

## 作者簡介

作者邱佳慧，畢業於中國文化大學史學研究所博士班，於蔣義斌（曾任臺北大學歷史系主任）教授指導下，先後完成碩論《道學運動中的劉安世》與本著（博論），順利取得博士資格，作者多年來關注於宋代學術思想史的相關議題，積極參與相關學術團體，如宋代史料研讀會、年輕學者論文精進會等，亦於期間發表過數篇文章，包括〈由墓誌銘看二程對婦女的書寫〉〈從「請銘」與「撰銘」探究宋代社會的倫常關係〉與〈從《諸儒鳴道》看道學家對文字語言的省思與應用〉，目前擔任臺北醫學大學通識教育中心助理教授一職。

## 提　　要

　　這篇論文的主要目的，是透過《諸儒鳴道》這部上海圖書館館藏的珍貴資料，重新檢討道學運動發展的軌跡及其蘊含的精神。《諸儒鳴道》之所以珍貴，並不僅止於她以孤本姿態保留了許多比現存宋人文獻更為可靠一手的版本，更因為他為道學運動開闢了一個全新的視角，吸引許多海內外學界學者開始投注研究心力於此，並回頭檢視道學運動的學術成果。本文藉由分析這部作品，總結出一些論點。

　　第一，《諸儒鳴道》將道學多元化的面貌表露無疑，也修正了狹隘的道學定義，《諸儒鳴道》收錄道學家的標準，提醒我們應當用更為包容的態度從事研究工作，道學運動多元化的特性，展現在道學家的人際關係網絡之上，以《諸儒鳴道》和《宋元學案》的資料相互對比，可以發現整個道學運動遠比我們所理解的更為複雜和豐富，道學群體彼此之間的交流，包括講學、游學、會講、授徒等等，他們透過學術活動從而使學術思想相互激盪，讓學術內涵更為精進，由此，也可以推知當時的學術關係網絡是綿密而交錯的，道學家們很清楚彼此之間的學術關係，但對研究道學運動者而言，這些關係並不十分容易定義，站在研究的角度上來說，正因為「多元化」的面貌，正名「道學」與「道學家」這個工作更顯必要和重要。同樣在這個點上，《諸儒鳴道》更提供了一個新的「道學譜系」，這個譜系所包含的道學家包括涑水學派司馬光、劉安世；朱熹長久以來攻詰的學者張九成；以及名不見經傳的江民表、潘殖等人，上述諸位均不含括於朱熹所宗主的道統之中，換句話說，集理學之大成的朱熹並未收錄他們於《伊洛淵源錄》中，這其中反映出一個情況，那就是朱熹對早期道學譜系有所修正，他剔除了原先在道學運動中實際參與的司馬光等人，朱熹這項修正的舉動背後隱含著雙方經史觀認知的差異性，是故以司馬光為首的重史派，在學術競爭的過程中，被朱熹抽離掉，隨後，道學自身發展及後人學者的研究中，這些道學家就漸漸被忽略和遺忘了，幸虧，《諸儒鳴道》保留這些人的重要文獻，也還原了當時某些程度的原貌，突顯了重新評價某些道學家定位的價值，並回應了朱熹的道譜。

　　第二，《諸儒鳴道》證明了道學家的心學，是落實在「即道體即工夫」的修養之中，這或許能修正傳統學界認為道學就是只談性理的偏狹見解。道學運動在宋朝雖然三番兩次遭受打擊，但是他們並未銷聲匿跡，道學家們反而在最基礎的底層中，持續推動和實踐道學的宗旨，從《諸儒鳴道》所收的道學家，他們的生平事蹟，可茲佐證，例如他們不約而同地在吏治上多有傑出的表現，江民表和劉安世都曾經擔任過諫官，他們以不惜丟官的正直表現，獲得他人讚許，也同樣受人尊敬，朱熹就曾經表述過他對江民表的諫官行為很是佩服，劉安世高風亮節的行為，也換得「諫官當如劉安世」這樣的美稱，又如周敦頤安貧樂道地擔任縣官，專心治理地方事務，即使無法當官，也能回歸到從學和自我修身的生活，又或者共同致力於地方教育事業，從他們關懷社會底層的實際行跡，足以說明他並不是打著「心性道德」的高帽旗幟，亦不是標誌著

「內聖外王」的空泛口號,尤其是《諸儒鳴道》中的這些道學家,其儒學思想有別於其他時代的儒學表述,他們把心性、道體和實踐修養功夫結合在一起,而這種完美融合是道學家透過不斷自我錘鍊與修正檢驗後的精髓,他們在最實際的運作中,求取最廣泛的效用,這些是儒學對社會場域中的秩序最深刻的堅持。

綜前所述,《諸儒鳴道》的確提供了一個新的角度,檢視道學,本文透過《諸儒鳴道》提出這些有別於傳統的見解,對整個道學研究領域和我個人而言,這都只是一個起點,雖然猶有未逮,但仍然可以作為研究的開端,讓這個開端能夠朝著更好的方向前進。

# 目

# 次

# 第一章 緒 論

## 第一節 研究旨趣與方法

### 一、研究動機

　　尋找歷史真相，釐清歷史問題，一直是史學研究的重要意義和價值，而這個尋求史實的課題背後，不單純只是對知識學問的渴望，還隱含著自我認同的問題意識，思考著自我與研究工作有何關係？我能期待什麼？我想追求什麼？我所從事的研究活動，究竟能夠創造多少價值？爲多少人帶來助益？這些問題早於筆者碩士論文撰寫階段，便一直縈繞在腦海中。隨著碩士論文個案研究的階段趨近尾聲，對筆者而言，這些問題似乎並沒有找到十分滿意的答案，但可以肯定的是，在這些問題意識的催促下，課題研究對於自我認識，是有相當大的助益。回憶碩士階段，透過對司馬光弟子劉安世的個案研究——〈道學運動中的劉安世〉，[註1] 對道學運動的發展，有了一些粗淺認識，也驚訝於道學運動的多元化面貌，遠比想像中豐富，不僅如此，筆者更

---

〔註1〕 邱佳慧，〈道學運動中的劉安世〉，中國文化大學史學研究所碩士論文，民國90年6月。該論文主旨透過對司馬光弟子劉安世的研究，兼論道學運動的發展情形，其中，特別針對劉安世的相關作品——《元城先生語錄》、《劉先生譚錄》、《劉先生道護錄》進行研讀分析，並說明劉安世一生追求誠的精神，以此爲修身處世的重要指標。另外，也指出劉安世與道學運動的關係密切，由這個個案，可以說明即便是從學界較不熟悉的劉安世入手，都能發掘如此豐富的文獻，遑論整個道學運動蘊含多少多元及複雜的內容。

深感佩服於道學家的人格表現，及他們高度自我道德要求的堅持，在探究他們闡揚道學與修養自身功夫的同時，有一部分的「成果」，在無形中，亦轉化為筆者自我認知與認同的動力，秉持著這種堅持，持續進行道學運動的研究工作。

從原先個案研究的成果，發現道學運動原是一種多元面向的發展態勢，整個蓬勃發展的運動，蘊含了許多鮮為人知的面貌，這些面貌有待發掘及被揭示開來，為了了解道學運動的痕跡，不得不注意到由宋人編輯而成的《諸儒鳴道》這部作品。《諸儒鳴道》雖然是一部編者未明的編輯作品，但這部作品激起了學界對道學運動研究的浪潮，也讓發掘道學運動軌跡與面貌的可能性，隨之提高。

學界開始注意《諸儒鳴道》一書的緣由，與杜維明先生有關。於 1986 年初，上海圖書館曾向杜維明先生介紹此書，他覺得極有價值，又獲悉陳來先前已利用北京圖書館館藏複印宋本《諸儒鳴道》撰寫文章〈略論《諸儒鳴道》〉，〔註2〕他一方面建議北京圖書館購藏此書；另一方面，又同陳來索閱該文〈略論《諸儒鳴道》〉，這些舉動說明了他對這部書的高度興趣，也間接引發學界對此書的注意。〔註3〕《諸儒鳴道》宋刻本原先藏於上海圖書館，經過北京圖書館的購藏，以及山東友誼書社的發行印刷，現已為許多大學院校所收藏書之一。

大陸學界對《諸儒鳴道》進行了一系列基礎的研究工作，顯示出他們對此書的重視，包括一九九六年上海圖書館啓動重點科研項目——古籍善本全文光盤製作，也就是將館藏古籍善本全部數字化，並分期上網服務海內外讀者，首次上網的二十種善本中宋刻本佔十七種，亦包括了海內外稀見的《諸儒鳴道》。〔註4〕另外，一九九七年，四川大學開始進行耗費大量人力、時間及經費編纂《儒藏》——儒藏文獻集大成計畫，同樣倡議編纂《儒藏》工程的另兩所大學（北京大學、人民大學），亦同步進行著各自的時程表，川大的計畫是中國孔子基金會的重大項目，獲資助經費三百億元，可謂相當龐大而有系統的學術工作，

---

〔註2〕 陳來，〈略論《諸儒鳴道集》〉，收於《中國近世思想史研究》，北京，商務印書館，2003 年，頁 3～21。

〔註3〕 陳來，〈豈弟君子教之誨之——張岱年先生與我的求學時代〉，收於《中國學術論壇》，一文提及杜維明發現《諸儒鳴道》一書的過程。

〔註4〕 從上海數字圖書館網站介面上載有大陸學界特別經過處理，予以資訊數字化的二十種古籍。參考網址為 www.digilib.sh.cn/dl/gjsb.gill.htm。

二〇〇四年川大還特地召開「《儒藏》專題會議」以發表和檢討當前的成果。在該次會議中，川大古籍所所長舒大剛，特別說明《儒藏》的編纂分類原則，其中〈論部〉分爲五類：儒家類、性理類、禮教類、政論類、雜論類，而《諸儒鳴道》被收於專講心性命理的"性理類"之中。〔註5〕另外，二〇〇三年度上海市哲學社會科學研究規劃課題之中，也包含了一項由復旦大學學者符云輝所主持，名稱爲「《諸儒鳴道集》：文本及意義研究」的學術計畫。〔註6〕甚至有學者以《諸儒鳴道》作爲研究主題撰寫文章，如田浩在《朱熹的思維世界》以及〈金代的儒教：道學在北部中國的印迹〉、〈宋金元文化思想碰撞與融合：探究郝經的夷夏觀、正統論與道學演變〉等文，〔註7〕如陳來〈略論《諸儒鳴道集》〉，〔註8〕河南師範大學趙振也曾考證出《諸儒鳴道》所收的《二程語錄》是《二程遺書》的未經修訂初稿本。〔註9〕綜上所論，海內外學界對於《諸儒鳴道》的研究，可以說是興致昂昂，故可知，《諸儒鳴道》對研究和探尋道學運動發展軌跡，具有了相當大的價值和吸引力。

在《諸儒鳴道》尚未被發現之前，朱熹的道統觀仍舊是明清以來的主要視野，朱熹哲學在宋代學術思潮發展上，佔有相當重要的地位，元代以來，作爲官方哲學，主導人們長達七百餘年，其哲學影響之深遠，時至今日，仍不減反增。這與他能夠匯集前人成果並予以創新有關，他統整二程思想，批判並吸收張載的氣化說，融會邵雍象數說，繼承周敦頤道德性命說，堅持儒家立場卻不忘融會佛釋之道，朱熹作爲一位哲學家，其思想可謂博大精深。朱熹於《伊洛淵源錄》創立了一條學術譜系，這條譜系經過爭辯，成爲學術上的正統，甚至意圖承接了古聖道統，他們所形成的哲學體系有其共同的特點：第一、建立較爲完整的本體論；第二、提出有系統地道德本體論的人性

---

〔註5〕舒大剛，〈談談《儒藏》的編纂分類問題〉，《四川大學學報》，2004年第4期。可參考儒藏網：www.ruzang.net。

〔註6〕文科科研處編，《文科科研簡報》，2003年第5期（總第26期），2003年11月，封底。介紹當時的重要研究計畫。根據該簡報所列，其計畫預計於2004年3月完成，但目前尚未能發現其成果報告。

〔註7〕田浩，〈金代的儒教：道學在北部中國的印迹〉，《中國哲學》，第14輯，北京，人民出版社，1988年，頁107～141。

〔註8〕陳來，〈略論《諸儒鳴道集》〉，收於《中國近世思想史研究》，頁3～21。

〔註9〕由華東師範大學人文社會科學信息網獲悉大陸學者趙振於2005年10月，在華東師範大學與洛陽大學合辦的「程朱與宋明理學國際學術研討會」中發表文章，其文章主題敘述《諸儒鳴道》所收錄的《二程語錄》是未修訂版本。

學說；第三、提出修養功夫論。這種以朱熹道統爲主線的基調，也成爲許多研究者的靠山，大家將學術論著的重點，僅擺放在幾位重要的思想家及其前後學人身上，常以北宋五子作爲開端，或有時上溯宋初三先生，而朱熹無疑成爲集大成的有功人物，與之同時期的陸九淵，在近人論著中常常只是陪襯的角色。〔註10〕

　　這些傳統的道學研究見解，在《諸儒鳴道》受到注意之後，終於有了不同的研究方向，也才讓道學運動的發展軌跡，有重新被檢討的機會，這亦爲本論文的研究動機。

## 二、研究主題與方法

　　本論文主要的研究對象，便是《諸儒鳴道》這部作品，筆者擬從思想史的角度，藉由分析《諸儒鳴道》兼論道學運動，其方法論上，主要採用文獻學，輔以歷史詮釋學、譜系學的方法來剖析《諸儒鳴道》。由於《諸儒鳴道》編者未明，所以無法透過分析編輯者，而獲知編輯目的，自然也無法從這個問題點上，獲取重新理解當時歷史背景的資訊，爲了解決這個窘境，筆者擬用作品本身的文獻，作爲開展討論內容的基礎，從細部上來說，對文獻進行整理、編纂、解釋工作，使資料條理化、系統化，並應用詮釋學的方法和經驗，詮釋《諸儒鳴道》的內容，這其中還會涉及到經學和儒學的研究理論，舉凡分析《諸儒鳴道》所收諸儒對原始經典的理解、分析他們如何參與道學運動、探索他們在道學運動中的地位和重要性等等，都仰賴上述方法論以兹輔助。事實上，從事道學運動文獻的研究，基本上，是一種經典重構的工作，道學家以他們特有的方式，對經典作出分類或注釋，在其對經典研究的過程，道學家會將閱讀的心智和掌握經文的「理解」活動，建構在合理化的系統之內，並載錄於文獻上，道學家對文獻的理解，會影響到他對文獻的註解。現今研究者，藉著這種合理化的系統，進行對文獻的推敲，在此同時，也重新認識道學家的心智和理解活動。所以，研究文獻的過程，其實是對經典文獻的重構過程，其中包含了道學家對經典的理解，也包含了研究者對研究文獻，以及對道學家的理解活動的認知。

　　本論文兼採譜系學的方法，〔註11〕是基於兩個理由：第一、因爲側重分

〔註10〕蒙培元，《理學的演變──從朱熹到王夫之戴震》，頁11～16。
〔註11〕于奇智，《傅科》，臺北，東大圖書公司，民88年初版，頁62～64。頁125～

析的譜系學，能揭示人類認識的眞正本質，以及思想史曾如此出現和存在的理由。譜系學本是研究事物之間的親緣關係和遺傳特性的一門學問，借用這門學問分析哲學或思想領域，有助於了解事物的起源及其演變過程。第二、《諸儒鳴道》內含了宋代道學知識的譜系，道學運動的發展軌跡是多元複雜的，爲了呈現在那個特定時代裡，不同學術領域間的複雜關係和秩序，所以，以譜系學的方法檢視文獻，應能有所收益。

從章節安排上來說，共分六章，全文圍繞《諸儒鳴道》及其所收諸儒爲主題，進行分析，首章緒論第一節除交代研究動機與方法外，順便說明章節安排，第二節簡介《諸儒鳴道》一書版本和內容，第三節則是回顧宋代思想史的研究成果，一來、檢視當前對於道學運動課題的研究成果，二來、針對「道學」定義與範疇，作一比較說明，畢竟，目前學界對「道學」的定義，仍是眾說紛紜，倘能明確說明筆者所認知的「道學」究竟所指爲何，將有助於讀者瞭解本論文所持的論述立場。

第二章主要是透過整理比較《諸儒鳴道》與《伊洛淵源錄》、《宋元學案》三部作品，烘托《諸儒鳴道》的編輯手法，也突顯道學譜系建立與否的問題。這三部書都與道學運動有關，雖然成書時間不同，紀錄範疇也不一樣，編輯詮釋者也不相同，但是他們各自代表了一個特定時間斷代的縮影，當把三部作品的特色，透過形式呈現出來時，編輯的標準也同時被讀者所理解。所以，本章首節先比較《宋元學案》與《伊洛淵源錄》，惟有先比較這二部作品的不同，才能在這個基礎上進入第二節，討論《伊洛淵源錄》和《諸儒鳴道》的差異，最末，第三節才把問題聚焦於因爲三部作品編輯標準不同，而獲得不同評價的諸儒身上，從這些諸儒身上才能突顯出道學譜系編輯的差異性。

第三章是分析《諸儒鳴道》所輯錄的作品體裁，第一節先從文獻內容上探訪諸儒對文字語言的反省，以及如何繼承和創新傳統儒學；第二節指明語錄體裁在《諸儒鳴道》一書中所佔的重要地位和意義；第三節則探討語錄體裁和諸儒鳴道方式之間的關聯性，並回應首節，說明「語言——文字——鳴道」間的緊密關係。前三章大多著重於從形式分析《諸儒鳴道》，在這些認知的基礎上，才能進一步就內容哲理論述，討論《諸儒鳴道》與道學運動之間

---

127，傅科的「知識圖式」是知識的一種特殊秩序或圖表，具有間斷性或斷裂性，他並不是一種隱蔽的偉大理論，而是一個分散性知識空間、開放的可描述的關係域。

的關係。

　　第四章將焦點稍稍轉移到《諸儒鳴道》所收諸儒身上，第一節探討他們如何接觸原始儒家經典，如何應用重要經典，許多宋初學者爲了解決儒學所面臨的諸多問題，紛紛回歸到經典中找尋解答，他們尤其特別器重《易經》和《中庸》，本節中也觀察《諸儒鳴道》所收諸儒對《易經》與《中庸》的興趣，爾後第二、三節，則進一步探討《諸儒鳴道》所表述的心學宗旨，這些心學宗旨如何回應道學運動？而又與上述兩部經典的關係性何在？均是本章的討論重點。

　　第五章指明諸儒如何落實心學宗旨，從《諸儒鳴道》的內容中，研究他們對心學的修養功夫，第一節先談心性之學與儒學傳統的緊密關係，第二、三節則著重於心學的主要核心問題上——已發未發的命題，整理歸納《諸儒鳴道》所收諸儒，對於這個命題，採取何種觀點，而這些觀點是否影響到他們的修養功夫，第四節則從《諸儒鳴道》找尋諸儒對自我與群體關懷的證據，道學運動的心學宗旨，不僅僅是對自我修身的鍛鍊，還有一個更重要的原因，是爲了整體社會與群體的福祉，這些才能夠說明諸儒何以汲汲營營於在儒家經典中鑽研，只爲建立更適合群體秩序的道學。

　　第六章結語除了綜論本論文研究成果，更重要的是，突顯本論文對整個道學研究的小小貢獻。

## 第二節　《諸儒鳴道》是怎樣的一部書

### 一、《諸儒鳴道》的版本與流傳

　　《諸儒鳴道》又稱《諸儒鳴道集》或稱《鳴道集》，〔註12〕是一部由宋人編輯，收錄兩宋知名道學人物著名作品的合集。此本框高十九點三公分，廣十

---

〔註12〕《諸儒鳴道》又名《諸儒鳴道集》或《鳴道集》，有些書籍載錄該書全名，如周應合《景定建康志》，卷33，頁7A，名爲《諸儒鳴道集》；也有簡稱該書爲《鳴道集》，如潘自牧所編《記纂淵海》一書與馬端臨的《文獻通考》，卷210，頁17A均簡稱它爲《鳴道集》。特別需要注意的是，《諸儒鳴道集》或《鳴道集》兩個書名，與李純甫的《鳴道集解》十分相似，容易造成混淆，李純甫的《鳴道集解》或稱《鳴道集說》，《欽定四庫全書總目》總目3，子部，卷124，頁9A～10A，稱之爲《鳴道集說》，脫脫《金史》，卷126，頁5B～6A稱之爲《鳴道集解》，與《諸儒鳴道》書名確實十分相似，故須小心辨別與使用。

四公分，半葉十二行，行二十一字，左右雙邊，白口，單魚尾，字仿歐體，皮紙精印。清初曾藏徐乾學傳是樓，鈐有「崑山徐氏家藏」、「乾學之印」、「健庵」印三方。光緒間，流入潘祖蔭滂喜齋，《滂喜齋藏書記》著錄全書凡七十二卷，卷數首尾相連，在大題之下，復用小題區分，並在目錄與版心同時反映，這種刻書體例，在明人所輯叢書中並非少見，但該本在宋代應屬首創。〔註13〕

《諸儒鳴道》書影一

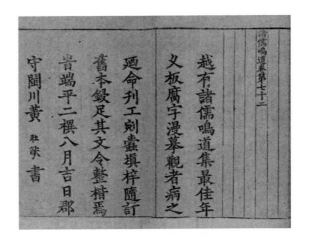

《諸儒鳴道》書影二

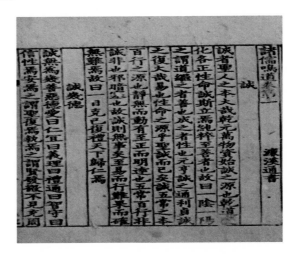

　　《諸儒鳴道》可能成書於宋紹興末年至乾道年間（1159～1168），最遲也

〔註13〕佚名，《諸儒鳴道》，山東，孔子文化大全編輯部編輯暨山東友誼出版社出版，1992年5月，導言，頁5～6。

不晚於淳熙四年（1179）。〔註14〕目前僅有宋刻本流傳下來，此本爲宋理宗端平二年（1235）閩川黃壯猷修補印本，卷末跋曰：

> 越有《諸儒鳴道集》最佳，年久板腐字漫，摹觀者病之，迺命刊工剜盡填梓，隨訂舊本，鋟足其文，令整楷焉。〔註15〕

可知其爲黃壯猷命人修補而成的本子，茲檢其避諱字，「愼」字缺筆，「焞」字不避，故原刻本當在孝宗時代無疑。

《諸儒鳴道》爲現存最早紀錄宋代道學活動的紀錄，《諸儒鳴道》雖成書於宋代，但卻成爲現存的海內孤本，除了《郡齋讀書志》和《直齋書錄解題》對此書稍有解說外，其他文獻卻很少提及。〔註16〕這可能與宋寧宗慶元四年（1198）的政令有關，詔告曰：

> 已降指揮，凡諭士子，專以語孟爲師，以六經子史爲習，毋得傳語錄，欺世之僞，所有進卷侍遇集，并近時妄傳語錄之類，并行毀版，其未盡僞書并令國子監搜尋各件，具數聞奏，今搜尋到七先生〈夏論發樞百鍊眞陰〉、李元綱〈文字〉、劉子翬〈十論〉、潘浩然〈子性理書〉、江民表〈心性說〉，合行毀劈。〔註17〕

引文中有兩點值得注意，首先，可以推論寧宗朝時，儒學語錄作品甚爲泛濫，有許多妄自比附之作也摻雜其中，故慶元黨禁時，不論眞僞之作全被當成禁書而銷毀或管禁。第二，在寧宗朝時，早已成書的《諸儒鳴道》，收錄了政府下令銷毀的作品，如劉子翬、潘殖（潘浩然）以及江民表的作品——《子性理書》和《心性說》，藏書家礙於情勢，自然無法大力推廣《諸儒鳴道》，而僅作私藏秘傳之用，所以《諸儒鳴道》流傳並不普及。

除了上述兩部目錄書籍提及《諸儒鳴道》外，還有一部類書《記纂淵海》也曾經節錄《諸儒鳴道》的內容。《記纂淵海》共一百九十五卷，〔註18〕由潘自

---

〔註14〕陳來，〈略論《諸儒鳴道集》〉，頁3～21。

〔註15〕《諸儒鳴道》，頁1689～1690。

〔註16〕晁公武，《郡齋讀書志》，卷5，〈附志〉〈語錄類〉，頁49A；陳振孫，《直齋書錄解題》，卷9，〈儒家類〉，頁16A，對此書均有解題說明：金人李純甫曾經針對《諸儒鳴道》撰寫一部《鳴道集說》，以反駁《諸儒鳴道》諸儒之說；宋人潘自牧《記纂淵海》爲一部類書，其中收錄《諸儒鳴道》部分內容，除此之外，甚少文獻提及此書。

〔註17〕徐松輯，《宋會要輯稿》，北京，中華書局，1957年，〈刑法三‧禁約三〉，〈慶元四年六月十五日〉條。

〔註18〕黃鎭偉，《坊刻本》，南京，江蘇古籍出版社，2003年8月再刷，頁106記《記

牧於嘉定二年（1209）任職福州教授時編輯。潘自牧，字牧之，浙江金華人，宋寧宗慶元二年（1196）進士，歷官游龍、常山縣令。父親潘景憲（1134～1190）字叔度，孝宗隆興元年（1163）進士，服呂祖謙之學而游其門，〔註19〕亦與朱熹有姻親關係，與當時道學界重要人物有一定程度的交往關係。〔註20〕潘自牧編輯《記纂淵海》之目的，乃有感於「前輩類書，其于記事提要者詳矣，而纂言鈎玄，大有未滿人意，遂使觀者往往凝滯於事實之內，而不能推移變化於言意之表。」因此，興發「詳于纂言，不主紀事」的編例，便大量採擇前人著作，以備遺忘。〔註21〕根據《記纂淵海》所載，節錄自《諸儒鳴道》者共有七條資料，將《記纂淵海》所收錄的文字，與《諸儒鳴道》對照，發現稍有異同。茲列對照表如下：

《記纂淵海》與《諸儒鳴道》文句對照表

| 項目 | 《記纂淵海》 | 卷數及主題 | 《諸儒鳴道》 | 出　處 |
|---|---|---|---|---|
| 01 | 私於家者，隔牆樊而分化比鄰；私於己者，隔形骸而分爾汝。 | 卷 47〈性行部〉私意，頁4A | 私於家者，隔牆樊而分化比鄰；私於己者，隔形骸而分爾汝。 | 《崇安聖傳論》，頁1598 |
| 02 | 物有自得天理者，如蜂蟻知衛其君，豺獺知祭祖。豺獺祭天，葵藿向陽，蜂蟻之有君臣，喬梓之有父子 | 卷 57〈論議部〉微小有知，頁 5B | 無上段文字 豺獺祭天，葵藿向陽，蜂蟻之有君臣，喬梓之有父子。 | 《江民表心性說》，頁1180 |
| 03 | 伊川與君實語，終日無一句相合。 | 卷 56〈論議部〉所見不同，頁61B | 伊川與君實語，終日無一句相合。 | 《上蔡先生語錄》，頁1044 |
| 04 | 性之有善惡，猶水之有波否？日：湛然平靜如鏡者， | 卷 58〈論議部〉因惡累美 | 水火之性偏一切處，取之以陽，燧見於照用烹飪之功， | 相近於《江民表心性 |

纂淵海》共一百九十五卷，然《四庫全書》本收錄的是兩淮馬裕家藏明陳文隧刻本，僅有一百卷。其版本流傳與內容說明可參《坊刻本》。

〔註19〕黃鎮偉，《坊刻本》，頁 106～109。《儒林學派》，收於《四庫全書》，卷 11，記潘景憲爲呂祖謙門人；《浙江通志》，收於《四庫全書》，卷 177 亦記有相關文獻。

〔註20〕吳師道，《敬鄉錄》，收於《四庫全書》，卷 13，〈鄭氏館中書事〉，頁 8B～9B，此文對於潘氏家族略作介紹，潘氏由括蒼移徙金華，其中有潘宗回、潘宗說，後傳潘好謙、潘好古，好謙有子三人景連、景慶、景達；好古有子六人景珪、景參、景憲、景愈、景泌、景良。其中，潘好古第三子潘景憲曾經問學於朱子，後來還將女兒嫁與朱熹長子朱塾，朱潘二家遂爲聯姻。

〔註21〕潘自牧，《記纂淵海》，收於《四庫全書》，潘氏自序。

| | | | | |
|---|---|---|---|---|
| | 水之性也，及過沙石或地勢不平，便有湍激，或風行其上，便爲波濤洶湧，此豈水之性哉。 | ，頁 3A-B | 而火之名屬焉，取之以方。諸見於潤澤飲濯之用，而水之名繫焉，水火之眞性，豈嘗照用烹飪之功，潤澤飲濯之用，然亦未嘗離水火之性而有也。方其語性，智愚孰名，狂智何有敦兮，若無名之樸，湛然如九淵之止水，無有波流，不見文采，縱欲喪心，狂之名生，行日見德，日新由必在道，縱不踰矩，而聖之名立，分別淑慝，沈幾先物，是非了然，不惑於心，而智之名見，沈於嗜欲，汨於利害，梏其天眞，茅塞其心，終身不靈，而愚之名隨之，豈其性哉？<br><br>水無有不下，今有圓物，非具水性也，遇上則逆，遇平則止，遇下則順而疾趨，以是物爲性下，可乎？洪範曰：水曰潤下，未嘗指潤下爲水性也，下水之勢也，潤水之澤也，濕不可作鹹，唯澤故能作鹹，蓋水之性濕而已，流而爲江河，瀦而爲陂澤，散爲雨露，千變萬態，不離乎濕，以下之性爲下 | 說》，頁 1189 ～ 1190、1194 |
| 05 | 無異於鼓井淖而議東海，坐蚊睫而笑九萬之圖南也。 | 卷 69〈敘述部〉不自揣度互見妄議，頁 8A<br>《江民表心性說》 | 無異於鼓井淖以議東海，坐蚊蜨而笑九萬之圖南也。 | 《江民表心性說》，頁 1187 |
| 06 | 本朝三聖既沒，邪詖幅裂鼎沸，莫敢誰何？孔子出焉，氣足以壓其聲欬，量足以吞其區穴，排異如摧枯拉朽，引同如川流海會。 | 卷 72〈人事部〉捄弊，頁 25A<br>《崇安靈傳論》 | 三聖又沒邪朋邪詖，翼詖幅裂鼎沸，莫敢誰何？孔子出焉，氣足以壓其聲欬，量足以吞其區穴，排異如摧枯拉朽，引同如川流海會。 | 《崇安聖傳論》，頁 1597 |
| 07 | 歐公之文粹如金玉；東坡之文浩如河漢 | 卷 75〈著述部〉評文下，頁 26A | 歐公之文粹如金玉；東坡之文浩如河漢 | 《橫浦日新》，頁 1645 |

上表列述《記纂淵海》編輯摘錄的資料，將其與《諸儒鳴道》原文比對，稍有出入，第二條引文，只有「豺獺祭天，葵藿向陽，蜂蟻之有君臣，喬梓之有父子」相同，但卻沒能找到「物有自得天理者，如蜂蟻知衛其君，豺獺知祭祖」的段落；另外，第四條引文僅找到相似文句，並未有完全相同的段落；其他數條則大致相同。這些比對資料透露出兩項訊息：

第一，《記纂淵海》中有三條引文出自《江民表忘筌集》、二條出自《崇安聖傳論》、一條出自《上蔡先生語錄》、一條出自《橫浦日新》，這除了佐證當時的《諸儒鳴道》確實收錄了江民表與劉子翬的作品外，似乎也說明潘自牧偏好引用江民表、劉子翬與張九成的作品，因為，《諸儒鳴道》中其他諸儒在同樣主題上也有相關的論述，但從潘自牧《記纂淵海》所輯錄之內容來看，並未收錄二程、周敦頤或是張載的作品，這樣的情形確實十分耐人尋味。

第二，潘自牧輯錄文獻時，其編例大致上按照時間序列次第引用資料，舉例來說，在〈所見不同〉主題中，潘自牧引用《易經》、《詩經》、《莊子》、〈繕性篇〉、《淮南子》、《國語》、《楚語》、《齊家世語》、〈孫保傳〉、〈漢光武〉、〈漢獻帝〉、《晉書》、《陳書》、《唐書》、〈歐公〉……最末為《鳴道集》，大體上是按照成書時間先後而排序的，由此可見，通常最末引用的書籍，當是潘自牧所能閱覽道的最新書籍，而上表的七條資料，共有五條資料，《鳴道集》都列於該主題之末。由此可以推論，至潘自牧嘉定二年（1209）編輯《記纂淵海》時，《諸儒鳴道》應仍被閱讀與引用，所以，潘自牧才得以參閱《諸儒鳴道》，而且離潘自牧的生存年代應當不遠。

除了上述兩項訊息之外，還有一個值得關注的地方，特別要提出說明，就是潘氏與《諸儒鳴道》間的微妙關係，或許這些敘述目前尚不足以解決問題，但是，基於《諸儒鳴道》相關文獻稀如鳳毛麟角的情況來看，多保留及注意相關資料，或許能交叉比對發現其中的相關性。從資料中發現「潘氏」與《諸儒鳴道》似乎特別有淵源：

1. 潘殖的《忘筌集》被收錄其中，雖然，《忘筌集》的內容確實符合道學家精神，然而，相關於潘殖的生平事跡或其參與道學運動的紀錄實在很少，所以，潘殖與《諸儒鳴道》編輯者間可能有某些關聯性。

2. 潘自牧編輯《記纂淵海》時能檢閱《諸儒鳴道》，潘自牧的父親潘景憲與當時道學運動人士交往頻繁，以潘氏儒學起家的學術背景，以及當時講學之風盛行的學術風氣下，何故文獻資料中未見其他人提及《諸

儒鳴道》，著實令人費解。

3. 清代藏書家潘祖蔭後來有幸收得此書。

綜前所述，不得不說，「潘氏」與《諸儒鳴道》特別有淵源，不知這其中純屬巧合，或者「潘殖」、「潘自牧」、「潘祖蔭」三者間有可茲串聯的線索，仍有待往後發掘更多證據才能推論，不定能解答《諸儒鳴道》編者未明的疑惑。

從《諸儒鳴道》流傳情形如此令人費解來看，《諸儒鳴道》的價值更是不容低估，其所收錄的作品，有很多是研究宋人的關鍵文獻，舉例來說，關於江公望、劉子翬、潘殖三位道學家的史料文獻相當有限，《諸儒鳴道》能夠完整保留劉子翬等人之作，為現今研究的後學，提供相當完整的一手史料，著實彌足珍貴。〔註22〕再者，《諸儒鳴道》保存下來的作品，還能夠與世傳版本進行比對校讎，這些版本間的差異，提供了還原的基礎，讓道學基礎研究更加完整，也令此書成為炙手可熱的研究文獻。

《諸儒鳴道》是一部宋人佚名的編輯作品，它充滿了許多有待解答的疑惑：能否知道編輯者？編輯標準為何？傳播流傳的路徑為何？它也充滿了學術價值：對道學、文獻學、譜系學，他也都能提供許多重要的資料。對研究道學的學術界而言，它猶如一顆震撼彈，已然激起研究者的注意，研究者可以透過它重新去認知「道學」，探究宋儒的學術思想，才能真正釐清諸儒的思想宗旨，找尋到道學運動的痕跡。

## 二、《諸儒鳴道》的內容

《諸儒鳴道》收錄兩宋道學諸儒，包括周敦頤、司馬光、張載、程顥、程頤、謝良佐、劉安世、楊時、張九成和劉子翬，以及鮮為人知的江公望（字民表）、潘殖（字子醇）等人的作品。所收錄作品中有一部分為學界所熟知，如《濂溪通書》、《涑水迂書》（以下簡稱《迂書》）、《橫渠正蒙》、《橫渠經學理窟》、《橫渠語錄》、《二程語錄》、《上蔡先生語錄》和《龜山語錄》，而較少為後世學者探究的有《元城先生語錄》、《劉先生譚錄》、《劉先生道護錄》、《江民表心性說》、《安正忘筌集》、《崇安聖傳論》和《橫浦日新》等書。〔註

〔註22〕目前可以找到的相關文獻有王煜所撰〈朱子之師劉子翬〉，《書目季刊》，21卷第2期，民76年6月，頁24～51。另，日人荒木見悟所著〈潘殖の忘筌書について〉，《中國哲學論集》第12號，1986年，頁19～34。

〔註23〕關於相關劉安世的三部作品，可以參考筆者做過的個案研究〈道學運動中的劉安世〉。

23〕上述作品，除了《諸儒鳴道》版本外，有些作品還有其他版本同時並行於世，例如《元城先生語錄》就有《諸儒鳴道》本（以下簡稱「鳴道本」）、《叢書集成新編》本、《四庫全書》本等多種版本，〔註24〕通常這些版本經過大略校讎比對後，可以發現《諸儒鳴道》版本的價值較高，例如《元城三錄》與《忘筌集》的鳴道本，比其他版本的內容更爲詳盡齊備；張載《正蒙》的鳴道本與今本《張載集》亦互有異同；張載《橫渠經學理窟》鳴道本的內容較爲正確；《橫渠語錄》、《龜山語錄》和《二程語錄》鳴道本的成書時間，遠早於世傳本；另外，原先認定已經失傳的劉子翬《聖傳論》，也被《諸儒鳴道》保存下來。〔註25〕由此可知，《諸儒鳴道》所收錄的作品，是相當重要而珍貴的。

《諸儒鳴道》收錄作者作品表列如下：

| 編號 | 作品名 | 所佔卷次 | 卷數 | 撰述者 | 撰述者生卒年 | 成書年代 | 備註 |
|---|---|---|---|---|---|---|---|
| 01 | 《濂溪通書》 | 1 | 1 | 周敦頤 | 1017～1073 | | 周敦頤著 |
| 02 | 《涑水迂書》 | 2 | 1 | 司馬光 | 1019～1086 | 1057始作〔註26〕 | 司馬光著 |
| 03 | 《橫渠正蒙》 | 3～10 | 8 | 張　載 | 1020～1077 | 編於1087年 | 蘇昞編 |
| 04 | 《橫渠經學理窟》 | 11～15 | 5 | | | | 張載門人 |
| 05 | 《橫渠語錄》 | 16～18 | 3 | | | | 張載門人 |
| 06 | 《二程語錄》 | 19～45 | 27 | 二　程 | 程顥1032～1085 程頤1033～1107 | | 二程門人 |
| 07 | 《上蔡先生語錄》 | 46～48 | 3 | 謝良佐 | 1050～1103 | | 謝良佐 |
| 08 | 《元城先生語》 | 49～51 | 3 | 劉安世 | 1048～1125 | 1135 | 馬永卿 |
| 09 | 《劉先生譚錄》 | 52 | 1 | | | 1119 | 韓瓘 |

〔註24〕邱佳慧，〈道學運動中的劉安世〉，中國文化大學史學碩士論文，民90年6月，頁32～40。文中對於《元城先生語錄》的版本以及增補情況有所說明。

〔註25〕陳來，〈略論《諸儒鳴道集》〉，頁5～18。

〔註26〕《諸儒鳴道》，頁59中記載司馬光六歲時，父兄便教他讀書。七年之後得聞聖道，每日朝聽之而夕思之，又過了二十七載，故他思索著要紀錄讀書所獲心得，以成《迂書》。據司馬光所言推算，他著述該書時應年屆四十了。另外，李昌憲，《司馬光評傳》，南京，南京大學出版社，1998年12月，頁425，所附錄的司馬光年譜，也同樣紀錄司馬光於三十九歲作〈迂書序〉。

| 10 | 《劉先生道護錄》 | 53 | 1 | | | 1124 | 胡　瑗 |
| 11 | 《江民表心性說》 | 54 | 1 | 江民表 | 約莫1080～？ | | 江民表 |
| 12 | 《龜山語錄》 | 55～58 | 4 | 楊　時 | 1053～1135 | | 楊　時 |
| 13 | 《安正忘筌集》 | 59～68 | 10 | 潘　殖 | 約莫1100～？ | | 潘　殖 |
| 14 | 《崇安聖傳論》 | 69～70 | 2 | 劉子翬 | 1101～1147 | | 劉子翬 |
| 15 | 《橫浦日新》 | 71～72 | 2 | 張九成 | 1092～1159 | | 張九成 門人郎曄錄 |

　　《諸儒鳴道》所收作品與十二位儒者有關，包括周敦頤（1017～1073）、張載（1020～1077）、程頤（1033～1107）、程顥（1032～1085）、司馬光（1019～1086）、劉安世（1048～1125）、謝良佐（1050～1103）、楊時（1053～1135）、劉子翬（1101～1147）、張九成（1092～1159）、潘殖、江民表等十二人。此中最年長者爲周敦頤，依序是司馬光、張載、程顥、程頤、劉安世、謝良佐、楊時、江民表、〔註27〕張九成、潘殖、〔註28〕劉子翬。〔註29〕諸位儒者從學派淵源上來看，最少可以分爲三派，包含：二程師友一派，周敦頤、張載、二程及其弟子楊時、謝良佐、劉子翬、張九成；涑水學派，司馬光及其弟子劉安世；潘殖與江民表爲一派。其中，不乏眾所周知的周敦頤、二程、司馬光、楊時、謝良佐等人，但也有幾位鮮爲學界所熟悉的儒者，如江民表、潘殖、劉安世、劉子翬、張九成等，特別需要說明介紹。

　　江公望，字民表，《宋史》與《東都事略》均有傳，《後村先生大全集》〔註30〕與《龜山集》〔註31〕亦收錄相關文獻。江民表爲嚴州（浙江建德縣）

---

〔註27〕　囿於資料所限，無法知悉江民表的準確生卒年代，只能大略估算。江民表於建中靖國元年（1101）中進士第，崇寧二年（1103）任官，若假設他以二十歲參加考試，那麼，江民表大約生於元豐年間（1078～1084），推論應晚於生於仁宗皇佑年間（1049～1053）的謝良佐及楊時，故列於謝、楊之後。

〔註28〕　囿於資料所限，無法知悉潘殖的生卒年代，只能大略估算。潘殖於建炎二年（1128）除官調眞州推官，那麼表示在建炎二年前他便已任官，直至建炎二年才轉調，另外，《建寧府志》又載他於大觀年間（1108～1109），兩度以鄉薦上禮部，故保守估計，他的出生年代約莫與張九成（1091）出生年代接近，且較劉子翬（生於1101年）出生年代更早。

〔註29〕　唯劉子翬於十二世紀初年出生。

〔註30〕　劉克莊，《後村先生大全集》，卷105收有〈江民表三賢帖〉，頁914。另外，袁燮，《絜齋集》，卷8，〈跋江諫議民（疑爲「公」）望與超然居士帖〉，頁122。《皇鑑文集》，卷62，〈論蔡王府獄〉、〈論邏察〉。

〔註31〕　楊時，《龜山集》，卷26，〈題跋〉類收錄的〈跋江民表與趙表之帖〉，頁15B

釣臺人，〔註32〕科舉進士及第。北宋徽宗建中靖國元年（1101），由太常博士官拜左司諫，不久又統理淮陽軍，旋升直龍圖閣，知壽州，後因受蔡京讒言所累，被貶至安南（今越南），遇赦得歸。有子早亡，平日與妻俞氏，蔬食清齋。曾著《江民表心性說》、〈菩提文〉、〈念佛方便文〉以勸道俗，並有《釣臺江公文集》，根據眞德秀《西山文集》〈釣臺江公文集序〉記載，《釣臺江公文集》應爲江公家集，原名爲《釣臺棄稿》，可惜亡佚，未能見此文集。

自文獻資料來看，江民表與其他道學學者鮮少交集，朱熹即不視他爲道學家，然而，《諸儒鳴道》卻收錄他，原因何在？〈釣臺江公文集序〉倒可以解答疑惑，文曰：

> 昔者，禹稷、顏子之憂樂，伯夷、柳下惠之清和，可謂異趣矣。而孔子、孟子蓋並賢之，非以其時不同，所處亦異，而其道未嘗不一乎！
> 由是觀之，（嚴）子陵之不仕與江公之仕未易，以迹斷也。（江公）所以扶持世道，而弭一時朋黨之禍也，迹雖不同，道豈異乎？〔註33〕

從引文可以得知，江民表一生「扶持世道」，他對人世的關懷，符合儒學努力的方向。他一生從王四十餘年，未嘗中斷，他終生堅持「仕道」與嚴子陵的「不仕」，是一樣的態度和道理。他長年參與政治的目的，乃希望可以「扶持世道，消弭黨禍」，這種苦心孤詣，其實是儒家任重道遠的堅持。從這一點上，可以看出江民表自許爲道學家的情懷，《諸儒鳴道》收錄他並非全無道理。

《諸儒鳴道》收錄了江民表的《江民表心性說》，全書僅有兩篇文章：〈心說〉與〈性說〉，前篇爲江民表任職諫官時上奏皇帝的奏摺，闡述心對人主治理天下的重要性，並教導人主修養人心的方法；後篇則是談論人性善惡的問題，包括評論性善、性惡、性善惡混等不同論述的優缺點。《江民表心性說》可以說是一部切近道學核心問題的作品。

再談潘殖，字子醇，自號浩然子，浦城人。《宋元學案補遺》卷四十三與《續修浦城縣志》卷廿一，《屏山集》卷六均有相關紀載。他於大觀中兩度鄉薦上禮部，建炎年間中舉進士，累調眞州推官。初好王安石之學，後專以「克

～16A。其他如王明清《揮塵錄》、張鎡《仕學規範》、葉夢得《嚴下放言》、朱熹《朱子別集》、魏了翁《鶴山集》、董弅《嚴陵集》等均有相關資料。
〔註32〕《宋史》，卷346有江公望傳，另外，《東都事略》，卷100，〈列傳八十二〉，頁1546。《東都事略》記他爲「睦州人」。
〔註33〕眞德秀，《西山文集》，卷28，〈釣臺江公文集序〉，頁15B～17B。

己」為學，因嗜學不倦，而忘寢廢食，久之有得，著《忘筌集》〔註34〕及《性理書》九篇，後書又稱《子性理書》。劉子翬、劉勉之及胡籍均喜讀其書，但朱熹卻以他雜有佛老之學而多有不滿之言。鮮少道學論著談及潘殖，唯《續修浦城縣志》收編潘殖於「理學人物」一類，〔註35〕與《諸儒鳴道》的看法一致。《諸儒鳴道》收錄他的《安正忘筌集》，共十卷之多。

《諸儒鳴道》也收錄「涑水學派」──司馬光及其弟子劉安世。換言之，此書編輯者認為道學範疇應當包含涑水學派在內，這個觀點雖然十分特殊，倒也不是沒有共鳴，近人李昌憲與宋衍申均認同司馬光為「理學家」。〔註36〕事實上，朱熹早年也曾經撰寫過〈六先生畫像贊〉，將司馬光歸類於北宋道學六先生之一，與北宋五子同列。清康熙四十三年（1704）六月，聖祖諭告講官曰：「惟宋司馬光編輯《資治通鑑》，論斷古今，盡得其當。而後之論者，反未嘗置諸講道學之列。司馬光乃宋朝名相，言行相符，由此以觀不在空言也。」〔註37〕康熙認為古今道學者雖眾，然好發人議論者多，而言行相符者少，康熙皇帝把司馬光當作道學家的楷模，讚許他言行相符的行事原則，連康熙皇帝都認為應對宋朝司馬光重新評價。

司馬光對「道」的認知體悟，從他所著《易說》總論：「易者，道也。道者萬物所由之途也。」呼應了《道德真經論》：「始為道也。道者，萬物之所生。」在〈道大〉篇又曰：

> 聖人之道如天地，天地之間，靡所不有；眾人之道如山川，如陵谷，
> 如鳥獸，如草木，如蟲沙，各盡其份，不知其外天地，則無不包也，
> 無不遍也。〔註38〕

司馬光認為「道」就是萬物生成與變化的路途，眾人之道就如同天地之間的

---

〔註34〕陳振孫，《直齋書錄解題》卷9、10，記《忘筌集》有兩卷之多，同列於儒家和雜家；而《文獻通考》卷210、214根據陳氏本亦列《忘筌集》於儒家和雜家，但其卷數僅有一卷。

〔註35〕翁天祐修、翁昭泰纂，《續修浦城縣志》，光緒26年刊本景印，收於《中國方志叢書》第96號，成文出版社，卷21，〈人物〉理學類，頁3。

〔註36〕李昌憲，《司馬光評傳》，頁371。宋衍申，《司馬光傳》，臺南，大行出版社，民86年，頁479。但是宋衍申提出由於司馬光一生從政時間長，所以其影響不及其他道學領袖。

〔註37〕清世祖敕編，《聖祖仁皇帝聖訓》，卷5，〈康熙四十三年甲申六月丁酉〉，頁16A～17A。

〔註38〕司馬光，《溫國文正司馬公文集》，卷74，〈道大〉，頁537～538。

萬物，不論是山陵、鳥獸、花草、蟲沙，均應各盡其份，各司其職。他對「道」的解釋，符合了道學追求建立一條坦途的企圖。

　　在哲理方面，司馬光的虛氣說、中和說、格物致知說，是其心學核心思想，〔註39〕而且，司馬光晚年著述的《迂書》，更從實際的層面解說哲理，更是他學術思想的精華。《迂書》中包括〈迂書序〉序言，總計四十一則，成文時間依《年譜》所記，大致是兩個時期的著作合集，前十則為嘉祐年間的作品，後三十一則是熙寧七年以後的作品。〔註40〕《迂書》環繞在三個主題之上：第一、以〈士則〉與〈天人〉篇敘述天道與人道，並論及天人之際的道理，說明他的「天命觀」。第二、談到「治心」的功用，舉出許多實際例證，說明「心」在求道時所起的大影響。第三、分析當朝異於儒教者之優劣。《諸儒鳴道》收錄司馬光的《迂書》，而非是收錄他其他著名作品，由此可知，《諸儒鳴道》編輯者定位司馬光，應該與後世學界的觀點大異其趣。

　　司馬光的弟子劉安世，也很少被學界關注，但《諸儒鳴道》卻收錄劉安世三部作品。〔註41〕劉安世，字器之，號元城，大名府（河北大名縣）元城人，生於仁宗慶曆八年（1048），卒於徽宗宣和七年（1125），享年七十八。劉安世因為父親劉航與司馬光同年之故，得以在洛陽受教於司馬光，師徒二人在學術思想上，互有異同。在筆者做過的個案研究中，發現涑水學派對於道學發展有相當程度的貢獻。

　　張九成，字子韶，錢塘人，自號橫浦居士，亦稱無垢居士。幼年於父親諄諄教誨之下，八歲便能默誦六經，十歲便能做文章。〔註42〕十四歲時至郡學讀書，兩浙省試第一、殿試第一、類試第一，後以執教鞭維生。〔註43〕宋徽宗宣

---

〔註39〕《司馬光評傳》，頁372。

〔註40〕根據潘富恩、徐洪興主編，《中國理學》，第3卷，頁168，記載全書共有四十二則，然以《傳家集》與《諸儒鳴道》中作一比較後，發現《傳家集》中確有四十二則，但《諸儒鳴道》則僅有四十一則，所闕漏的是〈天人〉一則。不過，值得注意的是，在《傳家集》中〈天人〉共有兩則，分別列於第十則與最末則。《諸儒鳴道》中〈天人〉僅有一則，同《傳家集》中的最末則。另外，筆者文中所提兩個撰寫時間點，可以〈無怪〉作為分界點。

〔註41〕《諸儒鳴道》收錄《元城先生語錄》、《劉先生道護錄》、《劉先生譚錄》，並未收錄劉安世任官其間的奏摺合集《盡言集》。

〔註42〕張九成，《橫浦文集》，卷18，頁3～4。文中曰：「某自六歲讀書，家素寒窘。父某（張九成之父張伸）不使某為農、為商，躬自撫育，教督誨誘，凡三十餘年。」

〔註43〕張九成，《心傳錄》曰：「予十四入鄉校，止以勤，誦讀不出戶，加謹畏，遂

和年間入太學，他深信問學求道，不分年紀、爵等、貧貴，更遑論派別，他曾經向楊時請益，也參訪過禪門中寶印楚明、善權清、法印一，及壽聖惟尚等禪師，悠遊於禪學之際，並不影響他的治學之道。他認為「盡信書不如無書」，讀書「不為書籍所囿」，張九成認為經典並不是紙上空談，應當是人心當中的常理，所以，不應侷限於經典文字。〔註44〕張九成自四十歲任官以來，欲將此生貢獻於社會，為黎民，為蒼生犧牲。在他初到任時便於壁上大書：「此身苟一日之間，百姓罹無涯之苦。」〔註45〕可見他掛心百姓、究心公務的高尚情操，但四十九歲時，因和議之爭而落職，貶居南安軍，直至六十八歲，紹興二十九年（1159年）六月四日卒。張九成著有《橫浦心傳》、《橫浦日新》、《孟子發題》、《中庸說》等書，《諸儒鳴道》僅收錄他的《橫浦日新》二卷。

劉子翬是朱熹的老師，字彥沖，崇安人，以父任授承務郎，因為執喪導致羸疾，無法勝任吏政，故辭官歸隱武夷山，十分孝順繼母與友愛兄弟，卒年四十七歲。學者稱為屏山先生，著有《屏山集》二十卷，該作由其姪劉珙所編，朱熹作序。《諸儒鳴道》收錄他的《聖傳論》。〔註46〕

《諸儒鳴道》收錄了十五部著作，論及十二位儒者，學界雖然早有人開始注意此書，如陳來於1982年作〈略論《諸儒鳴道集》〉一文概略介紹此書，田浩於《朱熹的思維世界》書中提及此書助益於釐清道學運動研究的部分問題。然而，此書七十二卷之多，僅用短篇文章探討，似乎稍有不足，尤其是這部書對道學學術研究具有相當大的價值，不容小覷。

## 第三節　研究成果回顧與道學再定義

道學運動這個主題，一向是研究宋代思想的重要環節之一，本論文既然是以考察道學運動軌跡為研究目的，就不免要回顧研究宋代思想的學術成果。然而，宋代思想史的研究成果，頗為可觀，無法一一加以回顧，僅以近二十年（1980～2006）的學術成果，作為討論範疇，檢視其主要的研究方向

---

為學中所知。十八即為人門客，教子弟，束脩歸贍家。自此之後，教學不已，人皆爭請。」

〔註44〕黃宗羲撰、全祖望補編，《宋元學案》，臺北，世界書局，民80年5月，卷40，〈橫浦文集〉，頁743。
〔註45〕張九成，《橫浦先生家傳》，收於《橫浦文集》，卷18。
〔註46〕《宋元學案》，卷43，〈劉胡諸儒學案〉，頁793～794。

與特質，如此一來，有利於掌握學術脈動，開闊研究者的視野，並進而思考本論文對學術界的研究價值。

## 一、研究成果綜述

宋代思想史的研究成果，已有不少學者進行過總結及整理工作，〔註47〕從學者整理的綜論中，可以大略瀏覽宋代道學研究的現況。在海峽兩岸方面，1980 年代是一個思想開放的年代，也是宋明道學研究的關鍵起點。〔註48〕從1980 到 1990 年，開始有一些針對宋明道學所撰寫的專論性書籍，如侯外廬、邱漢生、張豈之主編《宋明理學史》、蒙培元《理學的演變》與《理學範疇系統》、張立文《宋明理學研究》和《宋明理學邏輯結構的演化》、陳來《宋明理學》與《朱熹哲學研究》、鄧艾民《朱熹王守仁哲學研究》、徐遠和《洛學源流》、吳乃恭《宋明理學》等。〔註49〕臺港地區亦有諸多學者，開始對宋明

〔註47〕 宋晞先生編輯《宋史研究論文與書籍目錄（1905～1981）》及《宋史研究論文與書籍目錄續編（1981～2000）》，二書詳盡而廣泛地分類收錄宋代相關論文書籍，近作中僅哲學類論文多達千八百餘筆，哲學書籍類亦有六十二筆，實可謂多所裨益後學的工具書。又，《漢學研究通訊》20 卷第 1 期（總 77 期），頁 1～5 亦收錄宋晞先生〈五十年來我國與香港地區對宋史的研究〉一文，概述當前學界之發展；另外，彭國翔撰寫〈20 世紀宋明理學研究的回顧與前瞻（上）〉，《哲學動態》，2003 年第 4 期，頁 41～44，（下篇）則收於《哲學動態》，2003 年第 5 期，頁 38～40；王心竹，〈20 世紀中國大陸程朱理學研究綜述〉，《哲學動態》2002 年第 1 期，頁 32～35；日本學者吾妻重二所撰〈美國的宋代思想研究——最近的情況〉，詹啓華的〈在倒塌的偶像與高貴的夢想之間：中國思想史領域的札記〉，田浩所撰〈儒學研究的一個新指向：新儒學與道學之間差異的檢討〉，此三篇文章均收錄於《宋代思想史論》，北京，社會科學文獻出版社，2003 年 12 月，頁 7～97；劉廣京，〈近三十年來美國研究中國近代史的趨勢〉，《近代史研究》，1983 年第 1 期，頁 289～312；Romon H. Myers and Thomas A. Metzger 合著，劉紀曜、溫振華合譯，〈漢學的陰影：美國現代中國研究近況（上）（下）〉，《食貨月刊》，10 卷 10 期、11 期，頁 28～41、頁 37～51；田浩（Hoyt Cleveland Tillmam）著、江宜芳譯〈80 年代中葉以來美國的宋代思想史研究〉，《中國文哲研究通訊》第 3 卷第 4 期，1993 年 12 月，頁 63～70；李哲賢，〈美國漢學研究的概況〉，《文理通識學術論壇》，1 期，民 88 年 1 月，頁 1～6；鄭家棟《斷裂中的傳統：信念與理性之間》，北京，中國社會科學出版社，2001 年 4 月，該書第六章〈近五十年來大陸儒學的發展及其現狀〉等文，均介紹不同地域個別時期儒學研究的發展情形。

〔註48〕《斷裂中的傳統——信念與理性之間》，頁 303～304。

〔註49〕侯外廬、邱漢生、張豈之主編《宋明理學史》，北京，人民出版社，1997 年 10 月重印，全二卷；蒙培元，《理學的演變——從朱熹到王夫之戴震》，福州，

理學進行研究，如錢穆先生撰寫《朱子新學案》以及《宋明理學概述》；劉述先《朱子哲學思想的發展與完成》與《黃宗羲心學的定位》、陳榮捷《朱子新探索》與《朱學論集》、古清美《宋明理學概述》〔註50〕等。1990 年代迄今，海峽兩岸的宋明理學研究，均可謂漸臻成熟，此時學者大多延續之前的研究活動，在豐碩的研究基礎上，開始進行個案或主題研究，如張立文《走向心學之路——陸象山思想的足迹》、蒙培元《心靈境界與超越》、陳來《有无之境——王陽明哲學的闡釋》與《宋明理學》、楊國榮《王學通論——從王陽明到熊十力》、馮達文《宋明新儒學略論》等。這一階段的研究特點，在於深入考察道學文獻材料，並同時吸收西方哲學，作爲詮釋的資源與參照。

綜觀這些論著，有些是屬於綜論概括型，有些是從分期、地域、國別等角度進行探討，其研究內容，大多圍繞在學界頗負盛名的重要道學家身上，例如以北宋五子作爲道學運動的開端，〔註51〕又或者以「性、氣、理」等命題，作爲主要討論範疇。〔註52〕學界之所以專注於同樣的研究範疇，其實是受到宋明道學分系說及其理論的影響，分系說及其理論不但引發學界的討論，〔註53〕也成爲道學運動研究的依附架構，雖然研究範疇自此有其共通性，

福建人民出版社，1998 年 4 月再版；張立文，《宋明理學研究》，北京，人民出版社，2002 年 11 月初版；張立文，《宋明理學邏輯結構的演化》，臺北，萬卷樓圖書公司，1993 年 1 月初版；陳來，《宋明理學》，瀋陽，遼寧教育出版社，1991 年 12 月初版；陳來《朱熹哲學研究》，臺北，文津出版社，1990 年；鄧艾民，《朱熹王守仁哲學研究》，上海，華東師範大學出版社，1989 年；徐遠和，《洛學源流》，山東，齊魯書社，1987 年；吳乃恭，《宋明理學》，長春，吉林文史出版社，1994 年 1 月。

〔註50〕古清美，《宋明理學概述》，臺北，臺灣書店，1996 年 11 月。

〔註51〕蒙培元，《理學的演變》，頁 11 提及理學形成的標誌，正是北宋五子；張立文，《宋明理學研究》，頁 3～5 提到濂溪學、橫渠學、二程學、朱子學、象山學、陽明學、船山學。陳來《宋明理學》第二章言北宋理學的建立與發展，提到了北宋五子及謝良佐。錢穆先生《中國思想史》提到宋代時，則講北宋五子與朱陸。侯外盧等編《宋明理學史》第一編講北宋時期的理學，除了談宋初三先生（胡瑗、孫復、石介）外，便講北宋五子。

〔註52〕例如鄧名瑛〈論宋代理學發展的三個環節——兼評哲學史界關于宋代理學學派的一種劃分〉，收於《湖南師範大學社會科學學報》，第 33 卷第 1 期，2004 年 1 月。文中提出學界部份研究者將宋代理學劃分爲氣本派、理本派、心本派。這種劃分的意義，其實著重於諸儒的思想立論宗旨，把強調相同主題的學者，放在一起討論，但卻忽略了整個宋明理學發展進程的連續性。

〔註53〕所謂的分系說，有主要三種觀點，略述如下：1. 一系三階段說：此爲勞思光先生所提出。他之所以認爲宋明理學不應分派系，是因爲他的「心性論中心」

也便利於窺視研究者對道學運動理解和定位，但一不注意，這個架構也可能成爲研究道學運動的包袱。

　　近幾年來，西方學者對宋明理學研究領域的參與，爲海峽兩岸學界帶來了衝擊與省思，西方學者從界定「新儒學」──Neo-Confucianism 開始著手，重新看待中國思想史的歷史脈絡。〔註54〕自 1980 年起，一批以研究宋明理學著稱的西方學者，越趨偏向於探索傳統中國的優點與價值，〔註55〕他們興起一種新文化史的新路向，把思想史置于一定的社會、政治、經濟和文化問題的背景之中，Benjamin Elman 更在九零年代推展文化史，使其不同於哲學思想史的研究取向，這種文化研究有別於田浩所努力強調的歷史研究，〔註56〕儘管兩者研究取向不一，但他們對宋代學術所創造出來的研究成果，仍舊十分豐富，促使日本學者吾妻重二在介紹美國對宋代思想史的研究現況時，不得不予以分門別類，否則無法將其說明清楚。〔註57〕美國當代學者中，以引

的詮釋理論所致，所有宋明理學家的共同標準應當是回歸孔孟之學的基本方向，因此，在共同標準的框架底下，便無所謂派系之別。但是，雖無派系，卻有發展進程的階段之別，分三階段：一爲周張之學（天道觀）、二爲程朱之學（性理觀）、三爲陸王之學（心學）。其階段進程，便是由周敦頤、張載先發揚形上與宇宙論的成分，進而由程朱抽離宇宙論，保留形上學，最後，再由陸王藉形上學，發展出儒學主體性。這是一種漸趨成熟而完備的回歸之道。杜保瑞相當支持這種分系法，因爲他認爲中國哲學是指導性的哲學，道德哲學中包含了理論境界與教育，是故，在共同標準之下，逐漸完成實踐的功夫論。2. 二系說：二系說是指程朱理學與陸王心學兩大體系，此觀點普遍受到認同，其關鍵點在於朱熹與陸九淵二人在理學的觀點上，有著相當多的歧見，前者提「性即理」與「格物致知」之論，與二程同爲理學一派；後者則由王陽明歸納總結出「心學」系統。3. 三系說：此爲牟宗三先生所提。根據《心體與性體》（第一冊），頁 42～60，他以爲宋明理學代表人物共有九人，五峰與蕺山爲一系（以心著性），此系客觀地講「性體」，主觀地說「心體」，即「逆覺體證」的功夫；程頤、朱熹爲一系（心性爲二），此系從經典中提煉出本體論的存有後，特重後天的涵養功夫，去橫攝「順取之路」；陸九淵與王陽明爲一系（心性是一），此系也是「逆覺體證」的功夫。學界學者對這三種主要觀點，持有不同的態度，有些支持第一種，如杜保瑞支持勞思光的一系三階段說；有些支持第二種，如劉桂標支持二系說；蔡仁厚雖然支持牟宗三的三系說，但卻提出牟先生的三系說追根究底，其實也只是二系說的另一種解釋。

〔註54〕吾妻重二，〈美國的宋代思想研究〉，頁 8～15。
〔註55〕李哲賢，〈美國漢學研究的概況〉，頁 1～6。
〔註56〕田浩，《宋代思想史論》，頁 3。
〔註57〕吾妻重二，〈美國的宋史思想研究〉，頁 15～22。作者把美國對宋代思想的研究，分爲數項說明：一爲士大夫的精神與政治社會、二爲科舉與地域社會、三爲哲學宗教的研究、四爲其他。

領宋代儒學研究的狄百瑞（De Bary）、〔註58〕田浩（Tillman）、余英時、包弼德、劉子健等人，最爲重要，他們不僅側重於道學（理學）的研究，並且透過作品回應中國學者，共同努力研究工作。〔註59〕

　　他們應用了許多不同的方法論，使得研究有了更廣闊的面向，例如余英時近作《朱熹的歷史世界》，採用政治文化的角度理解思想文化，他認爲文化史與政治史，根本是交織而不可分割的系列，他企圖把道學放回儒學體系中討論。〔註60〕田浩認爲余英時的處理手法，無疑替代了一般流行的哲學史研究路徑，展示出一種新的啓示與挑戰。〔註61〕此外，包弼德《斯文——唐宋思想的轉型》一書，也是一種從思想史轉化到文化史的新嘗試，其優點在於利用文、史、哲文獻，來建構唐宋思想演變之脈絡，且說明道學興起的原因，在這點上，他刻意避免作出目的論式的解釋，即不從勝利者的角度來撰寫歷史，如此一來，就不再關注於朱熹所建構的道學譜系，也同時改變了道學運動的研究範疇。〔註62〕另外，如劉子健 China Turning Inward：Intellectual-Political Changes in the Early Twelfth Century 一書，則又採用另一種完全不同的詮釋角度，該書宗旨探討宋代統治階級爲何無法開闢出新的局勢，致使宋代轉向內在的原因，劉子健以文

〔註58〕黃俊傑，〈戰後美國漢學界的儒家思想研究（1950～80）：研究方法及其問題〉，收於《東亞儒學研究的回顧與展望》，臺北，臺大出版中心，2005 年，頁 414 ～426。文中對狄百瑞的介紹十分詳細。

〔註59〕田浩出版了多部關於宋代思想的研究專書，如《朱熹的思維世界》、《功利主義者——陳亮對朱熹的挑戰》，南京，江蘇人民出版社，1997 年 7 月；以及文章〈儒學研究的一個新指向：新儒學與道學之間差異的檢討〉、〈金代思想家李純甫和宋代道學〉等。另外，狄百瑞著有《中國的自由傳統》，臺北，聯經出版事業公司，1983 年，該書由李弘祺翻譯；以及 The Unfolding of Neo-Confucianism，由狄百瑞和 the Conference on Seventeenth-Century Chinese Thought, 1975 年合著；Principle and Practicality: Essays in Neo-Confucianism and Practical Learning，由狄百瑞與 Irene Bloom 於 1979 年合編；包弼德著有 The Culture of Ours,〈蘇軾與文〉、〈政府、社會和國家——關於司馬光和王安石的政治觀點〉；劉子健著有 China Turning Inward, Cambridge：Harvard University Press, 1998: "How Did a Neo-Confucian School Become the State Orthodoxy？"收於 Philosophy East and West，23，1973，P483～505。

〔註60〕余英時，《朱熹的歷史世界：宋代士大夫政治文化的研究》，臺北，允晨文化出版社，民 92 年 6 月，頁 11。

〔註61〕田浩，〈評余英時《朱熹的歷史世界》〉，收於《世界哲學》，2004 年第 4 期，頁 104～107。

〔註62〕葉毅均，〈從思想史到文化史的嘗試——包弼德《斯文》一書及其相關討論述評〉，收於《新史學》14 卷 2 期，2003 年 6 月，頁 215～240。

化研究的取向，探討宋代政治制度的發展，宋王朝的內向轉型的觀點，無疑反駁了宋代作為「近代初期」的價值判斷，也同樣衝擊到美國早期漢學研究者，把宋代描述為「近代初期」的定位。〔註63〕不論是余英時、包弼德，或是劉子健，他們的詮釋理論，均突顯出宋代思想的研究環境，不斷在變動與進步，也提醒後學必須用更開放的態度，進行研究工作。

　　日本對於中國宋明道學的研究，始終抱持一股濃厚的興趣，而且這股熱情從很早以前就持續到現在，以中國思想宗教史研究會編錄的《中國思想‧宗教‧文化關係論文目錄》，約略估計自一八六八至一九七六年間，收錄於宋元儒家思想分類的日文論文將近三百篇，而其中又以周敦頤、張載、二程、王陽明為題的論文居多。〔註64〕近年來的研究，則可以透過吉田公平、市來津田彥《日本宋明理學研究情況概述》，以及日本成立的宋代史研究會編錄的〈日本における宋代史研究文獻目錄 1982～2000〉，早坂俊廣〈「宋明思想」研究の現況と課題〉，收錄一九九九年至二○○五年間出版的宋明思想研究專書，以上述作品作為敲門磚，〔註65〕可以窺知日本對宋代思想研究的濃厚興趣。他們的研究方向，大多集中於道學運動的少數領導人物身上，甚至有專著特別有系統地，集錄日、韓等國關於朱熹與王陽明的研究論著目的。〔註66〕最值得注意的是，1990 年代以來，日本的宋代史研究會，更擴大研究範疇，陸陸續續發表其研究報告，其中包含了政治、經濟、制度、社會、歷史、思想、宗教、美術史等領域的專門論文，以不容小覷的姿態進軍學術界，他們細膩嚴謹的研究，為宋代史領域，提供不少極具參考價值的成果。

---

〔註63〕劉子健，China Turning Inward，中譯本由趙冬梅所譯《中國轉向內在——兩宋之際的文化內向》，南京，江蘇人民出版社，2002 年。

〔註64〕中國思想宗教史研究會編，《中國思想‧宗教‧文化關係論文目錄》，臺北，明文書局，民 70 年 3 月初版，頁 87～95。

〔註65〕早坂俊廣，〈「宋明思想」研究の現況と課題〉，《中國——社會と文化》，第 19 號，2004 年 6 月，頁 391～404。另外大陸學者李甦平自八零年代以來，便開始進行中日傳統文化的比較研究，並為學術界交流不同新觀點，其譯作及著作中有許多介紹日本研究成果的整理，例如翻譯《日本人視野中的中國學》，北京，中國人民大學出版社，1996 年，213 頁；與張立文一同主編《中外儒學比較研究》，北京，東方出版社，1998 年，377 頁；撰寫〈宋明理學在日本的傳播和演變〉收於《哲學研究》，1982 年第 3 期，頁 66～70；〈中日朱子學「理」範疇比較〉收於《哲學研究》，1991 年第 9 期，頁 69～75 等文。

〔註66〕戴瑞坤，《中日韓朱子學陽明學之研究》，臺北，文史哲出版社，民 89 年，頁 240～306，特別收錄了朱子學與陽明學的日文及韓文論著目錄。

宋代思想研究的專論之多，於此不及備載，遑論期刊論文，幸而隨著電子世代的來臨，學術研究成果與訊息，可以藉著電腦傳播與搜尋，以關鍵詞搜索相關文章，動輒上千篇，資料極為豐富，亦極為便利。〔註67〕

## 二、「道學」再定義

許多研究者常在探究道學之初，便困惑於其「正名」的問題，究竟該使用哪一個稱謂，才能最恰當地說明宋代學術思想文化活動之總結，或有人稱「理學」、「道學」、「新儒學」、「新理學」、「宋學」，其用詞眾說紛紜，定義也見仁見智。在深入研究《諸儒鳴道》之前，實在有必要討論「道學」之名，釐清道學的定義及其範疇，讓道學根本的宗旨和關懷，能夠被理解。

學界中不乏有人，針對「道學」定名問題，提出說明和界定。茲舉下列數位代表人物的觀點，以茲比較：

### （一）董金裕之見解

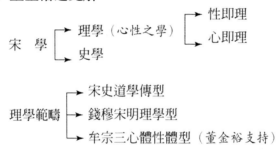

### （二）陳寅恪之見解

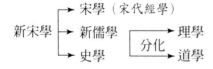

---

〔註67〕目前網路上有數個宋史研究網站，如〈宋明理學參考網站〉、〈孔子2000〉、〈中國儒學網〉、〈國際儒學聯合會〉、〈華梵大學哲學系〉、〈世界弘明哲學季刊〉、〈香港人文哲學會〉、〈中國哲學空間〉、〈朱子網〉、〈原道〉、〈台大佛學研究中心〉、〈中國孔子〉、〈Chinese Philosophical Etext Archive〉、〈Personal Homepage of Joseph A. Adler〉、〈宋史研究網站〉等，其中香港人文哲學架設的〈宋明理學參考網站〉不僅建立許多連結道路，而且也刊載大量原典論文與參考資料。另外，台灣中研院所架設的〈宋史研究網站〉主要介紹台灣地區研究宋史的「人物」、「活動」、「成果」，和「研究資料」，相當便利於學術研究與資訊交流。

## （三）張立文之見解

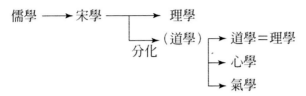

## （四）陳來之見解

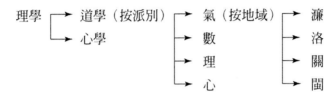

## （五）范立舟之見解

## （六）田浩之見解

　　上述第一個圖表，是依據董金裕的整理而繪製，董金裕支持以「宋學」一詞代表宋朝思想文化的總合，以別於「漢學」，宋學的學術思想主流既是「理學」，且他認爲南宋人以此詞稱謂閩洛講倡理學者，故採用「理學」釋名最爲適當，這也是學界普遍比較能夠接受的觀點。「道學」之名雖起源較「理學」爲早，但基於「道學」容易與道家之學相混，寧願捨棄不用。理學是談論心性之學問，故「理學」又可稱爲「心性之學」，其中包含程朱等人「性即理」與陸王「心即理」兩種論調。他進一步指明他不贊同牟宗三用「新儒學」來解釋宋明理學，因爲時代不斷推進，經過百年之後，便很難定義「新」這個字了。董金裕認爲理學範疇可以分爲三種類型，第一種爲宋史道學傳型，以

此為基調，主要以北宋五子加上朱熹為代表人物，遍論天地、鬼神、人物、理氣、性命、治道等問題，是最為狹隘的理學類型。第二種是錢穆宋明理學型，介紹宋金元明近百位儒者，在北宋階段，他論及宋初三先生、司馬光、大小蘇、王安石等人，另外連永康、永嘉之學也包含在內，是最廣義的理學類型。第三種是牟宗三心體性體型，僅討論他自己三系說的代表人物，而未及以史學為主的浙學和永嘉、永康等派。董金裕支持第三種類型，雖然他不認同牟宗三定名「新儒學」，但他認為牟宗三的分類最適中而恰當。〔註68〕

　　第二個圖表為陳寅恪的見解，他提出一個新名詞——「新宋學」，相對應於等同宋代經學的「宋學」，「新宋學」是指有宋一代的史學、哲學、藝術等學術文化的統稱，其下，並包含「宋學」、「新儒學」與「史學」，「新儒學」則又包含「理學」和分化後的「道學」。陳寅恪最特別的地方，是在他用「新儒學」涵括「道學」，他強調「道學」仍屬儒學，但又不同於孔孟原儒和漢唐經儒，宋代特有的道學，是一種歷經漢唐千年間徘徊與選擇的過程，期間同佛道交融對話互相吸收，終形成的一種特立而以綱常倫紀為核心的體系。〔註69〕

　　第三個圖表，是整理張立文的觀點而繪製的，他認為「宋學」為「儒學」之一派，其下包含經學與分化後的「理學」，在圖表中，（理學）有括弧者指的是宋代所有研究性理之學的學術傳統，都可稱之為（理學），其下包含「道學」、「心學」、「氣學」，分別是指程朱、陸王與張載三系。特別需要說明的一點，是二程朱熹一派的學術體系，本稱為「道學」，但又因其研究性理，故又可稱為理學，程朱一派的理學，相對應於廣泛的（理學）範疇，較為狹隘。

　　如果要指稱宋代歷史發展過程中，這段特殊的學術成就，張立文與董金裕持同樣觀點，他們都同意「道學」名稱起源較早，但是為避免和道家學術混淆，造成概念上的不清，仍堅持不用「道學」。〔註70〕對他們而言，「宋明理學」已經成為約定俗成的名詞，從元明清以來，宋明理學蘊含程朱道學（狹義上也稱理學）與陸王心學，而非宋明道學蘊含理學和心學。張立文更認為道學無法反映宋元明清時代精神的精華和本質特徵，這個講法與范立舟（第五個圖表）對道學的誤解是一樣的情形。

---

〔註68〕董金裕，〈理學的名義與範疇〉，《孔孟月刊》，第20卷第9期，頁22～27。
〔註69〕陳俊民，〈道學與宋學、新儒學、新理學通論〉，《渭南師範學院學報》，2000年3期，頁6～13。一文進一步解釋陳寅恪的觀點。
〔註70〕張立文，《宋明理學研究》，頁11～12。

　　第四個圖表是陳來的理解，他承認「道學」是理學起源時期的名稱，在整個宋代，他是理學主流派的特稱，但不足以囊括理學的全部。他認為「理學」包含了道學與心學，他的解釋與張立文的見解相仿，廣義的理學包含了程朱之學和陸王心學，而狹義的理學則專指程朱一派。那麼，廣義的理學如果以學術派別分，則蘊含氣（張載）、數（邵雍）、理（程朱）、心（陸王）；以地域性來分類，則有濂洛關閩四派。〔註71〕

　　陳來對名詞的分類與定義，與上述其他學者大同小異。不過，陳來注意到一件其他人較少關注到的事，那就是「道學」在二程時期，根本不是特指某一個學術系統或是學派。〔註72〕很多學者卻硬將道學等同於「道統」，儘管諸儒確有宣揚道統的行為，但道統是道統，道學是道學，二者不可混談，更何況，諸儒所指的道統，究竟是指「傳統的精神與價值」，還是「聖賢傳遞的譜系」，仍有討論的空間。所以，陳來認為道學在運動初期，並未特別指稱某一個學派，而是有更廣泛的定義。可惜的是，陳來未能進一步探究道學的內涵宗旨，所以在他閱讀過《諸儒鳴道》後，仍舊只把道學定義為早期學術活動，未能將諸儒歸於他自己撰寫的《宋明理學》中討論。〔註73〕

　　第五個圖表依據范立舟之文整理，其分類標準與董金裕較為接近，他認為宋學指稱宋代學術，底下包含了理學、道學，以及無法歸類於理學的蜀學，理學則包含了新學、洛學、呂祖謙的婺學、湖湘學等專注於義理性理研究的學問。〔註74〕值得注意的有三點：第一、他同鄧廣銘的看法相同，一致認為王安石的新學應劃歸於理學之內，雖然王安石汲取佛道思想、否定章句訓詁，但是其研究與闡發性理的目的，與宋朝時代精神相符合，所以應當歸類在內。第二、范立舟特別指出「道學」是一種以其道統外衣概括的學術，相較於「理學」，後者更符合現代意義上的學術劃分。第三、在范立舟看來，「理學」與「道學」最大的差別，在於前者包含「心學」，而後者並不包含「心學」，綜上所論，即是范立舟的見解。

　　上述五位學者的見解，或多或少反應出學界界定「道學」定義的問題點，

---

〔註71〕陳來，《宋明理學》，頁8～18。

〔註72〕《宋明理學》，頁8。張立文認同此說，見《宋明理學研究》，頁6。

〔註73〕《宋明理學》一書討論到的北宋儒者有北宋五子與謝良佐，南宋儒者有楊時、胡宏、朱熹、陸九淵、楊簡等。其書並未論及司馬光、劉安世、潘殖、江民表等人。

〔註74〕范立舟，〈理學名稱與概念解析〉，《學術史研究》，頁56～59。

道學是否一定與道統相連結？道學是否與「心學」有關？這些問題從《諸儒鳴道》書中，應該可以找到令人滿意的答案。事實上，道學並不必要包裹著道統的外衣，而道學最重要的核心主題就是「心學」。這其中有許多複雜又有待論證的部分，姑且容後再述。行文至此，最起碼已經可以認知到學者們之所以採用不同稱謂稱呼「道學」，與他們對宋代道學的理解有關。

從圖表上名詞選用的比例上來看，多半學者較為習慣採用「理學」，而非「道學」。唯獨田浩（第六個圖表）持不同意見，田浩認為宋代學術可以分為世儒與宋學兩類，世儒是守舊因襲的舊儒，宋學是一種參與儒學復興活動的學術，「宋學」底下包含「道學」，「道學」底下又包含程朱等派，也就是說，「道學」的範疇比程朱之學來得廣泛許多，這種講法與侯外廬、馮友蘭的見解相近。〔註75〕他特別強調不以「新儒學」等同「程朱之學」或「道學」。他認為「道學」的定義，無法用一、二句話就說明清楚，必須透過說明道學群的特徵和發展，去突顯道學的定義。

隨著「道學」名稱及其範疇重新被探討，以朱熹道統為主線的見解開始動搖，學者金春峰和徐洪興分別提出「理學」〔註76〕外延和擴大的趨勢，前者敘述理學內部包含著各種傾向、觀點和成份，形成不同學派，包括新學、關學、洛學等。〔註77〕後者也在著作中提到氣學、數學、婺學、湖湘學、新學和蜀學等。〔註78〕最具代表性的，要屬田浩的《朱熹的思維世界》，他提出朱熹所建立的道統不僅樹立了正統，也相對地把其他宋代諸儒打為「異端」，田浩呼籲學界用更加寬廣的態度，來觀察道學，賦予新的解釋空間。

筆者也比較認同田浩以道學來解釋宋代學術活動的定義，究竟「道學」的定義為何？其實要回到「道」的本質探討，才能得到比較正確的理解。誠如前文所言，《諸儒鳴道》提供一項有力的證據，支持「道學」之名，從以下三點來說明：

第一、《諸儒鳴道》及宋人均長期以「道學」來稱謂其學術活動。張立文曾表示，當我們使用一個名詞時，最好採用最早出現且當時人習慣使用的稱

---

〔註75〕侯外廬主編的《宋明理學史》，頁 31。文中提到道學底下包含理學與心學。馮友蘭支持以「道學」稱謂理學範疇。見范立舟，〈理學名稱與概念解析〉，頁 56。

〔註76〕筆者保留作者原本的稱謂，而未用「道學」稱呼。

〔註77〕金春峰，〈概論理學的思潮、人物、學派及其演變和終結〉，《求索》，1983 年第 3 期。

〔註78〕徐洪興，《思想的轉型──理學發生過程研究》，上海，人民出版社，1996 年。

謂，更重要的是，這個名詞應當蘊含當時代的特殊涵義，並且能說明其在歷史發展過程中的演變。筆者也十分認同他的說法，以他所要求的條件來看，「道學」之詞作爲宋代學術發展的稱謂，應該更優於「理學」之詞。因爲，道學之名起於北宋，當時，乃是與政術相對應的學術，並非特指某學派之稱。道學僅只是指「道」和「學」，諸儒多以此稱謂自己的學說或學術活動，例如王開祖自云「由孟子以來，道學不明」，欲求能夠「述堯舜之道，論文武之治」；〔註79〕二程「倡明道學」；〔註80〕晚至朱熹也曾引楊時之論，而感嘆「道學不明，而王霸之略，混爲一途。」〔註81〕《諸儒鳴道》所收錄的司馬光學派綿延流傳，後學弟子龔庭芝曾爲鄉里提倡「道學」。〔註82〕由此可見，從北宋初年迄至南宋，這段漫長時間裡，道學人物多以此自稱。有鑑於此，倘因「道家之學」或反道學份子的惡評，便將原先宋人自己所使用的辭彙替換掉，豈不有「因噎廢食」之嫌。

再看《諸儒鳴道》一書，本有「諸儒倡鳴道學」之意，不只編輯者如此認定，就連批駁《諸儒鳴道》內容的金朝學者李純甫（1177～1223），也認爲其書便是道學傳統的指標。李純甫《鳴道集說》〔註83〕是針對《諸儒鳴道》而成書，他在自序中曰：「小生何幸，見諸先生之議論，心知古聖人之不死，大道之將合也。」〔註84〕他所謂諸先生之議論，便是指《諸儒鳴道》諸儒的論述，元好問曾於《中州集》卷四評論曰：

> （李純甫）三十歲後，遍觀佛書，能悉其精微，既而取道學書讀之，
> 著一書，就伊川、橫渠、晦翁諸人所得者而商略之，毫髮不相貸，
> 且恨不同時與相詰難也。〔註85〕

---

〔註79〕王開祖，《儒志編》，收於《四庫全書》，附錄〈儒志學業傳〉，頁 1B。董金裕，〈理學的名義與範疇〉，《孔孟月刊》，第 20 卷第 9 期，頁 22 亦有所論。

〔註80〕程顥、程頤，《二程集》，北京，中華書局，1981 年 7 月出版，2004 年重印，頁 643。

〔註81〕朱熹，《論語集注》，北京，中華書局，1996 年 9 月初版，卷 2。張立文《宋明理學研究》頁 7 亦有所論。

〔註82〕王梓材、馮雲濠，《宋元學案補遺》，卷 20，〈元城學案補遺〉，頁 15。宋濂，《文憲集》，卷 10 中亦載此事。

〔註83〕釋念常，《佛祖歷代通載》，卷 20；明人王禕，《王忠文集》卷 7，〈鳴道集說序〉；清人汪琬，《堯峰文鈔》，卷 25，〈鳴道集說序〉皆有相關引用敘述。

〔註84〕李純甫，《鳴道集說》，〈自序〉。

〔註85〕元好問，《中州集》，收於《四庫全書》，卷 4，〈屏山李先生純甫二十九首〉，頁 64B～65A。

引文中，李純甫遍覽佛書，後得「道學書」讀之，這裡所指的「道學書」便是《諸儒鳴道》，李純甫因不能與諸儒相對詰問，因此撰寫《鳴道集說》以抒發對諸儒闢佛之說的不滿。耶律楚材為《鳴道集說》寫〈序言〉時也說：「江左道學倡於伊川昆季，和之者十有餘家。」〔註86〕綜上所論，不論是道學群體或是金朝人，都以「道學」來稱呼他們當時的學術活動。

第二、「道」的本質是要發展一套解決時局問題的方法，不是建立一條「道統」，許多人對「道學」最大的誤解，就是把「道學」與「道統」畫上等號。「道」可以釋名為「way」——路，在於符合儒學關懷人世、經世致用的宗旨，是故諸儒的論述中，盡是日常倫理之道，《近思錄》就是一個很好的例子。對宋代諸儒而言，當他們面臨到時代變遷挑戰時，包括佛道文化的大力衝擊、價值理想的衝突、禮樂制度的崩解，他們思索如何開創出一條康莊大道，一條聖賢可以行之久遠的道途，也是一條人們可以跟隨的康莊大道。在這層意義上，相較於「理學」——諸儒探討的學術主流，「道學」更加符合時代精神的特殊涵義。

關於「道統」的問題，諸儒確實宣揚「道統」，但所謂「道統」不能等同於「譜系」，道統可以分為「認同意識」、「正統意識」、「弘道意識」三種意義。〔註87〕當韓愈〈原道〉提出聖人之道時，有人推論他企圖建立世族族譜的系統——正統意識，但是，反過來說，韓愈可能只是要闡明「弘道意識」——「道」的精神價值和原則，他提出堯舜禹湯這類古聖名賢，是因為他冀望宣揚的儒家文化系統，能輕易地在他們身上找到，所以他不得不提出這些聖人之名，故容易使人誤以為他要建立的是「聖人之道」。從「弘道意識」的角度檢視《諸儒鳴道》，比較容易理解此書的立論，我們可以肯定《諸儒鳴道》是一部道學之書，該書並未建立學術譜系，雖然所收錄的部分諸儒有師承關係，但是並不像《伊洛淵源錄》呈現出那樣清晰而明顯的學術譜系，這並不是《諸儒鳴道》編輯者的失誤，而是他所要展現的本非「道統」，而是「道學精神與宗旨」。

第三，「道學」宗旨自始至終都圍繞在「心學」之上。有些學者不認為「道學」的主題是「心學」，但從《諸儒鳴道》收錄的作品來看，這種情況卻恰好

---

〔註86〕耶律楚材，《湛然居士集》，卷14，收於《叢書集成新編》第65號，頁201，〈鳴道集說序〉。
〔註87〕彭永捷，〈論儒家道統及宋代理學的道統之爭〉，《文史哲》，2001年第2期，頁36～42。

相反，所傳之道，直指人心，「道學」本來就是一門討論心學的學問。〔註88〕僅以邏輯性推論來說，如果陸王心學屬於道學的一部分，那麼以「心學」為主體的《諸儒鳴道》諸儒也應當歸為「道學」一類。由於論證的篇幅較長，在往後章節裡，將會陸陸續續論證「道學」與「心學」的關係。

　　有鑑於此，筆者認為宋明理學不應分派系，所有宋明理學家的共同方向，當是回歸孔孟之學的基本面向，也就是在「心性論中心」上，從《諸儒鳴道》來看，道學運動的初期，早已經尋到「心學」的主題，這個共同的標準早就已經存在，只是在發展歷程中，有各自不同的演進罷了。

　　總結來說，藉由《諸儒鳴道》，「道學」之名，更足以解釋宋明理學的範疇，從宋人的自稱、道字釋名、道學內涵等三方面來考量，「道學」確實是一個更適合來解釋宋代儒學發展的名詞。

---

〔註88〕蔡方鹿與周紹賢都認同此說，在蔡方鹿〈宋代理學心性論之特徵及其時代意義〉，《中國文化月刊》，173 期，民 83 年 3 月，頁 21～43；周紹賢〈宋明理學家所傳之道及所講之理〉，《哲學與文化》，第 15 卷第 11 期，民國 77 年 11月，頁 30～39，這兩篇文章都認同「道學」即是討論「心學」的一門學問。

# 第二章　《諸儒鳴道》與道學譜系的比較

　　道學自北宋興起，經南宋元明，發展成學派繁多、學者眾多的學術思想體系。試圖對道學傳承進行總結與詮釋者，大有人在，如《伊洛淵源錄》、《聖學宗傳》、《理學宗傳》等。〔註1〕然而，「道學」一詞的定義與界限，隨著詮釋者的解釋，而有所改變。甚至，隨著正統的確立，道學初期的多樣化面貌，也被扭曲，尤其是元代編修的《宋史》〈道學傳〉，更狹隘了研究者的視野。相對來說，我們應當以更開闊和客觀的角度，去理解道學作品，必須考量「人為操作」的部分，以及體察作者詮釋的目的意圖。〔註2〕如此，才能更透徹地瞭解作品呈現的道學學派，並進而發掘道學原貌。在方法論上，本章擬以比較三部作品——《宋元學案》、《伊洛淵源錄》及《諸儒鳴道》來突顯諸儒對道學定義的歧見。雖然，《宋元學案》所紀錄的範疇，不僅限於道學運動，它甚至能夠全面反映宋元時期的學術活動，但是，該書對學術獨到的見解，卻能夠提供更多觀察道學的面向，故《宋元學案》在本章中，具有相當重要的價值。

## 第一節　《宋元學案》與《伊洛淵源錄》的比較

　　本節先以《宋元學案》與《伊洛淵源錄》二部紀錄學術活動的重要代表

---

〔註1〕南宋朱熹所撰《伊洛淵源錄》、明人周汝登著《聖學宗傳》、清人孫奇逢著《理學宗傳》等書，均試圖對道學及其學者進行總結。

〔註2〕野家啓一，《敘述的哲學——柳田國男與歷史的發現》，東京，岩波書店，1936年。書中提到當某一事件被編入了後續發生的各種事件之間所形成的關係網絡中時，會不斷被賦予新的涵義，因其敘述、再敘述，而使得文本變得複雜而多層次。以此意義來看，歷史性傳統的本來面目便會發生改變。

作，來觀察「道學」經過詮釋後，產生的差異性。前書是一部公認全面反映宋元時期學術思想發展全貌之作，符合《宋元學案》治學「不可不求其本末」之旨趣；〔註3〕而後書則是除《諸儒鳴道》外，現存最早的一部紀錄道學之作，二書對紀錄宋代學術實有舉足輕重的地位，各代表不同的觀察角度，一者是時人觀點，一者是後人總結歸納的後世觀點，所以比較二書對「道學」的解釋，對研究者而言，即是相當關鍵的工作。

## 一、《宋元學案》學者關係的表述

　　《宋元學案》一部記述宋元時期學術思想及其流派的學案體〔註4〕學術史著作，它完整且廣泛地總結宋元儒學複雜的學術網絡，其成果不僅十分完備縝密，書中清楚地紀錄學者間的交誼。博學多聞的黃宗羲（1610～1695）在完成《明儒學案》後，于晚年編著《宋元學案》，志於將近七百年的儒苑門戶以學案體呈現，但直至身後，僅完成十七卷之多，後歷經其子黃百家、全祖望（1705～1755）補編，續成八十六卷，但至全祖望辭世前，仍未能編輯完成，此後，由王梓材、馮雲濠再行補撰，自始迄終，歷時約一百五十年，〔註5〕終於成就百卷之書。〔註6〕黃宗羲撰寫學案，採客觀之法，目的在使諸家自明其宗旨，〔註7〕並符合其「纂要勾玄、兼綜百家」、「揭櫫學術宗旨」、

〔註3〕黃宗羲撰，全祖望補，王梓材、馮雲濠校，《宋元學案》，臺北，世界書局，民80年9月五版，一書以〈安定〉、〈泰山〉兩學案為首，以〈蕭同學案〉為殿，共敘述八十六個學案。大部分以一卷介紹一位學者，也會以兩卷篇幅詳述重要的學術中堅，如司馬光〈涑水學案〉、邵雍〈百源學案〉、周敦頤〈濂溪學案〉、程顥〈明道學案〉、程頤〈伊川學案〉、張載〈橫渠學案〉、朱熹〈晦翁學案〉、葉適〈水心學案〉，也顯示出他們對學術發展的重要性。另外，還收錄〈荊公新學略〉、〈蘇氏蜀學略〉、〈屏山鳴道集說略〉等，可見該書並未忽略道學以外的重要學派。

〔註4〕關於「學案體」的相關研究，可以參考阮芝生，〈學案體裁源流初探〉，收於《中國史學史論文選集》第一冊，頁574～596。倉修良，〈要給學案體以應有的地位〉，《光明日報》，1988年3月23日。倉修良以歷史編纂的角度解釋學案體裁。

〔註5〕《宋元學案》的編輯群從清康熙十五年至三十四年（1676～1695）間開始纂修，至道光十七年（1837）完成，約莫歷時一個半世紀。

〔註6〕盧鍾鋒，〈論《宋元學案》的編纂，體例特點和歷史地位〉，《史學史研究》，1986年第2期，頁68～73；林久貴，〈《宋元學案》的作者及成書經過述論〉，《黃崗師專學報》，第18卷第3期，頁64～69。

〔註7〕朱義祿，《黃宗羲與中國文化》，貴陽，貴州人民出版社，2001年10月初版，頁290～300。張高評，《黃黎洲及其史學》，臺北，文津出版社，民78年10月，頁152。

「不避一偏之見、相反之論」的學術史觀。〔註8〕

　　《宋元學案》學案體的開創之作，對後世起了很好的示範作用。〔註9〕學案體裁至少具備三項要素：一、設學案以明學脈；二、寫案語以示宗旨；三、選編原著。這種體例有利於闡述個人學術發展，每個學案先有學案表交代學案主的人際關係，再選錄文獻，鋪陳其學術成就與師承交游。在學術成就方面，節錄主角的重要著作，在師承交游方面，除了說明師承淵源（門人、私淑、家學）外，另把交游分為講友、學侶與同調三類說明，可見分類十分細膩，每一個學案記述一個學派，若干個獨立而又有內在邏輯聯繫的學案，組成學案群，便足以展現一代學術思想史的面貌和發展線索。

　　行文至此，實有必要先說明《宋元學案》學案表的分類原則，釐清不同的人際關係，方能進一步探究編者對道學運動的認知。下表節錄《宋元學案》，從例證中歸納各種人際關係的定義。

　　　　※引文後的數字為《宋元學案》〔註10〕頁碼

| 項目 | 講　　友 | | 學　　侶 | | 同　　調 | |
|---|---|---|---|---|---|---|
| 01 | 古靈四先生為講友，同里為友，有志一同……有志傳道 | 127 | 阮逸與胡安定（胡瑗）同典樂事，相與論樂，以為安定學侶可也 | 20 | 孫泰山講學，士建中同時而起，泰山推重之。共同攻浮誇 | 142 |
| 02 | 陳舜俞、司馬光為講友 周、張、二程、司馬光皆為講友，知交相好 | 209 | 司馬光修書，劉恕奏請同修 司馬光出知永興軍，劉恕以親老告歸南康 | 199 | 王之言與安定（胡瑗）遙與相應 | 142 |
| 03 | 程珦攝通守事，視周敦頤氣貌非常，因與為友，使二子受學 | 284 | 張載與二程論道學之要 | 382 | 呂誨與司馬光同反王安石 | 200 |
| 04 | 胡宿與周敦頤游，或謂與之同師 | 309 | 張載、張戩兄弟論道 | 446 | 司馬光服膺傅堯俞 傅堯俞言司馬光清節 | 200 201 |
| 05 | 周文敏與周敦頤一同講學廬山 | 309 | 呂希哲與張載為學侶 呂希哲卻是程頤門人 | 382 523 | 趙清獻知周敦頤甚清 | 310 |

〔註8〕 徐定寶，《黃宗羲評傳》，南京，南京大學出版社，2001年9月，頁194～221。山井勇，《黃宗羲》，東京，日本講談社，1983年。林久貴〈略論《宋元學案》的學術史批評方法〉，《湖北大學學報（哲學社會科學版）》，1997年第5期，頁75～77。

〔註9〕 朱義祿，〈論學案體〉，《哈爾濱工業大學學報（社會科學版）》，第1卷第1期，1999年12月，頁111～113。

〔註10〕 此處節錄《宋元學案》所使用的版本為臺北，世界書局，民80年9月五版。

| 06 | 傅耆、周敦頤以書通訊 | 309 | 劉安世與顏夷仲、石子植、韓撝則相得，同城而居，以便講習 | 475 | 關中言禮，學者推呂氏呂大防爲張載同調 | 456 |
| 07 | 李初平與周敦頤雖爲上下關係，但李向周敦頤求教，所以一說師徒，一說講友 | 309 | | | 陳瓘最宗劉安世，以爲涑水私淑可也 | 691 |
| 08 | 孔延之平生與周敦頤善 | 310 | | | 楊璹安貧樂道，不妄取，尤嚴謹獨之操，居暗室猶在康衢，學者稱爲謹獨先生，與同里施持正皆力行好修，里人向慕，邑令魏伯恂關祠，合橫浦持正祀之楊璹爲張九成同調 | 753 |
| 09 | 胡安國爲謝良佐之講友 | 540 | | | | |
| 10 | 游復與楊時爲忘年友。多遣子弟從之游 | 555 | | | | |
| 11 | 胡安國與楊時爲講友，因楊時而結識游、謝 | 672 | | | | |
| 12 | 鄭修與楊時爲上下從屬關係，鄭常遷路見楊時，執禮恭，不言爲弟子，當在講友 | 555 | | | | |
| 13 | 司馬光最與邵雍善，然未嘗及先天學，蓋其學同而不同 | 198 | | | | |

　　由上表所述，可知《宋元學案》分類精細，即使是同輩情誼的關係，亦能細分爲三種，包括「講友」、「學侶」和「同調」，在《宋元學案》看來，這其中存在著差異性及分別的必要性。

　　所謂「講友」可定義爲講學之友，以各種方式討論學問，可能是親自見面，也可能是書信往來，其共同目標，多爲傳道而努力，所以一起講學。這種關係維持的時間往往較長，對對方的學術底子也較爲熟稔，所以常常會吩咐弟子或後輩至對方門下交游。換句話說，講友的關係常常會連帶締結門人網絡，例如劉安世與楊時的弟子互相往來二師門下。講友的另一個特質，便是「不拘年齡」，有些甚至是忘年之交，因爲樂於一同講學，故多半關係良好，年紀長幼並不是問題，學術宗旨不見得相同，如朱熹與呂祖謙是講友，但學術宗旨則大不相同。

　　所謂「學侶」是指有相同從學經驗者，就學時間長短不一，但就學期間，曾相互討論某個學術問題，各自的學術造詣往往大異其趣。有時候，兄弟之

間，因著學術宗旨的差異，不一定歸類爲家學，而互稱「學侶」。如果把「學侶」和「講友」稍作比較，「學侶」關係較爲被動，基於就學從學因素，才得以相識相聚，比起主動結交的講友情誼，學侶關係較爲疏遠。

所謂「同調」與前二者大不相同，定義爲「學侶」或「講友」的雙方，彼此一定互相認識，但「同調」則不一定相識，有些甚至素昧平生。這是由於「同調」的定義，有時候是他者給予限定的意義，例如二人具有同樣節操、具有共同學術目標、共攻某學、同提某調（學術論調）等，都屬於此類。儘管有些「同調」會因爲氣味相投而互聞其名，有些則不一定認識對方，「同調」是一種相當特殊的類型。

除同輩情誼外，《宋元學案》對於師生關係也相當講究，茲可分爲三類：門人、私淑和家學。

※引文後爲《宋元學案》頁碼

| 項目 | 門　人 | | 私　淑 | | 家　學 | |
|---|---|---|---|---|---|---|
| 01 | 從學者，謂之門人 | 21 | 聽聞安定之教，遂以私淑稱弟子 | 35 | 李光傳四子：孟博、孟堅、孟珍、孟傳，謂之李氏家學 | 468 480 |
| 02 | 尹焞曾嘗游司馬光門下 | 203 | 黃隱尊司馬光 | 203 | 潘時傳子友端、友恭、從子友文，謂之潘氏家學 | 468 481 |
| 03 | 李陶從司馬光于洛，封爲高弟 | 203 | 能得某派之精華，謂之私淑，可也 | 691 | 劉子翬傳從子珙、嗣子玶，謂之屏山家學 | 790 796 |
| 04 | 呂希哲與程頤同事胡安定，在太學並舍，年相若。但因呂心服程頤學問，首師事之（王梓材認爲如果介於師友之間，索性稱爲學侶） | 523 | 晁說之在關中，留心橫渠之學 | 490 | 武夷家學 胡憲從胡安國學 胡安國傳胡寅、胡寧、胡宏等子輩 | 668 792 |
| 05 | 呂大忠、呂大鈞、呂大臨、呂大防四兄弟均游于張程之門，在學案中的位置均不同，呂大防爲張載同調，餘爲門人 | 629 | 陳瓘最宗劉安世，以爲涑水私淑可也 | 691 | 晦翁家學 朱熹傳朱塾、朱在等輩 | 840 899 |
| 06 | 張載倡道于關中，寂寥無和者，呂大鈞于張載爲同年友，心悅而好之，遂執弟子禮 | 629 | 私淑洛學而大成者，胡文定（胡安國）公其人也。胡從謝、楊、游三先生以求學統。三先生義兼師友 | 668 | 東萊家學 呂祖謙傳呂祖儉 | 933 952 |

| 07 | 呂大臨初學于張載。張卒，乃東見二程，故深淳近道。 | 634 | | | |
| 08 | 劉安世師事司馬光，不就選，徑歸洛 | 469 | | | |
| 09 | 謝良佐爲程門高弟，道南一派 | 531 | | | |

所謂「門人」是指曾師事、游於其門、請益過者，均定義爲門人，又可稱爲弟子。這種關係的建立，並不侷限於請益時間之長短，換言之，凡是請益過，便可稱爲師徒，亦不以時間長短決定弟子優劣。是故，聞道先者和術業專者可爲師，師徒雙方並不拘泥年齡長幼，年幼者可爲師，年長者亦能不恥下問。凡「道之所存，師之所存」。

所謂「私淑」是指尊其學，留心其學，能得其學之精華者屬之，「私淑」一詞源於《孟子》〈離婁篇第四〉：「予未得爲孔子之徒也，予私淑諸人也。」趙岐注曰：「淑，善也。我私善之於賢人耳，蓋恨其不得學於大聖人也。」〔註 11〕這是孟子因未能親自受教而抱憾，可見稱「私淑」，有兩個基本特質，私淑的對象是值得尊爲師者，而且不受時空限制，再者，自稱學生並未親自受業，可能透過其學派之門下高徒，或其他方式間接獲悉學問宗旨，例如胡安國自稱「從伊川書得之」而爲私淑。所以，「私淑」這類學生，往往「心嚮往之」比「實際當面求教」的比例來得高。

所謂「家學」是一種具血緣關係的師生關係，也是傳統社會中一家一族歷經數代創立的一門學問，其後人據此不斷延續創新，形成了在當時以至後世有一定影響力的文化學派。〔註 12〕由某位家族族長教授學問予後輩，是由上而下的傳遞路徑，例如父傳子、叔傳姪、爺傳孫等，均屬家學，家學即一種血緣連帶的師生關係，例如晁氏家學。〔註 13〕值得注意的是，就學術發展

〔註11〕 孟子著、趙岐注，《孟子章句》，收於《四部叢刊》，頁 34。另外，史次耘註解，《孟子今註今解》，臺北，臺灣商務印書館，民 81 年 5 月，〈離婁篇第四〉，頁 218 亦有相關說明。

〔註12〕 黃寬重，〈宋代四明士族人際網絡與社會文化活動——以樓氏家族爲中心的觀察〉，《家庭與社會》，北京，中國大百科全書出版社，2005 年 4 月，頁 364～405。鄭強勝，〈中國傳統家學文化史研究的新領域〉，《歷史文化》，頁 16～17。董建和、盧香霄，〈南宋浙東學派的"家學"源與流〉，《浙江師大學報（社會科學版）》，1994 年第 3 期，頁 80～84。文中提到家學的分類有直系、旁系之別。

〔註13〕 馬納、馬斗成，〈宋代潭州晁氏家學試探〉，《天津師範大學學報（社會科學版）》，2004 年第 4 期，頁 31～36。作者提出家學有一貫的學術取向，以晁氏

來說，一對親生兄弟不一定同屬家學體系，甚至可能分屬不同學案，這完全取決於爲學宗旨和精神。

　　學案體是宋代以後的特定產物，宋代講學之風盛行，書院林立，通過講學，形成學派，彼此間互相交流競爭，老師們相互問道，學生們往來頻仍，這當中複雜的人際脈絡，不以學案表的編輯和分類，實難說明清楚，這也看出了《宋元學案》編輯群對編輯工作的堅持，亦可以歸納出三點原則：第一，學案承傳關係的安排，以「聞道先後」作爲優先考慮要件，而非以年紀或輩分來左右學派排列的順序。例如：李初平與周敦頤爲上下從屬關係，但李仍向周請益，並悉心聽教。黃百家爲此段關係下了案語，文曰：

> 先生（李初平）爲元公（周敦頤）上官，有謂不當列弟子者。夫學
> 以傳道爲事，豈論勢位。自古至今，有弟子而不能傳道多矣，以先
> 生之虛懷問業，悉心聽受，二年有得，與二程同列諸弟子之班，足
> 見先生之盛德，又何嫌哉！又何嫌哉！〔註14〕

由引文可知，「聞道有先後，術業有專攻」，編者認爲傳道弟子「學以傳道爲先」，「豈論勢位」，依此標準詳實地編列每個人的學術位置。

　　第二，學案表中人際關係多屬於「單線性相對關係」，這種關係有兩層意思：（1）甲乙雙方關係固定，少有錯誤。舉例而言，甲乙兩人若是學侶，不論在甲或乙的學案表，甚至是第三人的學案表中，甲乙始終維持「學侶」關係。在筆者的研撰過程中，發現《宋元學案》的學術關係紀錄這方面，鮮少出現錯誤，這顯示出《宋元學案》編輯群當初在定位學者關係時，是經過審慎考量。（2）相對關係僅侷限於雙方，倘若丙丁二人爲兄弟，但甲與丙可能是同調關係，甲丁卻可能是師生關係，並不因爲丙丁的兄弟關係，而影響他們與其他人的關係。呂氏兄弟的例子，最能說明這個原則，呂家共有四兄弟，分別爲呂大臨、大防、大忠、大鈞，但除呂大防爲張載同調外，其他均爲張載門人。換言之，每個人的關係網路都是從自己出發，由自己與對方建立關係，完全不受他人影響，這就是一種「單線性相對關係」。

　　第三，在同輩交游的層次上，「講友」、「學侶」、「同調」是三種不同的人際關係，講友關係比學侶重要，而學侶又比同調緊密。學案表上先排講友，

---

家族爲例，家學精通經史，融通佛道。他還提到家學的發展，特別重視家族教育，家族成員藉此取得科舉或仕宦成就。

〔註14〕《宋元學案》，卷12，〈濂溪學案〉下，頁309。

學侶次之，同調次之，從道學運動的發展來看，道學家鼓勵講學，盡量不成「孤陋寡聞」或「獨學無友」的情況，故能與友人相發議論，才符合道學精神，故《宋元學案》對人物的等第編列，也符合了這個道理。

　　了解《宋元學案》綿密細膩的編輯原則後，試圖把《諸儒鳴道》所收十二位儒者，分別從學案表拉出來，並標明彼此關係後，可以得到附表（一）學術關係圖。這張學術關係圖包含三個學派：一為周敦頤為首的伊洛之學；一為司馬光為首的涑水學派；一為曾經同學於王安石，後悟王學之非的潘殖與江民表。三學派之間的交往也相當繁雜，不僅老師與老師之間，互為講友或是學侶，例如司馬光為周敦頤、張載、二程講友，程顥為程頤與張載學侶，程頤為司馬光講友、張載學侶，張載為二程學侶。此外，弟子間也互有交往，更甚者，弟子多半會到其他學派學習。

　　從道學詮釋角度來看《宋元學案》，它廣泛而細膩地收錄如此龐大的文獻，讓平常鮮少被討論重要道學學派——涑水學派與潘、江等人也可以被保留下來。再者，《宋元學案》對於學派間的細微差異，也觀察入微，凡有別立學派的需求，絕不會同置一個學案。以《諸儒鳴道》所收諸儒而言，除了江民表、潘殖與劉子翬外，其餘九位諸儒分別佔一個學案，劉子翬則與劉勉之、胡憲等人並列同一學案。

**《諸儒鳴道》諸儒於《宋元學案》中所列之學案及卷數**

| 諸儒名 | 周敦頤 | 司馬光 | 張載 | 程顥 | 程頤 | 謝良佐 | 劉安世 | 江民表 | 楊時 | 劉子翬 | 潘殖 | 張九成 |
|---|---|---|---|---|---|---|---|---|---|---|---|---|
| 學案名 | 濂溪 | 涑水 | 橫渠 | 明道 | 伊川 | 上蔡 | 元城 |  | 龜山 | 劉胡諸儒 |  | 橫浦 |
| 卷數 | 11～12 | 7～8 | 17～18 | 13～14 | 15～16 | 24 | 20 |  | 25 | 43 |  | 40 |

　　從表格中，可以發現《宋元學案》編輯者為《諸儒鳴道》中多數諸儒專立學案，詳盡綜論他們的學術思想，即便是後世無聞的劉安世，也有〈元城學案〉完整地介紹他的學術內涵，雖然劉安世是司馬光的弟子，但是《宋元學案》別立一個學案介紹他，而不是將他含括於〈涑水學案〉之下，由此也可以推論，

司馬光與劉安世師徒二人的學術宗旨應有不同，〔註15〕是故，《宋元學案》必須爲劉安世別立學案，這亦間接證明，該書對學術派別嚴謹分析的態度。至於江民表與潘殖，雖然《宋元學案》並沒有特定學案介紹他們，但是他們的資料，也或多或少地被收羅廣泛的《宋元學案》保存下來，江民表除了列名於《宋元學案》〈元祐黨案表〉外，《宋元學案》還以兩行篇幅介紹他的生平經歷。〔註16〕另外，《宋元學案》〈滄洲諸儒學案〉有一條資料，文曰：「宋有與先生（潘植）同名氏者，字子醇，安正人，常著《易說》。」〔註17〕這一段資料原是介紹滄洲儒者潘植（字立之，懷安人），但是，因爲潘殖與潘植名字太過相似，所以《宋元學案》特別解釋，此「殖」非彼「植」，潘殖其實另有其人，字子醇，安正人，著有《易說》一書。恰好《諸儒鳴道》中的潘殖也是安正人，字子醇，故這條資料極有可能是指潘殖。雖然《宋元學案》收錄潘、江二人的資料並不豐富，但是，總體來看，《宋元學案》以一種後世的優越條件，大量而仔細地收集宋元時期諸儒學術的相關文獻，並將他們有系統地排列說明，這已然是一件浩大的工程。

## 二、《伊洛淵源錄》所建立的譜系

　　朱熹（1130～1200）爲闡述理學源流，於南宋乾道九年（1173）十一月編成《伊洛淵源錄》初稿，此書共十四卷，記周敦頤以下，包括程顥、程頤、張載等人及其交游、門人共四十六人，取材翔實，收錄學者事狀、行狀、墓誌銘、友人敘述等言行事跡，除了可以藉此書獲悉伊洛學派之發展脈絡外，亦可藉此通曉其師友授受關係。初稿幾經翻修編纂，仍未臻完善，故暫緩付梓，迄朱熹去世，此書似乎仍未定稿。

　　其成書目的，從朱熹給呂祖謙的信件中，早已表示自己有意編纂一部反映周、程以降，理學師承流變的書籍。《伊洛淵源錄》收錄道學家行狀，也具「宣揚伊洛之學」的意圖。例如二程爲朱光庭撰祭文曰：

　　　　嗚呼！道既不明，世罕信者，不信則不求，不求則何得，斯道之所

〔註15〕《宋元學案》，卷20，〈元城學案〉，頁469，文曰：「劉忠定公（劉安世）得其（司馬光）剛健。」而其他學生得司馬光之純粹、數學等。關於劉安世與司馬光學術上的差別，亦可參考筆者碩士論文——〈道學運動中的劉安世〉，文化大學史研所碩士論文，民90年6月。

〔註16〕《宋元學案》，卷96，〈元祐黨案〉，頁1778、1800。

〔註17〕《宋元學案》，卷69，〈滄洲諸儒學案〉，頁1300。

以久不明也。自予兄弟（二程）倡學之初，眾方驚異，君（朱光庭）時甚少，獨信不疑。〔註18〕

另外，自「結髮即事明道先生程氏兄弟受學」〔註19〕的劉絢辭世時，程頤亦曰：

鳴呼，聖學不傳久矣！吾（程頤）生百世之後，志將明斯道、興斯學於既絕，力小任重，而不懼其難者，蓋亦有冀矣。……游吾門者眾矣，而信之篤，得之多，行之果，守之固，若子（劉絢）者幾希。〔註20〕

同樣的書寫模式，也出現在楊時為游酢所撰的墓誌銘，其文說：

予昔在元豐中受業於明道先生兄弟之門，有友二人焉，謝良佐顯道，公其一也。公諱酢，字定夫，建州建陽人。初與其兄醇俱以文行知名於時，所交皆天下英豪。公雖少，而一時老師宿儒咸推先之。伊川先生以事至京師，一見，謂其資可與適道。是時，明道先生知扶溝縣事，先生兄弟方以倡明道學為己任，設庠序，聚邑人子弟教之。〔註21〕

綜上所見，《伊洛淵源錄》一書「倡明二程學派」的意圖十分明顯，故即便是所輯錄的資料相對較少的道學家——周恭叔，朱熹仍不忘敘述他「自太學蚤年登科，未三十，見伊川。」〔註22〕朱熹透過紀錄他們如何倡明和延續發展伊洛學派，來「宣揚鞏固」自己的學派。事實上，朱熹似有吹捧伊洛學派之嫌的行為，倒亦「無可厚非」，他本來就繼承著伊洛學派的學術系統，基於對學術思想流傳散播的熱情，他扣緊書名，以《伊洛淵源錄》來呈現學術流變。

不過，朱熹建立「伊洛正統」的行為，無形中，把許多道學運動人士都給忽略了，再加上伊洛後學的大力捍衛，「正統」之聲更成為剔除「異端」的打手，甚至更影響後世對道學的界定。元人脫脫編纂《宋史》〈道學傳〉，其內容與朱熹的正統相距不遠，元代再次為道學築起高牆，捍衛了高牆內的道學家，也同時框限隔離了牆外更多的道學家。清康熙皇帝曾經御令進行理學研究工作，包

---

〔註18〕朱熹，《伊洛淵源錄》，收於《朱子全書》第12，上海，上海古籍出版社：合肥，安徽教育出版社，2002年12月，卷7，頁1019。

〔註19〕《伊洛淵源錄》，卷8，頁1023，提到李籲為劉絢所撰墓誌銘中，提到劉絢自結髮即受學於二程。

〔註20〕《伊洛淵源錄》，卷8，頁1025。

〔註21〕《伊洛淵源錄》，卷9，頁1044。

〔註22〕《伊洛淵源錄》，卷10，頁1064。朱熹只輯錄了一條周恭叔的資料。

括重新編纂明人胡廣輯《性理大全書》，以及新編一套《御纂性理精義》，前書收錄儒者包含周敦頤、張載、二程、邵雍及其程子門人；〔註23〕後書所談主題，也「皆採擇有宋先賢五子之學」，〔註24〕如《通書》、《西銘》、《太極圖說》等。〔註25〕

　　清代不乏這類以程朱學派為主導的道學叢書，如萬斯同編纂的《儒林宗派》，他雖然意圖「涮除錮習」，力求「無畛域之見」，但是，從其收錄編目：「程子學派」、「胡氏（胡瑗）學派」、「張氏（張載）學派」、「邵氏（邵雍）學派」、〔註26〕「朱子（朱熹）學派」、〔註27〕「朱子門人」、〔註28〕「林氏（林光朝）學派」、「呂氏（呂祖儉）學派」、「張氏（張栻）學派」、「陸氏（陸九韶、陸九齡、陸九淵）學派」、「葉氏（葉適）學派」、「陳氏（陳傅良）學派」、「陳氏（陳亮）學派」，〔註29〕卷十二並列有〈諸儒博考〉，其中收錄司馬光、劉安世、劉子翬等人。〔註30〕程朱學派仍舊佔有相當大的篇幅，而且司馬光、劉安世與劉子翬僅列于〈諸儒博考〉一類，頗有「附帶說明介紹」之意，也突顯出萬斯同並不太重視司馬光等人，在道學發展中的地位。另外，孫奇逢曾著《理學傳心纂要》八卷，收錄「周子、二程子、張子、邵子、朱子、陸

---

〔註23〕胡廣，《性理大全書》，收於《四庫全書》，〈目錄〉，頁 8B～9B，卷 39，〈諸儒一〉敘述北宋五子，卷 40〈諸儒二〉敘述程子門人羅從彥、李侗、胡安國等人，卷 41〈諸儒三〉敘述朱子與張栻，卷 42〈諸儒四〉敘述呂祖謙、陸九淵以及朱子門人，除介紹上述人物外，並於首卷介紹《通書》、《太極圖》等重要著作。該書雖然列有先儒司馬光、劉安世、劉子翬等人，但僅列名字而未敘及相關資料。

〔註24〕李光地，《御纂性理經義》，〈凡例〉，頁 1A～4B，以北宋五子作為性理之學的淵藪，這種被倡導的觀念，甚至影響到其他地區，如林豪纂，《澎湖廳志》，卷 4，〈文事〉，文中提到書院的建置，其中規定了八條學約，其中一條曰「不可不講性理」，此乃因為受到當朝儒臣李光地的影響，他所編輯的《御纂性理精義》即是採擇宋代五子之學精華而成，必要使學者閱讀領會，所以當時清廷政府管轄範疇內的學院，大多必要遵守提倡性理之學，連澎湖廳也不例外。

〔註25〕李光地等編，《御纂性理精義》，收於《四庫全書》，〈凡例一〉講性理之學自宋而明，自周程授受粹然，孔孟淵源，同時如張、如邵，又相與倡和而發明之；從遊如呂、如楊、如謝、如尹，又相與賡續而表章之。又說周敦頤《太極圖說》、《通書》、張載《西銘》，乃有宋理學之宗祖之說。

〔註26〕萬斯同，《儒林宗派》，收於《四庫全書》，卷 8，頁 1A～13A。此書共十六卷。

〔註27〕《儒林宗派》，卷 9，頁 1A～10A。

〔註28〕《儒林宗派》，卷 10，頁 1A～9A。

〔註29〕同上註，卷 11，頁 1A～15A。

〔註30〕同上註，卷 12，頁 1A～4A。卷 13 以後便是介紹元儒。

九淵、薛瑄、王守仁、羅洪先、顧憲成十一人，以爲直接道統之傳。」〔註31〕
同樣爲他所編輯的《中州道學編》也是「大旨以朱子爲宗」。〔註32〕上述後世
「道學」著作受到朱熹的影響，而在道學運動研究中只關注特定的領導人物。

## 三、《宋元學案》與《伊洛淵源錄》的差異

　　《宋元學案》與《伊洛淵源錄》二書對道學的論述，即有很大的不同，
前書以學案體裁描述儒者的學術活動，並以細膩的人際網絡，鮮活地呈現出
大歷史的脈動。就宋朝學術發展軌跡來看，前書較爲全面完整地紀錄多面向
學術活動，這樣的詮釋，其實也較爲符合道學發展早期的多樣化傾向。相反
的，後書完全以伊洛之學作爲主軸，並僅收錄儒者生平行狀，對道學的論述
僅僅交代伊洛學派的傳遞，透露出朱熹欲以程朱一脈取代道學的想法，對讀
者而言，很容易陷入這種迷思之中。二書差別甚大，恰恰突顯了道學被後人
「經營」與「詮釋」後，範疇隨之變異的情況，稍不留神，便忽略許多道學
運動中原有的重要人物。

　　二書還有一個十分關鍵的差異點，更是不能忽略。前文花了相當篇幅歸
納《宋元學案》人際關係定義，這些複雜的人際關係，代表著道學群體內部
交流，許多紀錄道學發展過程或是學派的作品，鮮少涉及這部分，即便《伊
洛淵源錄》只是偏重師承關係，也不如《宋元學案》對人際關係的細膩分類。

　　定義道學群體並非易事，牽涉到對道學的解釋，也牽涉到對大量人物與
文獻的研究判讀，實在不易歸納和整理。但是，《宋元學案》的學案表，卻爲
這個問題，提供一個研究的立足點。Tillman（田浩）曾用 Fellowship 來形容
道學中的同道志士，他認爲道學群體與以前的儒學團體不同，他們具有關係
網絡，互相認同，特別重視個人道德修養，強調要以修養成爲君子爲目標，
他們甚至有自己獨特的服裝與行爲規範，致力於研究專門的學問。〔註33〕當
我們利用《宋元學案》學案表來觀察《諸儒鳴道》諸儒間的交誼時，可以發
現這種特殊的定義，與諸儒彼此間微妙的關係網絡，恰好不謀而合。這個貢
獻可能是《宋元學案》編輯群始料未及之事。

　　由此看來，要能較客觀地觀察道學全貌，利用《宋元學案》應當比《伊

〔註31〕趙爾巽等著，《清史稿》，卷480，列傳267，〈儒林一〉孫奇逢，頁13101。
〔註32〕同上註，頁13102。
〔註33〕田浩，《朱熹的思維世界》，頁19。

洛淵源錄》更爲適當，雖然《宋元學案》成書較晚，但也因此利用了時間的優勢，從一個更宏觀的後世角度，給予道學群體更多「自明其旨」的機會。

# 第二節　《伊洛淵源錄》與《諸儒鳴道》的比較

比較《宋元學案》與《伊洛淵源錄》後，可以體認到「道學」或學術活動，被詮釋後，可能會產生誤解，誠如上節所言，《宋元學案》全面性的整理收錄，確實比較能夠呈現北宋道學的實際情形。本節再以同樣是宋人自編的道學作品——《諸儒鳴道》和《伊洛淵源錄》作比較，更能突顯當時人的觀點。

## 一、道學譜系中的諸儒

陳振孫《直齋書錄解題》卷九記載：「《諸儒鳴道集》七十二卷，不知何人所集，涑水、濂溪、明道、伊川、横渠、元城、上蔡、無垢以及江民表、劉子翬、潘子醇等十一家。其去取不可曉。」〔註34〕陳來先生以爲從「後來」道學眼光來看《諸儒鳴道》，其對道學家的擇取近乎不倫不類，若從學術源流見解來說，仍還是可以解釋以「二程」爲核心，收錄其師友門人及再傳弟子。〔註35〕陳振孫與近人陳來對這個問題的關注，無非是爲了瞭解編者對道統傳承的看法，進而給與《諸儒鳴道》正確的定位，這不啻爲研究《諸儒鳴道》最棘手，也最先必須解決的問題。

要解決這個問題，得從《諸儒鳴道》與《伊洛淵源錄》的比較工作入手，兩書成書時間相距不遠，《諸儒鳴道》可能成書於西元一一五八至一一六八年間，〔註36〕而《伊洛淵源錄》成稿於西元一一七三年十一月，〔註37〕兩

---

〔註34〕陳振孫，《直齋書錄解題》，卷9。關於《諸儒鳴道》的相關說明，尚有脫脫，《宋史》，卷205〈藝文志〉記《諸儒鳴道》共七十二卷；《景定建康志》，收於《四庫全書》，卷33，列《諸儒鳴道集》爲理學書之目；《郡齋讀書志》卷5與《文獻通考》卷210都有相關敘述。另外，《直齋書錄解題》卷9、10記《忘筌集》有兩卷之多，但同時把此書列於儒家和雜家；《文獻通考》卷210、214亦列《忘筌集》於儒家和雜家，但其卷數僅有一卷。

〔註35〕陳來，《中國近世思想史研究》，頁20。文中提到周張爲二程師友，楊時、張九成、劉子翬爲弟子私淑，並旁述二程講友司馬光及其弟子劉安世，江民表亦可能從學司馬光，潘殖與劉子翬有來往。所以，在陳來看來，諸儒都與二程有關係，故可以解釋爲以「二程」爲主軸而收錄的。

〔註36〕《中國近世思想史研究》，頁19。

〔註37〕王雲五主編、王懋竑纂訂，《宋朱子年譜》，臺北，臺灣商務印書館，民76年

書皆爲紀錄道學運動，但編輯主旨卻有差異，茲就下列三項條件分析說明：

## （一）《諸儒鳴道》成書時間與流傳情形

　　陳來先生根據《諸儒鳴道》集錄作品的成書年代、版本的判定，推論該書成書約於西元一一五八至一一六八年間，最晚不遲於一一七九年，並透過地理環境與師友關係兩項因素，推論編者可能是劉子翬或張九成的學生或友人，抑或是曾於浙江任官的胡憲，〔註38〕目前僅有宋刻本傳世。《伊洛淵源錄》初稿成於乾道九年，其內容大要已於前節敘及。值得注意的是，成書時間相近的兩書，有著極爲不同的流傳情形，《諸儒鳴道》曾被三書介紹，包括南宋晁公武《郡齋讀書志》、陳振孫《直齋書錄解題》及元初馬端臨《文獻通考》三書，以及潘自牧《記纂淵海》節錄其中的文句，可以推論，此書在南宋時期應該不難見到，但不知因何緣故，現存其他文獻卻鮮少談論引用，或是刊刻流傳的紀錄。相反地，《伊洛淵源錄》初稿完成後，雖然最初僅於南宋坊間流傳，數量非常有限，〔註39〕但至元朝之後，此書得以數度被刊刻付梓。〔註40〕

## （二）二書所收錄的道學家

　　《諸儒鳴道》共收錄十二位道學家，《伊洛淵源錄》共收錄四十六位伊洛學派學者，以「收錄一覽表」來看，便於說明及比較。該表格前段爲二書均有收錄的儒者，後段爲二書各自收錄的名單。如下表所示，其中六位道學家：周敦頤、二程、張載、楊時、謝良佐，同時均被兩書收錄於內。另外，被《諸儒鳴道》收錄，卻未被《伊洛淵源錄》收錄的則有六位：司馬光、劉安世、劉子翬、潘殖、江民表、張九成。相對的，被《伊洛淵源錄》收錄，卻未被《諸儒鳴道》收錄的，則有邵雍等四十人。

---

　　8 月再版，頁 54。

〔註38〕《中國近世思想史研究》，頁 20。

〔註39〕可見宋末元初之際，《伊洛淵源錄》仍屬稀見之書，可能與慶元黨禁有很大的關聯，並未見載錄於當時的目錄書籍。

〔註40〕關於朱熹《伊洛淵源錄》的版本及流傳問題，可以參考邱漢生，〈朱熹的生平及其著述〉，《朱子學刊》，總 2，1990 年 10 月，頁 134～150。陳祖武，〈朱熹與《伊洛淵源錄》〉，《文史》，39 期，1994 年 3 月，頁 149～164。

## 收錄一覽表

| | 《諸儒鳴道》與《伊洛淵源錄》均收錄的道學家 | | | | | | |
|---|---|---|---|---|---|---|---|
| 01 | 周敦頤 | | | | | | |
| 02 | 程顥 | | | | | | |
| 03 | 程頤 | | | | | | |
| 04 | 張載 | | | | | | |
| 05 | 楊時 | | | | | | |
| 06 | 謝良佐 | | | | | | |

| 僅為《諸儒鳴道》所收錄的道學家 | | 僅為《伊洛淵源錄》所收錄的道學家 | | | | | |
|---|---|---|---|---|---|---|---|
| 07 | 司馬光 | 07 | 邵 雍 | 21 | 尹 焞 | 35 | 謝天申 |
| 08 | 劉安世 | 08 | 張 戬 | 22 | 張 繹 | 36 | 潘 旻 |
| 09 | 劉子翬 | 09 | 呂希哲 | 23 | 馬 伸 | 37 | 陳經正 |
| 10 | 潘 殖 | 10 | 范祖禹 | 24 | 侯仲良 | 38 | 李處遯 |
| 11 | 江民表 | 11 | 楊國寶 | 25 | 王 蘋 | 39 | 孟 厚 |
| 12 | 張九成 | 12 | 朱光庭 | 26 | 胡安國 | 40 | 范文甫 |
| | | 13 | 劉 絢 | 27 | 王巖叟 | 41 | 暢中伯 |
| | | 14 | 李 籲 | 28 | 劉立之 | 42 | 李 朴 |
| | | 15 | 呂大忠 | 29 | 林大節 | 43 | 暢大隱 |
| | | 16 | 呂大鈞 | 30 | 張閎中 | 44 | 郭忠孝 |
| | | 17 | 呂大臨 | 31 | 馮 理 | 45 | 周行己 |
| | | 18 | 蘇 昺 | 32 | 鮑若雨 | 46 | 刑 恕 |
| | | 19 | 游 酢 | 33 | 周孚先 | | |
| | | 20 | 劉安節 | 34 | 唐 棣 | | |

　　兩書大致上都按照年代排序，《諸儒鳴道》收錄最末一位道學家是張九成，而《伊洛淵源錄》還收錄了南宋時期更多的道學家。

## （三）編輯原則

　　茲據前表分析，可以看出二書編者對道學定義的分歧。首先，討論二書均有收錄的部分，周敦頤等六位道學家，同時被二書編者視為道學中人，但仔細觀察，其中隱含不同的意義。《諸儒鳴道》編者只收錄道學家的重要著作，

例如周敦頤的《通書》、司馬光的《迂書》等，完全不描述道學家生平事蹟，對編者而言，作品才能夠表現與傳達「道學宗旨」，但對朱熹而言，整部書的目的，是爲了說明伊洛學派的道統譜系，所以道學著作相對不重要，反而是道學家的行狀事跡，才是取材的對象，而在道學家撰寫的祭文行狀裡，常常出現「傳遞道學」的字眼，以顯露他的編輯目的。

以周敦頤爲例，二書均尊他爲道學領袖人物，頗有視他爲道學開疆拓土的意味，《諸儒鳴道》收錄其《通書》，因爲《通書》將天人之際的道學學問發揮地淋漓盡致，所以，《諸儒鳴道》列之爲首。相對的，朱熹收錄周敦頤，卻是爲二程鋪路，《伊洛淵源錄》中明言二程「受學於周敦頤」，但其他後學則不講與周敦頤的關係，只談與二程的淵源，很明顯的，朱熹完全以二程爲核心，上溯周敦頤，下開洛學之流，換句話說，周敦頤的出現，有相當程度是爲了說明二程的師傳與學術源流。〔註41〕

## 二、「道學運動」中被遺忘的諸儒

如果朱熹的《伊洛淵源錄》描述了一個被後世廣爲接受的道學運動（沒有引號）形貌，那麼可以肯定的，《諸儒鳴道》所呈現的「道學運動」（有引號）與之大不相同，《諸儒鳴道》的「道學運動」比朱熹的道學運動來得廣泛。在這一小節，要試圖利用《諸儒鳴道》把「道學運動」裡被遺忘的諸儒描繪出來。（下文未用引號框選的道學運動，是指朱熹所立道學譜系形成的道學運動面貌，而用引號框選的「道學運動」則是指《諸儒鳴道》描述的另一種範疇，筆者認爲《諸儒鳴道》所描述的「道學運動」比較接近眞實情況）

有些道學家的定位，同時受到兩書編者的認同，但上表中僅爲《諸儒鳴道》所收，而被《伊洛淵源錄》遺忘的部分，共有六位，包括司馬光、劉安世、劉子翬、張九成、潘殖、江民表。我們要先問：何以朱熹不收錄這六位學者？以《宋元學案》之學案表來檢視，這六位學者仍與二程有某種程度的關係，例如在〈涑水學案〉表中，司馬光不僅是二程的講友，也是邵雍、張

---

〔註41〕關於朱熹列周敦頤於《伊洛淵源錄》之首，有些學者認爲是爲了說明二程師承，但也有持相反意見者，這部分的討論可以參閱楊柱才籌編，《道學宗主——周敦頤哲學思想研究》，北京，人民出版社，2004 年 12 月一書。不過，筆者認爲以《諸儒鳴道》和《伊洛淵源錄》的編輯體例來看，朱熹對於闡述道學的方法，實在很容易使人有所誤解，儘管朱熹並不否認周敦頤的道學成就，但是他以周敦頤爲二程之師的企圖，卻也十分明顯。

載的講友；劉安世也曾經受學於程頤門下；張九成為楊時門人，也是二程再傳弟子；〔註42〕劉子翬為二程私淑；江民表曾與楊時有過書信來往，兩人的關係即便不是講友，也可以算得上是學侶；潘殖與二程再傳的劉勉之、胡憲也曾有所交往。總括來說，這六位學者並非全然與伊洛學派沒有關聯，以朱熹編輯《伊洛淵源錄》的標準來看，他們全被刪除在外。

　　朱熹是否有可能因為其他因素，而刻意剔除他們於其道學譜系之外？檢閱《朱子文集》後，發現朱熹對他們的學術內容，頗有微詞，其主要原因乃是認為他們學有雜佛，不醇於儒。

　　一向厭惡佛學混儒的朱熹，自覺有義務及責任糾正那些行徑過於接近佛學，或是學術內涵雜有佛學因子的儒者，這樣才能捍衛儒學學術純度。朱熹撰寫〈謝上蔡語錄後序〉時，便點出江民表言論雜佛的情形，他說：

> （朱熹）因念往時削去版本五十餘章，特以理推知其絕非先生（謝良佐）語，初未嘗有所佐驗，亦不知其果出何人也？後籍溪胡先生入都，於其學者呂祖謙得江民表〈辨道錄〉一篇，讀之則盡向所削去五十餘章者，首尾次序無一字之差，然後知其為江公所著，非謝氏之語，益以明白，夫江公行誼風節，固當世所推高，而陳忠肅公又嘗稱其論明道先生，有足目相應之語，蓋亦略知吾道之可尊矣。〔註43〕

《朱子語類》也對此有所補充，文曰：

> 《上蔡語錄》論佛處，乃江民表語。民表為諫官，甚有可觀，只是學佛，當初是人寫江語與謝語共一冊，遂誤傳作謝語。唯室先生陳齊之有辨，辨此甚明。〔註44〕

朱熹仔細研讀不同版本的《上蔡語錄》，發現其中多達五十餘章的內容，似不符合謝良佐的學術宗旨，故於編定時刪除之。後來，因緣際會下，獲閱江民表〈辨道錄〉，赫然發現內容正是他原先所刪除《上蔡語錄》的內容。換言之，摻入《上蔡語錄》且不符謝良佐思想的章節，實際上是江民表的言論。朱熹校讎的重點不在指出訛誤錯字，而在於對謝良佐學術思想的釐清，從這件事上，也可以看出朱熹對佛學思想的敏感和排斥的態度。

---

〔註42〕《宋元學案》，卷40，〈橫浦學案〉，頁740。
〔註43〕朱熹，《晦庵先生朱文公文集》，收於《朱子全書》第24，卷77，〈謝上蔡語錄後序〉，頁3707。
〔註44〕朱熹，《朱子語類》，收於《朱子全書》第17，卷101，頁3367～3368。

朱熹除了認定江民表學佛，言論不符道學外，朱熹還提出江民表受到王安石學說影響，《朱子語類》中言：

> 當時王氏學盛行，熏炙得甚廣。一時名流如江民表、彭器資、鄒道卿、陳了翁，皆被熏染，大片說去。〔註45〕

總括來說，朱熹對江民表的整體評價不高，僅管江民表擔任諫官的表現，獲得他的讚賞，但對要求嚴謹的朱熹而言，他仍無法接受江民表「學佛」。

朱熹對潘殖的認識似乎不深，《朱子語類》僅紀錄一筆資料，〔註46〕潘殖既非伊洛學統核心人物，朱熹對他又不甚熟悉，自然也就沒有其必要與可能性編列於學術脈絡之中。

劉子翬與張九成雖然與洛學淵源甚深，前者為朱熹的老師，後者為楊時門人，但在朱熹的「標準原則」運作之下，這兩人也未能被編列到「伊洛之學」中。朱熹年少時雖聽從父親朱松的交待，向劉子翬、胡憲、劉勉之求學，〔註47〕但朱熹卻在《朱子語類》中記載劉子翬接觸佛學之事，文曰：

> （朱熹）初師屏山（劉子翬）、籍溪（胡憲），籍溪學於文定，又好佛老，……屏山少年能為舉業，客莆田，接下一僧能入定，數日後乃見公老歸家讀儒書，以為與佛合，故作《聖傳論》。其後屏山先亡，籍溪在，某得見，于此道未有所得，乃見延平（李延平）。〔註48〕

朱熹原先向劉子翬與胡憲求學，先是劉子翬以《聖傳論》合佛，劉子翬逝世之後，只剩胡憲一位老師，面對這一切，內心對求道之事似感不足，便含蓄地表示「此道未有所得」，最後只好轉而向李侗求教。

相對的，朱熹對於張九成的態度，就顯得相當不客氣，朱熹抨擊張九成《中庸說》，視之如「洪水猛獸」一般，朱熹認為張九成的思想內容全落入「陽儒陰釋」的自圓中，所有的著作全充斥著這個問題，實在不配稱之為好的學術作品。朱熹批評其書曰：

> 張公始學於龜山之門，而逃儒以歸於釋，既自以為有得矣，而其釋

---

〔註45〕《朱子語類》，卷97，頁3288。

〔註46〕《朱子語類》，收於《朱子全書》第15，卷41，〈答程允夫〉文中曰：「游定夫所傳四人，熹識其三，皆未嘗見游公，而三公皆師潘子醇（潘殖），亦不云其出游公之門也。」

〔註47〕李清馥，《閩中理學淵源考》，卷6。文曰：「某蚤以童子獲侍左右，先生始亦但以舉子見期，某竊窺見其自為與教人者，若不相似，暇時僭請焉，先生嘉其志，乃開示為學門戶，朝夕誨誘不倦。」

〔註48〕王梓材、馮雲濠，《宋元學案補遺》，卷43，頁12。

之師語之曰：「左右既得欛柄入手，開導之際，當改頭換面，隨宜說法，使殊途同歸，則世出、世間，兩無遺恨矣。然此語亦不可使俗輩知，將謂實有恁麼事也。」用此之故，凡張氏所論著，皆陽儒而陰釋。其離合出入之際，務在愚一世之耳目，而使之恬不覺悟，以入乎釋氏之門，雖欲復出而不可得。本末指意，略如其所受於師者。其二本殊歸，蓋不特莊周出於子夏，李斯原於荀卿而已也。竊不自揆，嘗欲為之論辨，以曉當世之惑。而大本既殊，無所不異。因覽其《中庸說》，故掇其尤甚者什一二著于篇，其他如《論語》、《孝經》、《大學》、《孟子》之說，不暇遍為之辨。大抵忽遽急迫，其所以為說，皆此書之類。〔註49〕

如引文所述，朱熹認為張九成雖然跟從楊時求學，但是卻又歸佛，甚至以為自有所得。其佛學老師大慧宗杲贊許張九成，並期望他可以「左右逢源」，恣意地運用儒佛之學，這樣的期望之語，引起朱熹大大的反感，他認為這是一種愚昧世人耳目的手法，朱熹自覺有責任，必須反駁辨詰他的《中庸說》，以免世俗學者受到張九成的影響，在無形中吸收了許多佛學內容。朱熹對張九成的不滿，連《宋元學案》也記曰：「晦庵斥其書，比之洪水猛獸之災。」〔註50〕「橫浦、紫微不能自拔於佛氏，為朱子所非。」〔註51〕

　　關於朱熹批評雜佛者的論點，有一個比較棘手的部分，那就是朱熹對楊時與謝良佐的看法，朱熹曾經批評過他們二人學術思想不醇於儒，更以此勸戒其他學者，凡是作學求道都需要深入仔細，他說：

看道理不可不仔細，程門高弟如謝上蔡、游定夫、楊龜山輩下梢皆入禪學去。〔註52〕

朱熹又說：「游、楊、謝三君子初皆學禪，後來餘習猶在，故學之者多流於禪。」〔註53〕陳榮捷甚至指出朱熹親自定出的理學傳授系統中並未提到楊時。〔註54〕但是，《伊洛淵源錄》終究是收錄了楊時，這矛盾究竟如何解釋？可以從兩方面

〔註49〕《晦庵先生朱文公文集》，72卷，頁3473。
〔註50〕《宋元學案》，卷40，〈橫浦學案〉，頁741。
〔註51〕《宋元學案》，卷39，〈豫章學案〉，頁728。
〔註52〕《朱子語類》，卷101，頁3358。《閩南道學源流》與《宋元學案》亦載有相關敘述。
〔註53〕同上註，頁3358。
〔註54〕陳榮捷，〈使理學臻於完善的朱熹〉，《宋史研究，紀念巴拉茲教授叢書》二，1973年。

來看：第一、就伊洛學派的授受關係來看，朱熹應該算是楊時的再傳弟子〔註55〕
或三傳弟子。〔註56〕「程門立雪」、「吾道南矣」的典故，都爲楊時提供了很好
的護身符，說明他與二程學派的緊密關係，全祖望曾曰：「明道喜龜山，伊川喜
上蔡，蓋其氣象相似也。」〔註57〕基於這些理由，當一一七三年，朱熹要編輯
這條「正統」之道時，也就不得不收錄程門四大弟子。〔註58〕

第二，朱熹既然收錄他們，又何以批評他們？有兩種可能性，第一種可
能是朱熹就理論述，當朱熹意識到許多伊洛學者的學說「餘禪猶存」時，終
究要警戒性地提出來，做爲後學借鏡。另一個可能性，是朱熹意圖由自己承
接二程道統，故對於這些程門弟子並不給予太好的評價。例如於一一九四年
滄州精舍祭典時，他一方面說服弟子相信道統，一方面自論承接此道統的使
命，自「立孔孟顏曾，從祀周敦頤、二程、邵雍、張載、司馬光、李侗」，李
侗之下便是他自己，對他而言，道統似乎可以更「簡潔」。既然如此，對程門
弟子的批評，也就更加毫不避諱。

至於朱熹如何看待司馬光與劉安世師徒二人，由於牽涉到朱熹的經史
觀，所需論述篇幅較大，故容後再敘。

綜前所述，從朱熹評價上述儒者的態度來看，已經可以發現，不論是與
洛學頗具淵源的劉子翬、張九成，抑或是與洛學關係不大的潘殖、江民表，
朱熹都無法收錄他們於伊洛學派。對朱熹而言，學者求道過程摻雜佛學，致
使佛學侵入儒學領域的情形，是他創建道統，力圖要劃清的界限。所以，我
們推論朱熹在編輯《伊洛淵源錄》的同時，便將這一批「學有不醇」的儒者，
一一過濾摘除了。

## 三、《諸儒鳴道》所呈現的「道學運動」

朱熹苦心孤詣地編排「伊洛之學」道統譜系，來匡正伊洛之學的學術內

〔註55〕《宋元學案》，卷48，〈晦翁學案〉，頁841。學案表中提到朱熹爲龜山（楊時）
　　　　再傳。
〔註56〕就師承關係來看，楊時教導羅從彥，再傳李侗，李侗再傳朱熹。另一條傳授
　　　　路徑爲楊時傳羅從彥，再傳朱松，朱松再傳其子朱熹。羅獅谷在〈從楊時到
　　　　朱熹：宋代理學的傳授和繼承問題〉，收錄於《中國史研究動態》，6 期，1984
　　　　年，頁28～32，此文介紹伊洛學派從楊時到朱熹的師承傳道路徑。
〔註57〕《宋元學案》，卷25，〈龜山學案〉，頁547。
〔註58〕除了楊時以外，還包括程門四大弟子另外三人謝良佐、尹焞、游酢。

涵，並確立其正統性。當我們理解《伊洛淵源錄》收錄標準時，回頭檢視《諸儒鳴道》，便有了新的體悟，既然《伊洛淵源錄》是爲立道統而存在，《諸儒鳴道》是否也爲同樣目的而努力？《諸儒鳴道》看似「去取不可曉」的背後，其實有它的意義，筆者歸納出兩個方面說明：

## （一）早期道學發展的多元性

誠如前文所論，陳來企圖爲《諸儒鳴道》以二程師友爲主軸的編輯，找到合理的解釋，基於這些學術關係，《諸儒鳴道》是故成書。〔註59〕然而，這樣的推論仍有些部分有待商榷，第一，江民表與司馬光的師徒關係證據不足；第二，只因爲潘殖爲劉子翬同調，即被收錄於《諸儒鳴道》，這點理由似乎有些勉強。反論，在當時的學術界中，其他儒者如劉勉之等人與洛學的緊密度，可能更甚於江民表與潘殖。所以，可能需要更多的證據去支持陳來的論點。

筆者認爲與其強加牽連儒者間的關係，還不如跳脫制定道學譜系的窠臼，也許反而更能說明《諸儒鳴道》的選錄標準。換句話說，不一定要描繪出道學譜系，才是表現道學內涵的唯一方法。誠如前文所言，《諸儒鳴道》的成書年代，可能是紀錄道學發展最早的一部書，而「道學」一開始發展，猶如雨後春筍之景，儒者追求道學成就與成果，「百家爭鳴」之態勢，應無制式規範。整個學潮的發展十分多元、自由和開闊，初期追求道學的儒者，透過不斷摸索與反省，爲他們的社會建立起文化、政治的紐帶，並復興道德價值，每個儒者都往不同的方向探求，雖然有共同的理念，但是，透過實踐，卻會形成不同的學術內容。〔註60〕如此看來，《諸儒鳴道》不立道統的做法，反而更貼近當時的實際情形。至於「立統建脈」，雖有展示軌跡的功效，但同時也是種限制。

## （二）共同的理念——治心

早期道學發展的多元化，是無法以道學譜系形式說明清楚的，《諸儒鳴道》不爲傳承某一道學派別而紀錄，而是立基在更開闊的態度上紀錄「道學運動」。《諸儒鳴道》編者透過作品，傳達一種儒者們共同的理念，只要符合道學理念的作品，即能被收錄其中。這個學術理念其實就是「治心」，「治心」是一種心學的修養功夫，強調「自證」——在現實生活自我驗證的實際操作，

---

〔註59〕陳來，《中國近世思想史》，頁20。
〔註60〕田浩，《朱熹的思維世界》，頁19～22。文中提到道學初期的發展就是一種自由又多元的型態。

心學能在不同儒者的身上，表現出不同的器識，不同的生命經驗，所體驗與學習層次方法，自也不同。

落實「治心」能有所得，「道」在個別生命中是有所差異的。「治心」要從兩個層次說明，第一、「治心」強調「自證」。《諸儒鳴道》書中，常可見儒者強調個人體悟道的言論，例如張載曰：

> 要見聖人，無如《論》、《孟》為最要。《論》、《孟》二書於學者大足，只是須涵詠。〔註61〕

簡短引文道出張載認為求道最要緊的，應是自己閱讀《論語》或《孟子》，不斷涵詠醞釀，對道自然有所領悟。周敦頤也提出過修身的重點在於「自我」，《通書》中載：「天下之眾，本在一人。噫！道豈遠哉！術豈多乎哉！」〔註62〕道並不高遠飄逸，更不會只在聖人身上展現，道的普遍性是落在每個人身上的。楊時也曾說：

> 某嘗有數句教學者讀書之法，云：「以身體之，以心驗之，從容默會於幽閒靜一之中，超然自得於書言象意之表，此蓋某所為者如此。」
> 〔註63〕

楊時同樣主張體驗體會，從容於幽靜中，自得於經典中，修道的成效方能結果。「治心」的第二個層次——發揮獨特的性命。《諸儒鳴道》一書傳遞「道的本質」無關乎師承關係，正因為道在每個人身上都能夠展現，又隨著個人性命不同，能發揮出獨特的生命價值，正如張載曰：「顏淵從師，進德於孔子之門；孟子命世，修業於戰國之際；此所以潛見之不同。」〔註64〕由於生存空間與生命經驗的差異，顏淵與孟子的人生使命便不一樣，顏淵在孔子門下進德修業，而孟子身處戰國之際，便有處於亂世的職責，所以他能發明以民為貴的民本思想。

劉子翬《聖傳論》也能表現這個層次的內涵，他列舉上古三代聖賢，並標明「獨特性」以彰其德，茲據《聖傳論》的目次，列表於下：〔註65〕

| 聖　賢 | 堯舜 | 禹 | 湯 | 文王 | 周公 | 孔子 | 顏子 | 曾子 | 子思 | 孟子 |
|---|---|---|---|---|---|---|---|---|---|---|
| 獨特性 | 一 | 仁 | 學 | 力 | 謙牧 | 死生 | 復 | 孝 | 中 | 自得 |

〔註61〕《張載集》，頁272。
〔註62〕《濂溪通書》，頁47。
〔註63〕《龜山語錄》，卷3，頁1314。
〔註64〕《張載集》，頁43。
〔註65〕《崇安聖傳論》，卷1，頁1595。

　　表格中歷代聖賢對應的便是其「獨特性」，也可以說是他們被視爲「有德者」的「特質」：堯舜之「一」；禹之「仁」；湯之「學」；文王之「力」；周公之「謙牧」；孔子之「死生」；顏子之「復」；曾子之「孝」；子思之「中」；孟子之「自得」。《聖傳論》篇目特地標明諸聖賢之德，這些「德性」的表現，正好是歷代聖賢因應當朝時代所發揮出來的。

　　劉子翬按照時代順序分篇書寫，很容易讓人誤以爲他要建立道統，其實不然，如果仔細閱讀《聖傳論》最末一篇，一方面可以化去這個誤解，另方面更能夠證明「治心」才是道的本質，劉子翬言：

> 學道者，必有用心，誠爲入門，僞茲情，眞茲性也；虛爲入門，積生意，化生神也；克己爲入門，心勵心也；致知爲入門，物無遺照也；恕爲入門，求同於人也；靜爲入門，撓而不變也；欽爲入門，內外肅也；愼爲入門，慮未形也。聖人標指，故非一途。……噫！聖賢相傳一道也，前乎堯舜，傳有自來，後乎孔孟，傳固不泯。韓子謂軻死不得其傳，言何峻哉？達如堯舜禹湯，窮如孔孟，人類超拔，固難儷也。道果不傳乎？曾、顏，傳道者也，軻死千餘年，果無曾、顏乎，時無孔子，顏淵歿於陋巷，而少正卯爲聞人，時無孟子，康章陷於不孝，而仲子爲廉，士人豈易識，夫眞哉，蓽門圭竇密契，聖心如相受授，故恐無世無之，孤聖人之道，絕學者之志，韓子言，何峻哉？〔註66〕

引文反應出兩點訊息：第一，不同的求道者有共同的用心，因爲「道」是寬廣而自由的，所以入門的工夫隨人而異，可以是「誠」、「虛」、「克己」、「致知」、「恕」、「靜」、「欽」等，自己可以選擇各自著重的層面展現性命，並非要同求一樣工夫，才能行「道」。

　　第二，對歷朝聖賢而言，一脈相傳的是「心」，不論是堯舜禹湯，或是孔孟子思，均審愼「治心」。他以此反駁韓愈所言「軻死不得其傳」的論調，他認爲雖然聖賢可能每隔五百年，才能再出現，但只要「聖人之心」——「道之本質」不變，道便能「延續」，而賢人儒者汲汲營營於「聖心相授」的工作，只是恐懼此道衰微，是故，以「教育」鳴道，進而傳道，絕非韓愈所言「道絕死矣」。

　　從早期道學發展的多元化，以及儒者強調「治心」的修養功夫來看，《諸儒鳴道》編者著重的，是當初這些道學家修練「治心」的功夫。

---

〔註66〕《崇安聖傳論》，卷2，頁1628～1629。

# 第三節　司馬光在《諸儒鳴道》中的地位

　　《諸儒鳴道》最特別的地方，在於他收錄了涑水學派，司馬光作為「鳴道」之儒的定位，與學界一般視之為「史學家」，似乎有些落差，這些落差引發了一些值得思考的問題，究竟司馬光在《諸儒鳴道》中扮演何種角色？究竟「道學家」的身分適不適宜用來稱呼他？朱熹怎麼看待司馬光？他在道學運動發展中的重要性何在？這一連串的問題，不僅是研究司馬光的學術成果中鮮少碰觸的部分，〔註67〕也是理解《諸儒鳴道》編者收錄標準的一個重要切入點。

　　不可諱言的，司馬光史學成就的光芒，是導致學界對他定位產生落差的原因之一，他過人的史學成就——《資治通鑑》，精深的文采造詣與敏銳的史學批判，使他成為舉世聞名的偉大史家，然而，這道光芒無形中遮蔽其他方面優異表現；此外，造成落差的另一個原因，可能與朱熹有某種程度的關聯性，因為朱熹《伊洛淵源錄》的問世，規範了道學的範圍，使得伊洛學派以外的儒者，因此黯淡了。

## 一、司馬光與「道學運動」

　　司馬光參與「道學運動」的紀錄，可從他與核心人物的交誼，以及提倡道學兩方面來看，朱子曾著〈六先生畫像贊〉對北宋道學運動領袖人物，作一個概括的介紹，司馬光與北宋五子年齡相仿，他比周敦頤小兩歲，較張載年長一歲，又較二程兄弟年長十餘年，使他們有共同討論學問、切磋求道的機會，依據《宋元學案》的分類，司馬光為張載、二程的講友。〔註68〕從其他文獻記載，如司馬光曾撰〈子厚先生哀辭〉以悲張載之逝，〔註69〕也曾撰寫多篇與邵雍同遊的詩詞。〔註70〕道學中人替友人撰寫墓誌銘，是道學群體特有的表現之一，可知司馬光與當時這群學術核心人物——張、邵、二程交往匪淺。

---

〔註67〕關於司馬光在道學運動方面的參與和發展，在田浩《朱熹的思維世界》頁195～196有稍微提及司馬光，但並未深入論述。另外，宋衍申與李昌憲在著作中，把司馬光當作「理學偏師」。

〔註68〕《宋元學案》，卷7，〈涑水學案〉上，頁154。

〔註69〕《溫國司馬文正公文集》，收於《四部叢刊》集部，卷5，頁86。

〔註70〕《溫國司馬文正公文集》，卷12～14記載多篇司馬光與邵雍的詩文，如〈和邵堯夫秋霽登石閣〉、〈和邵堯夫年老逢春〉、〈邵堯夫許來石閣久待不至〉、〈和邵堯夫安樂窩中職事吟〉、〈酬邵堯夫見示安樂窩中打乘吟〉等。

司馬光與二程兄弟的交往密切，彼此間的友誼在他們居住於洛陽時與日俱增，他們一同討論「王霸之爭」、「禮法實行」等學術與政治上的課題，〔註71〕透過書信與對話，獲得對方精闢的見解，這種「講友」的情誼表現，其實也說明他們欽佩對方的學術底子。由於互相欣賞，所以，司馬光推薦程顥擔任「宗正丞」、拔擢程頤爲「崇正殿說書」。相對的，身爲晚輩的程頤也毫不保留地在〈爲家君祭司馬溫公文〉一文中，表露對他的崇敬，文曰：

> 鳴呼！公乎！誠貫天地，行通神明。徇己者私，眾口或容於異論，合聽則聖，百姓曾無於閒言。老始逢時，心期行道；致君澤物，雖有志而未終，救弊除煩，則爲功而已大。何天乎之不弔，斯人也而虖亡，溥天興殄瘁之悲，明主失倚毗之望，知其可贖，人百其身，死生既極於哀榮，名德永高於今古，虆茲羸老，夙被深知，撫柩興哀，聊陳薄奠。〔註72〕

程頤爲司馬光所寫的祭文，雖然也和其他墓誌一樣，有溢美的成分，但還是可以看到程頤對司馬光的崇敬，其中「誠貫天地，行通神明」、「老始逢時，心期行道」四句特別值得注意，程頤確實認識到司馬光終身治己的標準，以「誠」行世，方能俯仰無愧天地，因爲「誠」的內涵豐富無比，故司馬光能夠行通神明。程頤也認爲司馬光專心一意「行道」，祭文中雖然未清楚明言「道」爲何，但終不離「致君澤物」、「救弊除煩」儒家救世濟俗的終極目標。

綜前所述，可以發現，司馬光在北宋時期其實與道學運動的核心人物，有過十分密切的交往，而且，這種交往絕非泛泛之交，二程根本認爲他是同道中人。所以，就這些條件而言，即不能說他不是「道學家」。

司馬光不單自己參與道學運動，他對道學的影響力，可能遠甚於一般人的想像，《宋元學案》〈涑水學案〉表中，司馬光的後學總計有卅二人，〔註73〕其中別立學案者又有十五人，〔註74〕這個數目僅僅只是就學案表計算，尚不

---

〔註71〕 李昌憲，《司馬光評傳》，江蘇，南京大學出版社，1998年12月，頁211～216；329～330。

〔註72〕 程顥、程頤，《二程集》，北京，中華書局，1981年7月，頁641。除了祭文之外，頁485中也記載〈贈司馬君實〉一韻文，曰：「二龍閒臥洛波清，今日都門獨餞行，願得賢人均出處，始知深意在蒼生。」

〔註73〕 《宋元學案》，卷7，〈涑水學案〉上，頁153～154。

〔註74〕 《宋元學案》，頁153～154記載司馬光的後學中，別立學案的有司馬植、劉安世、范祖禹、晁說之、田述古、尹焞、邢居實、牛德師、陳瓘、唐廣仁、劉堯夫、陸九齡、朱松、陸九淵、李蠹等十五人。

包括其他未被登錄者。筆者曾對司馬光門下高徒劉安世〔註75〕進行個案研究，單就劉安世這一支脈發展下去，人數就相當可觀，〔註76〕〈元城學案〉表中，劉安世的後學共有廿二人，但利用《宋元學案補遺》及其他資料增補，後學人數可達六十人之多。〔註77〕

司馬光學派不僅人數眾多，而且，他們亦自許為「道學」學派，劉安世的《道護錄》便是表彰「護道之志」，劉安世弟子龔庭芝企圖把道學傳播至東平，《宋元學案補遺》中記載：

> 武義之有龔氏，自庭芝始，初庭芝登元城劉氏之門，以道學為東平
> 倡，弟子授業者恆數百人及其來遷也，以所學化導如東平。〔註78〕

龔庭芝在武義一地擔負起傳遞道學的責任，也擔負起教育地方的義務，他的影響力——弟子授業人數，經常維持在百人以上。儘管龔庭芝在道學領域中可能「名不見經傳」，可是，他卻紮紮實實地在最基層傳遞道學，此學派傳到十二世紀中葉，依舊生命力充沛、延續力十足，仍自期倡行「道學」化導地方。〔註79〕這不正和程頤讚許司馬光「心期行道」遙相呼應？

## 二、朱熹對司馬光的評價

### （一）朱熹眼中的司馬光

對「集道學之大成」的朱熹而言，司馬光究竟是否為「道學家」？這個答案從《伊洛淵源錄》來看，應該是「否定」的。因為，朱熹並未將司馬光收錄於伊洛學派，究竟是不認同他為「伊洛之學」的一份子？又或者根本不認同他為「道學家」？這兩者之間是有差異的，必須加以釐清。以司馬光與二程的交往來看，司馬光亦為「道學運動」的重要資源，但朱熹似乎有意圖地從道學運動中剔除掉「司馬光學派」，這不僅否認了司馬光道學家的身分，更抹殺了他在道學運動中的地位。

---

〔註75〕《宋元學案》，頁153。
〔註76〕邱佳慧，〈道學運動中的劉安世〉，頁165載有自編劉安世學案表。
〔註77〕《宋元學案補遺》，卷20，〈元城學案補遺〉，頁15。學案表紀錄龔庭芝受學於劉安世，而龔庭芝後傳於龔法，續傳龔峴、龔豐、龔嶸，故透過這樣的整理與增錄後，發現學生人數可擴充至六十位。
〔註78〕《宋元學案補遺》，卷20，〈元城學案補遺〉，頁15。宋濂，《文憲集》，卷10中亦載此事。
〔註79〕〈道學運動中的劉安世〉，頁74。

但朱熹在許多方面卻又表現出對司馬光尊重與認同，不論是對其著作、學問、抑或是爲人，朱熹均抱持高度熱忱，向其學習，就連司馬光的高徒——劉安世，也頗受朱熹的注意。朱熹曾經讚譽司馬光的《書儀》中禮法的觀念，〔註80〕爲司馬光〈薦賢帖〉及劉安世《言行錄》撰寫過序跋，並在撰寫序跋之際，讚許師徒二人的遺風餘德，〈跋司馬溫文正公薦賢帖〉曰：

> 熹伏讀此書，竊惟文正公薦賢之公，心畫之正，皆其盛德之支流餘裔，故不待贊說，而人知其可師矣。若乃一時諸賢，所以受知於公而獲名薦書者，則恐覽者未能深觀而內省，發憤而思齊也。……而此書之存，其於世教豈小補哉。〔註81〕

朱熹認爲司馬光推薦賢人秉持公正，其性行淑均，足可成楷模，薦賢帖中的故事，更能引起世人見賢思齊。朱熹的跋文等於同時稱讚了司馬光的著作與爲人。另外，在〈跋劉元城言行錄〉文中，朱熹也感佩於司馬光學派的高風亮節，其跋曰：

> 元祐諫議大夫元城劉安世，字器之，受學於司馬溫文正公，得「不妄語」之一言，拳拳服膺，終身不失。……今其存而見於文字若此數書者，凜然其與秋霜夏日相高也。熹之外舅劉聘君少嘗見公睢陽間，爲熹言其所見聞，與是數書略同，而時有少異。〔註82〕

朱熹認爲劉安世的爲人如其師司馬光，終生奉行「誠」的精神，老師——司馬光做到「此生無不可對人言者」，學生——劉安世做到時時「不妄語」，他們對生命要求如此嚴格，難怪連金人都對司馬光敬畏不已。〔註83〕

不僅如此，最令人感興趣的，可能是朱熹曾不只一次地，把司馬光與其他的道學領袖視爲同道中人，除了〈六先生畫像贊〉外，〔註84〕朱熹又於〈滄

---

〔註80〕《司馬光評傳》，頁324。
〔註81〕《晦庵先生朱文公文集》，卷83，頁3926。
〔註82〕《晦庵先生朱文公文集》，卷81，頁3829。
〔註83〕《晦庵先生朱文公文集》，卷81，〈書張氏所刻潛虛圖後〉，頁3833。文中記載云：「金虜入洛時，從溫公家避地至某州，遇群盜，執以見其渠帥。帥問何人。應曰：『司馬太師家也。』群盜相顧失色，且訊虛實。因出畫像及敕誥之屬示之。則皆以手加額，既而俯仰嘆息，謂炳文曰：『向使朝廷能用汝家太師之言，不使吾屬披猖至此矣。凡吾所欲殺掠者，蔡京、王黼彼親舊黨與耳，汝無憂懼爲也。』亟傳令軍中，無得驚司馬太師家。」
〔註84〕《晦庵先生朱文公文集》，卷85，頁4003。涑水畫的題字爲：「篤學力行，清脩苦節。有德有言，有功有烈，深衣大帶，張拱徐趨。遺像凜然，可肅薄夫。」

州精舍告先聖文〉從祀司馬光，並說了一段話：「周程授受，萬里一原，曰邵曰張，爰及司馬。學雖殊轍，道則同歸。」〔註85〕綜上所論，可以推論朱熹早期也把司馬光當做道學家，最起碼朱熹對司馬光的評價絕對不低。學界先進常以上述兩條資料論證司馬光為「理學的偏師」，〔註86〕田浩先生與余英時先生亦抱持同樣的觀點。〔註87〕

如此看來，可以解釋朱熹未收錄司馬光於《伊洛淵源錄》的理由之一，是因為司馬光並不符合《伊洛淵源錄》的收錄標準，嚴格說來，司馬光向來不是二程學派，且他與二程的學術關係，比周敦頤、張載更為疏遠，他的學術宗旨亦與洛學不同，朱熹定名《伊洛淵源錄》的意圖，就只計畫收錄洛學弟子，甚至連邵雍可能也不在其中。根據《宋元學案》的分類，邵雍充其量只是二程學侶，司馬光是二程講友，據前文所證，「講友」關係比「學侶」更要深刻密切。換言之，邵雍與二程的關係比司馬光來得更為疏遠，如果，朱熹不收錄司馬光，自然也不會收錄邵雍，這便能解釋他對南宋坊間流傳的《伊洛淵源錄》版本「自行增添邵雍」一事，頗有微詞。〔註88〕

總而言之，朱熹對司馬光的評價不低，就真實情況分析，涑水學派是實際參與道學運動的道學學派，但是畢竟不是伊洛學派，實在沒有理由收進《伊洛淵源錄》裡。不過，換個角度來看，司馬光作為道學家的身分，是無庸置疑的。

## （二）朱熹剔除司馬光學派的原因

《伊洛淵源錄》沒有收錄劉子翬、張九成、潘殖、江民表，簡言之，是因朱熹認為其學術中雜有佛教，不純於儒，故不予認同。對於司馬光，朱熹雖然指出他與道學運動關係密切，可始終沒有明言司馬光是「道學家」，這其中存在一個關鍵因素，可能與他們二人「經史觀」差異有關。

### 1. 朱熹的經史觀

朱熹一生不輟於研究儒學經典，並擴及探究北宋諸儒著作，造就他對經

---

〔註85〕《晦庵先生朱文公文集》，卷86，頁4050～4051。

〔註86〕宋衍申，《司馬光傳》，臺南，大行出版社，民86，頁481。《司馬光評傳》，頁371。

〔註87〕余英時，《朱熹的歷史世界》（上）頁41～43；田浩，《朱熹的思維世界》，頁196。

〔註88〕《朱子語類》，卷60，〈楊子取為我章〉，頁1963。

典自有一套見解，朱熹曾言：「四子，六經之階梯。《近思錄》，四子之階梯。」
〔註89〕在他的思維體系中，閱讀經典的方法，具有一定的順序，學者應當從
《近思錄》入手，再進階閱讀四書五經。由此可見，他相當推崇經典的重要
性，〈書臨漳所刊四子後〉曰：

> 聖人作經，以詔後世，將使讀者誦其文，思其義，有以知事理之當
> 然，見道義之全體而身力行之，以入聖賢之域也。……故河南程夫
> 子之教人，必先使之用力乎《大學》、《論語》、《中庸》、《孟子》之
> 書，然後及乎六經，蓋其難易、遠近、大小之序固如此而不可亂也。
> 〔註90〕

引文中朱熹以四書作為研讀六經的基石，必先用力於四書，後才有資格晉升
六經之列，為學次第自有其理，由此不難想見他對六經的推崇。再者，朱熹
以周張二程作為宋代道統論的開端，他以紀錄北宋諸子言論的《近思錄》作
為進階閱讀四書的必要過程，其實正表彰著北宋諸子承繼孟子之傳。至於宋
代的道統譜系，當然也自北宋諸子而下，一路劃歸範疇，釐定成一套以「道
心惟微、人心惟危，惟精惟一，允執厥中」，十六字心傳的穩定譜系化模式。

　　相較於他對經典的推崇，朱熹只把「讀史」與「著史」，當作「皮外物事」，
如此截然不同的態度，無形中，予人一種榮經陋史之感，〔註91〕即便朱熹對
史學領域確有獨到見地，〔註92〕但仍舊無法平衡後人認定他「經先史次」的
觀感。

## 2. 朱熹與重史派的學術分歧

　　在經史觀的差異上，朱熹經常批判主張學問之道「不在於經而在於史」
的學者，朱熹「以經治世」的觀點，和「以史治世」的學者們，如陳亮、呂
祖謙、司馬光，互發爭議。〔註93〕他與重史派學者學術爭辯的過程，要以他
與浙學交往談起，朱熹與陳亮二人的爭論是從淳熙九年（1182 年）開始，迄
光宗紹熙四年（1193 年）結束，其結果非但無法調和彼此想法，更引起雙方
的歧見，從現存的廿三封書信，大致可以理解這場爭論的內容，基本上圍繞

---

〔註89〕《朱子語類》，卷 105，頁 3450。

〔註90〕《晦庵先生朱文公文集》，卷 82，頁 3895。

〔註91〕向燕南，〈從"榮經陋史"到"六經皆史"——宋明經史關係說的演化及意義之
　　　　探討〉，《史學理論研究》，頁 31～41。

〔註92〕湯勤福，《朱熹的史學思想》，山東，齊魯書社，2001 年 1 月初版，頁 17～57。

〔註93〕田浩，《朱熹的思維世界》，頁 260。

著王霸、義利的問題，〔註94〕也牽涉到對「道」之本質的認知。陳亮把歷史研究與功利主義相結合，批判朱熹所稱的儒家倫理價值的永恆性，朱熹也清楚地覺察到陳亮對他最大的挑戰之一，正是對歷史情勢的關注與分析，故朱熹指責陳亮「廢經而治史，略王道而尊霸術，極論古今興亡之變而不察此心存亡之端」。〔註95〕朱熹一併譴責浙江學者把歷史置於經典之上。

浙學和涑水學派都是屬於重史派的，兩個學派之間也有些許淵源，在《宋元學案》〈東萊學案〉表中，呂祖謙為元城再傳、涑水三傳，〔註96〕他與司馬光、劉安世兼重經史的態度，如出一轍。司馬光的歷史觀，也以歷史作為借鑑，來制定國家政策，強調實踐與歷史背景的變化，其態度不僅保守而且現實。〔註97〕這些觀點與浙學理論有些類似。朱熹在體認到與陳亮的衝突時，也同時意識到「重史派」的威脅，故有意地將重史派一一拉離道學脈絡，對呂祖謙如此，對陳亮如此，對作為重史派大宗的司馬光更是如此，朱熹撰寫《資治通鑑綱目》一書，便是為他剔除重史派下的最好注解。〔註98〕

## 三、司馬光的重要性

誠如前文所言，朱熹於《伊洛淵源錄》建構的道學譜系，將重史派的學者完全抽離道學運動，例如涑水學派司馬光與弟子劉安世，然而，在紀錄道學運動初期的《諸儒鳴道》一書中，他們的的確確是被囊括在內的，卻因朱熹大刀闊斧「正本清源」後，硬生生被排斥於外，朱熹不僅影響到後人對「涑水學派」的認識，甚至連「浙東學派」也受此波及。〔註99〕是故，論證司馬光是「道學家」這件事十分重要，一方面肯定《諸儒鳴道》的價值，另一方面，突顯早期道學運動的多元化及廣闊範疇，初期的道學運動是一種士人求

〔註94〕侯外廬等編，《宋明理學史》，頁 427～447。

〔註95〕田浩，《功利主義儒家──陳亮對朱熹的挑戰》，頁 135。

〔註96〕《宋元學案》，卷 51，〈東萊學案〉，頁 933。

〔註97〕《功利主義儒家──陳亮對朱熹的挑戰》，頁 18～29。文中提到三組對立概念：一為個人修養與治國平天下之間的關係、一為內心世界與外在社會政治環境的對照、一為知與行的關係。

〔註98〕湯勤福，《朱子的史學思想》，濟南，齊魯書社，2000 年，頁 202～251。文中提到朱熹的《資治通鑑綱目》表現出許多與司馬光不同的歷史評論。

〔註99〕蔣義斌，〈呂本中與佛教〉，《佛學研究中心學報》，1997 年 6 月，頁 132，文中提到在呂祖謙去世後，朱熹對呂氏所代表的「浙學」，採公開批駁的態度，而司馬光、呂氏等認同道學的學者，亦被排斥在道學的主流之外。

道的風潮，理應是開放自由的，絕非徒存「伊洛」這個支脈而已。涑水學派
被《諸儒鳴道》收錄，恰好點出當初眾多學派齊頭並進的情況，才比較接近
道學發展原貌。若將《諸儒鳴道》所收儒者，依《宋元學案》學案表重新排
列，至少可以包含三支學派：一是眾所週知的「伊洛學派」——周敦頤、二
程、張載、楊時、謝良佐、張九成，甚至張載還能別立一派；二是「涑水學
派」——司馬光與劉安世；三為潘殖與江民表，而這三支學派間仍有游學交
流的學術活動。我們或許可以說《諸儒鳴道》的描述，才最接近北宋道學運
動的全貌。

　　再者，道學運動初期雖是自由開放的，但他們始終有一共同的理念——
「治心」，司馬光的《迂書》〔註100〕也點出他們努力的初衷，《諸儒鳴道》只
收錄司馬光《迂書》，正突顯出道學的特殊。司馬光在該書序言中坦言：

> 余生六齡，而父兄教之書，雖誦之不能知其義。又七年，始得稍聞
> 聖人之道，朝誦之而夕思之。至于今二十有七年矣，雖其性之昏愚，
> 儱而不能進，然勤亦至矣！時有所獲，書以示人，人之論高者則曰：
> 子之書庸而無奇，眾人所同知也；論卑者則曰：子之書迂而難用，
> 于世無益也。嘻！我窮我之心，以求古之道，力之所及者，則取之
> 庸與迂，惟人之所名也，我安得知之，故命其書曰《庸書》，亦曰《迂
> 書》。〔註101〕

據上所言，司馬光於四十歲不惑之年完成此書，此時其思想大體已然成熟，
該書又是他窮畢生之心，求古之道而後作，故此書足以為其思想精華之代表。
然著作問世後，論高者與論卑者皆無法體察其意，司馬光索性命名為《迂書》，
開宗明義地釋疑「迂」字，他舉「樹木養成」之例，形容自己所求之道，雖
然在世人眼中是「迂」，但是卻是可以留存最久、經久不變的道，正如樹木一
樣「收功愈遠」，其實才「為利最大」。〔註102〕司馬光倡行之「道」，並不追求
短視之利，他明白深遠的道往往要在長遠的未來，才能見到功效，收取最大
的成果，所以，即使他的道被當代人視為「迂」，又有何妨！

---

〔註100〕陳來，《中國近世思想史》中提到《諸儒鳴道》所收的《迂書》版本與其他版
　　　　本並無不同。

〔註101〕司馬光，《涑水迂書》，收於《諸儒鳴道》，〈迂書序〉，頁59。

〔註102〕《涑水迂書》，頁60，司馬光曰，「樹之一年而伐之，則足以給薪蘇而已，二
　　　　年而伐之，則足以為桷，五年而伐之，則足以為楹，十年而伐之，則足以為
　　　　棟。夫以為收功愈遠，而為利愈大乎！」他舉樹木長成一例說明。

　　《諸儒鳴道》只收錄司馬光的《迂書》，以司馬光著作《迂書》目的來看，不難發現，道學側重儒者對道的體悟，而這種體悟是一種治心的功夫。「治心」並非空泛的修身詞彙，司馬光所講究的「治心」，必須在日常生活中實踐與檢驗，故《迂書》中有〈言戒〉、〈蠱祝〉、〈飯車〉、〈拾樵〉、〈事親〉等篇，均與具體「治心」的實踐功夫有關。透過「心」的認知，人可以認識外在世界，進而形成與外在世界溝通的模式，當模式建構起可通行的道路時，那便成就了「道學」目標。在《迂書》〈治心〉與〈回心〉二篇，司馬光談到「心」的重要性：「君子治心，小人治迹。」君子、小人大不同，前者強調心的認識功能的提升，而後者僅重視外在行為的表現罷了。由此看來，《迂書》可能是《諸儒鳴道》中最不可或缺的作品。

　　從三部經典──《諸儒鳴道》、《伊洛淵源錄》和《宋元學案》的比較中，逐層剖析，突顯了僅用傳統角度理解道學，似不足夠，用包容開闊的視界去觀察，反而收穫良益。

# 第三章　《諸儒鳴道》收錄作品的體裁意義

## 第一節　儒家對文字語言的反省

　　王應麟（1223～1296）於《困學紀聞》中指出宋朝學術發展史上的疑經風潮，源自今古文經學派對經典態度的迥異，他說：

> 唐及國初，學者不敢議孔安國、鄭康成，況聖人乎！自慶曆後，諸
> 儒發明經旨，非前人所及；然排《繫辭》，毀《周禮》、疑《孟子》、
> 議《書》之〈胤征〉、〈顧命〉，黜《詩》之序，不難於議經，況傳注
> 乎。〔註1〕

北宋的知識份子有別於漢唐的注疏學家，他們不再滯泥於章句注解之學，而是講求以自己的方法理解六經經旨，倡明義理。〔註2〕他們對經典的「懷疑」態度，呼應了《孟子》:「盡信書不如無書」之論。朱子也承認這股疑古之風，間接促使經典義理被越辯越明，他說：

> 理義大本復明於世，固自周、程，然先此諸儒亦多有助。舊來儒者
> 不越注疏而已，至永叔（歐陽修）、原父（劉敞），孫明復諸公，始
> 自出議論，如李泰伯（李覯）文字亦自好，此是運數將開，理義漸
> 欲復明於世故也。〔註3〕

---

〔註1〕　王應麟，《困學紀聞》，收於《四部叢刊續編》，卷8，〈經說〉，頁21B～22A。
〔註2〕　李曉東，〈經學與宋明理學〉，文章中把宋代理學學者分成四派，一為「純義
　　　　理派」，如二程、張載；一為「象數派」，如邵雍、邵伯溫、朱震；一為「重
　　　　訓詁的義理派」，如朱熹及其弟子；一為「心學派」，如陸九淵等。
〔註3〕　朱熹，《朱子語類》，卷80，頁2763～2764。

朱熹感念時賢歐陽修、劉敞、孫復、李覯等人，能夠改變前人只注重注疏的保守之風，開始發抒議論，在他們對經典反省的基礎上，方能使理義大明於周敦頤與二程之時。〔註4〕

　　更多宋儒如張載與司馬光等，在復興儒學的時代背景下，亦紛紛投入反省經典的行列，畢竟，漢唐傳統訓詁工作，已經無法滿足宋儒，要徹底解決這個問題，道學家必須回歸到基本面，去審視「文字」和「語言」內在特質，才能從中開啓一扇全新的解經之門。

## 一、對文字的省思

　　文字是一種思想的「載體」，諸儒可以透過載體傳達思想內容，然而，在他們應用這個載體時，必須加以考量載體的本質與限制。文字作爲負載信息手段的交際任務，大體上只能依靠自身負載信息的功能，而缺少其他輔助交際手段（包括無聲的副語言和有聲的類語言）的特性和特點，文字不同於語言，文字並沒有無聲的副語言和有聲類語言的輔助，在信息交流時，無形中形成一種限制，這種限制被稱爲文字的「單一性」。〔註5〕此外，中國文字「孤立語」的性質，有時也是造成信息傳遞錯誤的原因之一，所謂「孤立語」乃形容文字，是一種內部中心結構獨立明確，但卻同時存在與周邊相互滲透意象的連鎖關係。舉例來說，在讀者閱讀文字的過程裡，文字提供讀者一個偌大的空間，可以根據自身經驗，去理解文字內容，進而作出多樣的主體性解釋的可能性。〔註6〕這種本質說明了人爲操作的缺點，文字詞句可以傳達信息，正如同數學符號可以推算演練，地圖可以表達區域地形一樣，但是在信息傳達的過程中，牽涉到太多人爲操作的部分，訊息傳送的每一個階段，包

---

〔註4〕 陳植鍔，〈從疑傳到疑經──宋學初期疑古思潮論述〉收於《中國經學史論文選集》，頁22～35。內文敘述宋朝的疑經學者中，又可分疑傳派與疑經派，前派代表人物有孫復等人，疑經派則有歐陽修、劉敞、李覯等人。

〔註5〕 王澤龍，〈文章語言的主要特點辨說〉，《四川大學學報（哲學社會科學版）》，2004年第1期（總130期），2004年，頁72～75。文中所謂「無聲的副語言」和「有聲的類語言」都是在口語交際時能夠補充表達不足的種種行爲，前者包含眼神、表情、手勢、身姿、服飾、空間利用、時間選擇等；後者包含伴隨聲音出現的一種無特定含義的語言輔助因素，表意的功能發聲，例如笑聲、嘆息、哭聲等，以及伴隨聲音出現的聲音特性，如停頓、重音、語速等。

〔註6〕 臧克和，《中國文字與儒學思想》，廣西，廣西教育出版社，1999年7月再刷，頁3。

含編碼——發送——傳遞——接收——解碼，前段需要作者的表達能力，後段需要讀者的意會能力，也就是說，從訊息開始到結束，均需要人的參與，沒有「表達」和「意會」，便無法產生及領略知識，然而，一旦過程中稍有謬誤，便可能導致錯誤的信息結果。文字的單一性和孤立語性質，點出了使用載體對道的傳達，可能產生的扭曲和誤解，儒者在避免「失之毫釐，差之千里」的情況下，必須對文字和語言進行反思。

## （一）文字本質的限制

　　基於對文字本質限制的體悟，二程曾提出「作文可能害道」的論點，《二程集》曰：

> 問：「作文害道否？」曰：「害也。凡爲文，不專意則不工，若專意則志局於此，又安能與天地同其大也？《書》曰：『玩物喪志』爲文亦玩物也。呂與叔有詩云：『學如元凱（杜預）方成癖，文似相如始類俳；獨立孔門無一事，只輸（一作傳）顏氏得心齋。』此詩甚好。古之學者，惟務養情性，其佗則不學。今爲文者，專務章句，悅人耳目。既務悅人，非俳優而何？」曰：「古者學爲文否？」曰：「人見六經，便以謂聖人亦作文，不知聖人亦攄發胸中所蘊，自成文耳。所謂『有德者必有言』也。」曰：「游、夏稱文學，何也？」曰：「游、夏亦何嘗秉筆學爲詞章也？且如『觀乎天文以察時變，觀乎人文以化成天下』，此豈詞章之文也。」〔註7〕

從引文可知，二程比較贊同「儒者」求道爲務，至於講求「俳優章句」的文章工法，就留待「文學家」專力爲之即可，因爲「作文」這等事可能會妨礙「求道」，凡是撰寫文章，不專心一意，不專志於引經據典，便難符合「文」之藝術標準，然道學家一旦專心致意於此，則又無法把心力放在求道工夫上。故張九成曰：「學文者多忌，學道者多退。」〔註8〕大概就是這個道理。二程進一步解釋，聖人經典實不等同於文學家的文章，「經典」是聖人集結畢生心力，體驗生命及學問，所萌發的心得，絕不同於杜預、司馬相如一類刻意力求俳優，專意章句的文學作品，這二者之間並無高下之分，只是不適於一同談論。朱熹亦說「文是文」、「道是道」，儒者可以應用「文章」來傳達道學，

---

〔註7〕　《二程集》，頁239。頁151也提到「文字上無閒暇，終是少功夫。然思慮則儘不廢。於外事雖奔迫，然思慮儘悠悠。」
〔註8〕　《橫浦日新》，卷上，頁1653。

但「文章」之體絕非是唯一的「貫道之器」。〔註9〕

　　囿於文字本質的限制，儒者對閱讀書籍，也自有一套標準，二程以為「凡觀書，不可以相類泥其義，不爾則字字相梗，當觀其文勢上下之意。」〔註10〕二程主張閱讀時只須把握文意，觀全文文勢上下大意，不必要一直鑽研某字某句的釋義，而且，讀書就是要從書中獲取實際裨益，沒有掌握經典宗旨，那便是「不會讀書」了，二程曰：

> 今（宋）人不會讀書，如「誦詩三百，授之以政，不達；使於四方，不能專對；雖多，亦奚以為？」須是未讀《詩》時，授以政不達，使四方不能專對；既讀《詩》後，便達於政，能專對四方，始是讀《詩》。〔註11〕

孔子言：「不學《詩》，無以言。」閱讀《詩經》使人懂得應對的原理原則，甚至可以像外交官一般「達於政，專對四方」，〔註12〕如果沒有辦法從《詩經》中，獲悉這個道理，那麼就等於「不曾讀也」，二程認為時人（宋人）大多不懂讀書之道，無法確實從經典汲取助益，讀書無形中淪為一種技藝，而不再是反求諸己的良方了，猶如二程所言：「為文謂之藝，猶之可也。讀書謂之藝，則求諸書者淺矣。」〔註13〕在這種情況下，經典將被狹隘地、扭曲地理解了。

　　張九成認為讀書的根本原則，就是「實踐」二字，實踐的功夫，是為了讓所讀之書存于「心胸」之中，所謂「存于心胸」是指「沉浸醲郁，含英咀華」，內心不斷思索文字的意涵，以求心領神會之效。張九成說：「文字有眼目處，當涵泳之，使書文存于胸中，則益矣。韓子曰：『沉浸醲郁，含英咀華，正謂此也。』」〔註14〕真正會讀書，應當如《二程集》所言：「不講而學。……既知則遂行而已，更不須講。」〔註15〕以「實際操作」的角度來看，明白了

---

〔註9〕　羅立剛，《宋元之際的哲學與文學》，上海，復旦大學出版社，1999年6月初版，頁228～229，引用朱子與學生的對話說明文與道的關係，朱子的學生問到「文者，貫道之器」，朱熹隨即反駁「不然，這文皆是從道中流出，豈有文反能貫道之理？文是文，道是道……若以文貫道，卻是把本為末，以末為本，可乎？」故可知，朱子也認為文章只是道學傳遞的媒介，卻不是唯一的工具。

〔註10〕《二程集》，頁246。

〔註11〕《二程集》，頁261。

〔註12〕此文句出自於朱熹集註，《論語》，收於《四書讀本》，臺北，啟明書局，頁194，子曰：「誦詩三百，授之以政，不達；使於四方，不能專對，雖多，亦奚以為？」

〔註13〕《二程集》，頁70。

〔註14〕《橫浦日新》，卷下，頁1664。

〔註15〕《二程集》，頁22。

道理就馬上履行，從篤行中學習，有時反而能達「事半功倍」之效。

　　諸多道學家也抱持相同看法，如潘殖言：「唯知誦紙上語，而以知識解析，往往智者過之，恃聰明以躐論極致，曾不悟其聞，彼見彼口似而心非，何足以為聰明哉？」〔註16〕潘殖認為讀書只是紙上談兵，以邏輯論理，卻沒有真正地體悟道理，這並不是真正的聰明。劉子翬曰：「聰陷之於雜思以索理也，而智陷之鑿文以表義也。」〔註17〕張載曰：「若只泥文不求大體，則失之，是小兒視指之類也。」〔註18〕絞盡腦汁只為文字表意，豈不似陷文泥之沼，這是一種短視行為而已。謝良佐言：「學者先學文，鮮有能至道，至如博觀汎覽，亦自為害，故明道先生教予嘗曰：『賢讀書慎勿尋行數墨。』」〔註19〕他們認為陷聰明於鑿文、拘泥文意，掉入複雜文句的陳述泥淖，既非明智之舉，更非讀書良方。〔註20〕

　　綜上所言，可以了解到道學家對文字的反思，使他們以「如履薄冰，如臨深淵」的態度看待文字，在彰明道學的前提下，刻意不讓自己陷入文字操作理論的層次，正如朱熹言「文」與「道」不可本末倒置，正是這個道理。

## （二）秉持「修辭立其誠」文質之義

　　對道學家而言，「文章」既然只是道學傳達的媒介，那麼，透過文章，道學家在找尋的是載體裡的道，當他們看待「詩作」這類高度文學成就時，其著力點也並非在於欣賞「詩品」的優美，而是體悟追求「詩教」的意義，孔子曰：「《詩》三百，一言以蔽之，曰：『思無邪。』」自此之後，「思無邪」即成為《詩經》主要意涵的定論。〔註21〕程子言：「『思無邪』，《詩》三百，一言以蔽之者在此一句。」何以孔子與程子都要突顯「思無邪」是《詩經》的

〔註16〕《安正忘筌集》，卷10，頁1575。
〔註17〕《崇安聖傳論》，卷1，頁1595。
〔註18〕《張載集》，頁276。
〔註19〕《上蔡先生語錄》，卷中，頁1032。
〔註20〕《龜山語錄》，卷1，頁1236。順帶一提，楊時對於科舉考試文章取士頗不以為然，他認為學者以文章作為推薦自己的手段，乃為不得已的進士之途。他說：「試教授宏辭科，乃是以文字自售，古人行己，似不如此，今之進士，使豪傑者初必不肯就，然以謂捨此則仕進無路，故為不得已之計，或是為貧，或欲緣是少試其才。既得官矣，又以僥求榮達，此何義哉？」「教授宏辭科」甄選項目就是撰寫文章，學者以此應試，猶如以「文字」兜售自己，在楊時看來，實在是為求謀生的下下之策。
〔註21〕朱熹集註，《論語》，頁13。孫長祥，〈《詩經》中的時間觀——從詩經試探儒家時間觀的原型〉，《人文與管理學報》，1卷1期，民86年3月，頁1～28。

中心意涵，因為思無邪，就是追求真誠，不論是哪一種文學作品，都必須秉持「修辭立其誠」的原則，〔註22〕如此一來，作者才能傳達自己真正心意，且讀者才能掌握作品的精髓。

　　楊時與二程在這點上，有著共同的默契，他們主張「詩作」最重要是表達「意」，楊時說：「學詩者不在語言文字，當想其氣味，則詩之意得矣。」〔註23〕如果作詩無法把握《詩經》六義「風、雅、頌、賦、比、興」的原則，則「詩」不成詩，他在《龜山語錄》中記載著：

　　　　作詩不知風雅之意，不可以作詩。詩尚譎諫，唯言之者無罪，聞之者足以戒，乃為有補，若諫而涉於毀謗，聞者怒之，何補之有？觀蘇東坡詩，只是譏誚朝廷，殊無溫柔敦厚之氣，以此人故得而罪之，若是伯淳和溫公，詩人禊飲，詩云：「未須愁，日暮天際，乍輕陰又泛舟。」詩云：「只恐風花一片飛，何其溫厚也。」〔註24〕

誠如引文所言，「詩意」其實就是作者的真心，當作者通曉《詩經》風雅之意，保「溫柔敦厚」之氣，便能作詩抒發內心肺腑之言，如此一來，不但能引發讀者的共鳴，亦可順利達到詩尚譎諫的目的。文人追求「詩意」，並不是一件容易的事情。一回，二程與弟子論及作詩一事，文曰：

　　　　或問：「詩可學否？」曰：「既學時，須是用功，方合詩人格。既用功，甚妨事。古人詩云：『吟成五箇字，用破一生心』；又謂『可惜一生心，用在五字上』。此言甚當。」〔註25〕

就二程所領略，「吟成五個字，用破一生心，可惜一生心，用在五字上。」以真誠心意完成的詩作，可以達到「詩教」的作用，但同時也耗盡作者太多的心力在傳意的營造之上。不論是楊時或是二程，他們都承認作詩，必須耗費相當多的心力，追求詩的意與氣。

　　在撰寫文章方面，諸儒亦主張要與「作詩」一般，注重「溫柔敦厚」之氣，楊時曾曰：

　　　　為文要有溫柔敦厚之氣，對人主語言及章疏文字，溫柔敦厚，尤不可無，如子瞻詩多譏玩，殊無惻怛愛君之意，荊公在朝論事，多不

〔註22〕《二程集》，頁133。「修辭立其誠」，文質之義。
〔註23〕《龜山語錄》，卷1，頁1209。
〔註24〕《龜山語錄》，卷2，頁1241。
〔註25〕《二程集》，頁239。

循理，惟是爭氣而已，何以事君？君子之所養，要令暴慢邪僻之氣，
不役於身體。〔註26〕

誠如對詩作的嚴謹要求，文章也必須十分要求，諸如上呈給君王的奏章策論，
更不可無「溫柔敦厚」之氣，其影響甚鉅，楊時認為蘇軾的譏諷詩、王安石
的奏議，讀起來易令人萌生暴慢邪僻之氣，身為一國之君，常常閱讀這種文
章，非但不能循理改過，反而引發一連串宮廷問題，殊不知這種影響十分驚
人。所以，作者必須時時警惕自己，秉持「溫柔敦厚」之氣以為文。張九成
也於《橫浦日新》強調意氣的重要，他批評《文選》收錄謝宣遠的〈戲馬臺
詩〉不甚恰當，在張九成看來，〈戲馬臺詩〉這種精工細作，反不如建安七子
的正氣之作，所以，張九成對文學作品評價的角度，端賴於作品展現出來的
「意」或「氣」，而非「章句俳優」的工整或「辭藻典故」華麗與否。〔註27〕
從諸儒的言論，不難發現秉持「修辭立其誠」的文質之義，〔註28〕是他們回
應文字限制的一種解決之道。

## （三）以心解經與寫作

諸儒擔憂學者鑽研詩文作品，唯恐害了正道本心，幸好這個問題不難解
決，充其量，將「文學創作」的領域，留給「文學家」便是。然而，有另一
項課題，則是他們無法逃避的，那就是注解經典——對經典的理解，這個工
作幾乎是多數儒者必須面對的領域，他們透過解經工作，反省自己對經常之
道，是否具備透徹理解能力，經典是求道與實踐的依據，不可能不去碰觸。

基於對文字本質及其限制的認知，即便他們注解經典，仍然擔憂注解內
容有不夠嚴謹完善之處，故遲遲不願將作品示人或付梓印行，程頤如此，楊
時亦如此。一回，程頤弟子有意替程頤印行《易傳》，徵詢他的意見，但程頤
仍有所顧慮，他說：

某於《易傳》，今卻已自成書，但逐旋修改，期以七十，其書可出。

〔註26〕《龜山語錄》，卷1，頁1203。
〔註27〕《橫浦日新》，卷下，頁1674。文曰：「文選謝宣遠〈戲馬臺詩〉造語雖工，
　　　　然已不及建安七子有正氣矣，如輕霞冠秋日，迅商薄清穹，豈曰不工？何
　　　　如子建云：『明月澄清列宿正參差』。」魏晉南北朝的建安七子，以《典論》
　　　　所訂，有孔融、陳琳、王粲、徐幹、阮瑀、應瑒、劉楨等人。《橫浦日新》，
　　　　卷上，頁1645。文曰：「歐公之文粹如金玉；蘇公之文浩如河漢，盛矣哉！」
　　　　他評論歐陽修與蘇軾二位大文豪，前者文章粹如金玉；後者文章浩如河漢！
〔註28〕《二程集》，頁133。

> 韓退之稱「聰明不及於前時，道德日負於初心。」然某於《易傳》，
> 後來所改者無幾，不知如何？故且更期之以十年之功，看如何。
> 〔註29〕

這段引文中，程頤表達出他的躊躇，程頤雖然已經注解《易經》成書，但卻不願意印行，一方面是擔憂見解想法會與時變異，有可能因為隨著年歲增長，生命經驗和學問「與時俱進」，對《易經》的注解，產生不同的見解，又或者擔心自己的聰明道德，不復往昔，倘若，成書後隨即出版，不論是哪種可能性，都會使注解內容與數年後自己的見解有所出入，基於這些理由，故他終究不願意付梓印行。作為程門高徒的楊時，也以類似理由回絕弟子勸進解經之盛情，楊時的弟子勸進楊時注解經典，但他仍持保留態度，《龜山語錄》曰：

> 或勸先生（楊時）解經。曰：「不敢易也。曾子曰：『吾日三省吾身，
> 為人謀而不忠乎？與朋友交而不信乎？傳不習乎？』夫傳而不習，
> 以處己則不信，以待人則不忠，三者胥失也。昔有勸正叔先生出《易
> 傳》示人者，正叔曰：『獨不望學之進乎？姑遲之，覺耄即傳矣。蓋
> 已耄，則學不復進，故也。學不復進，若猶不可傳，是其言不足以
> 垂後矣。六經之義，驗之於心，而然施之於行，事而順，然後為得
> 驗之於心，而不然，施之於行，事而不順，則非所謂經義。今之治
> 經者，為無用之文，徼幸科第而已，果何益哉？』〔註30〕

在這段引文中，楊時除了表達不敢恣意傳注的想法外，更值得注意的是，他提出一項比註解經典更為有效的反省方法，這種檢驗之道正是他所言：「六經之義，驗之於心。」也就是以經典之義，驗證生活中應對進退的大小瑣事，若處理得宜，事情發展順遂，那麼，所理解「經典之義」便正確無誤；反之，若事情發展不順遂，就必須重新修正對經典的領略。在楊時看來，經典是一種輔助生活、導正行為的工具，而不是限制行為的枷鎖，註解經典，其實是自我學習的檢測，有時，甚至還須學習張載，既不「迷經」，更要有在「不疑處起疑」的習經精神。〔註31〕檢驗經典之義是否正確，乃透過平時身體的實

---

〔註29〕 《二程集》，頁174～175。

〔註30〕 《龜山語錄》，卷1，頁1234。

〔註31〕 張載曰：「人之迷經者，蓋己所守未明，故常為語言可以移動。己守既定，
　　　　雖孔孟之言有紛錯，亦須不思而改之，復鋤去其繁，使詞簡而意備。」關
　　　　於張載對經典的懷疑態度，可以參考張亨，〈張橫渠的功夫歷程與實際〉，

踐，如楊時所講的「理會」工夫，眞正能理解經典的意涵，當能悟徹天下之理，就能明白他人註解的正確與否。〔註32〕又如謝上蔡所說「學習」是「常存著二程先生的意思」，而非死性地「記在冊簿上」。那是一種經權變異的道理。〔註33〕張九成提到學者研窮經史的目的之一，乃是「正吾心」、「決吾行」：

> 學者苟專意時文，不知研窮經史，則舉業之外，叩之空空，亦可恥矣。蓋學經，所以正吾心；觀史，所以決吾行，安可昧爲不急之務。
> 故前輩謂：久不以古今灌漑胸次，試引鏡自照，面目必可憎，對人亦語言無味，正謂此也。〔註34〕

張九成的說法，呼應了其他學者注解經典的目的，其實是對自己學習成果的再檢視。二程言：「凡解文字，但易其心，自見理。理只是人理，甚分明，如一條平坦底道路。」〔註35〕綜上所述，諸儒要得到一條坦蕩大道，關鍵在於「心」。

　　「用心理會，用身實踐」的方法，同樣可以應用在「作文」上面，當諸儒書寫文章時，所有著述的內容，一樣要以「心驗工作」爲起始點，從基礎面慢慢摸索，然後制度面才能漸趨成形模式化，張載說：「世儒之學，正惟灑掃應對便是，從基本一節節實行去，然後制度文章從此而出。」〔註36〕不論是小至個人修身，大至典章制度的主題，諸儒的文章絕非「空言」，都與生活經驗息息相關，張載又言：

> 學者潛心略有所得，集且誌之紙筆，以其易忘，失其良心。若所得是，充大之以養其心，立數千題，旋注釋，常改之，改得一字即是

---

收於《宋代文學與思想》，臺北，臺灣學生書局，1989 年 7 月初版，頁 749〜770。

〔註32〕《龜山語錄》，卷 4，頁 1339。文曰：「解經大抵須得理會而語簡，舊常解易，簡而天下之理得云，行其所無事，不亦易乎？一以貫之，不亦簡乎，如是，則天下之理得矣。又言行其所無事，一以貫之，只是一箇自然之理，《繫辭》中語言眞有難理會處，今人注解，只是亂説。」

〔註33〕《上蔡先生語錄》，卷下，頁 1041〜1042。文曰：「昔從明道伊川學者，多有語錄，惟某不曾錄，常存著他這意思，寫在冊子上，失了他這意思，因言二劉各錄得數冊，又云一段事纏錄得，轉了一字，便壞了一段意思，昔錄五經語，作一冊。伯淳見謂曰：『玩物喪志。』謝良佐早期曾經因爲撰寫五經語，被老師責爲「玩物喪志」，爾後，便理解了解經學習，應該是將道理長存心中，而非冊簿之上。

〔註34〕《橫浦日新》，卷上，頁 1641〜1642。

〔註35〕《二程集》，頁 205。

〔註36〕《張載集》，頁 288。

進得一字。始作文字，須當多其詞以包羅意思。〔註37〕

學者藉由履踐基本生活模式，而獲悉心得，但是又擔心不慎忘記心得，便要集誌於紙筆之上，隨著一邊修養心性，一邊紀錄心得注釋內容，逐修逐得，便能充大畜養其心。在解經注釋過程，張載並沒有忘記文字的侷限性，故他主張為求清楚表意，可以盡量使用詞彙，重複形容敘述，把意思盡可能講得明白。

張九成在《橫浦日新》〈觀史之法〉篇中，也遙應張載之說，文章絕不是「空談」的文字堆砌，他說：

> 如看唐朝事，則身預其中，人主情性如何？所命相如何？當時在朝士大夫，孰為君子？孰為小人？其處事，孰為當？孰為否？皆令胷次曉然，可以口講而指畫，則機會圓熟，他日臨事，必過人矣。凡前古可喜、可愕之事，皆當蓄之於心，以此發之筆下，則文章不為空言矣。〔註38〕

在張九成看來，閱讀史籍文章，對士人助益甚大，士人能從中見識前人的前言往行，進而明白是非對錯，當這些史書的道理被充分理解後，士人便能「口講指畫」，張九成所謂的「口講指畫」，是形容士人內心完全明白書中人物應對的方法，甚至能夠推演模擬，待他日時機成熟或遇臨事機會，自然能應對得宜。從這個角度來看，「心」在理解經典和閱讀史書的過程中，扮演很重要的角色，「心」能夠畜存大道，透過身體力行，獲悉解經和寫作的正確態度，以此下筆，使其不落空言。

文章既然是為了傳遞道理，以及便於學習者實踐道理，那麼，文章亦同樣要符合淺顯易懂的要旨，當撰者使用聲牙拮据的生澀詞語時，對讀者多半只是困擾，而毫無助益，楊時說：

> 作文字要只說目前話，令自然分明，不驚怛人，不能得，然後知孟子所謂：「言近，非聖賢不能也。」〔註39〕

使文章自然分明，不突兀不驚異，循序漸進，淺顯易懂的內容，比較便於「實踐」，更何況，文字越是雕琢，必然越傷正氣。〔註40〕豈非違背了撰者「用心」

---

〔註37〕《張載集》，頁275。

〔註38〕《橫浦日新》，卷上，頁1670～1671。

〔註39〕《龜山語錄》，卷4，頁1324。

〔註40〕《橫浦日新》，卷下，頁1676～1677。文曰：「文字雕琢，則傷正氣，作詩亦然，如陶靖節云：『採菊東籬下，悠然見南山，山氣日夕佳，飛鳥相與還，此中有真意，欲辨已忘言。』此真得三百篇之遺意。」

的標準。

　　總結而論，諸儒對文字的反省，體驗到用心學習的道理，要適切妥帖地應用文字載體，這種正確的態度，猶如程頤所言：「某寫字時甚敬，非是要字好，只此是學。」〔註41〕他對文字的謹慎，連筆劃點捺都同樣堅持用心。

## 二、對語言的省思

　　儒家與其他哲學體系都十分重視語言的反省工作，這是因為「語言」正是認識論工夫的其中一個環節，哲學體系必須反思這個問題，例如在先秦道家哲學中，「道」與「言」是道家語言哲學的核心問題，他們與儒家均意識到，一般言辭存在著一種困難，它不僅不能完整表達常道，反而時常遮蔽常道，所以道家主張「貴言」、「善言」，儒家主張「慎言」。主張固然不同，但是反思語言的態度，卻是相同的。〔註42〕

　　「語言」的基本元素是「聲音」，諸儒對「語言」的重視，可以從他們對「聲音」的要求得知，第一個例子是張載教導他人如何正確發聲，文曰：

　　　　言不下帶，是不大聲也。人發聲太高則直自內出，聲小則在胸臆之
　　　　間。不下帶者，氣自帶以上也。〔註43〕

張載指出透過帶脈發聲，才能有宏亮的音質，發聲不由帶脈，發出的聲音自然不夠宏大。第二個例子是二程論彈琴之事，說：「彈琴，心不在便不成聲，所以謂琴者禁也，禁人之邪心。」二程表示撥弄琴弦發出聲音，固然不難，但要彈奏一首樂曲，則必須要用心，才能把曲子的節奏與韻味，發揮地淋漓盡致。從上述兩個例子，就可以發現，儒者對語言基本元素「聲音」如此重視及要求，遑論對語言的反省。

　　語言可以分為許多不同層次，亦可作為觀人達情的良好工具，二程認為語言可以分為兩種，文曰：「有有德之言，有造道之言。孟子言己志者，有德

---

〔註41〕《二程集》，頁60。
〔註42〕朱喆，〈道言論──先秦道家語言哲學研究〉，《哲學與文化》，28卷第1期，
　　　　2001年1月，頁48～64。孫長祥，〈墨辯中的認識與語言〉，《華岡文科學報》，
　　　　26期，民92年9月，頁1～43。張耀謙，〈莊子對語言之意見的時代考察〉，
　　　　《哲學與文化》，31卷4期，2004年4月，頁179～189，上述三篇文章，
　　　　分別討論道家老莊與墨家的語言觀和認識論。張有軍，〈語言認知的哲學
　　　　觀〉，《遼寧大學學報（哲學社會科學版）》，第32卷第5期，2004年9月，
　　　　頁18～20。
〔註43〕《張載集》，頁331。

之言也；言聖人之事，造道之言也。」所謂有德之言是指「有德者，只言己分事。」所謂「造道之言，如顏子言孔子，孟子言堯、舜。」〔註44〕這是語言二分法，語言也可以分爲三種，有敘述個人心志的「有德之言」；傳述聖人之事的「造道之言」，還多了表達事理的「述事之言」。二程還提出「知言養氣論」，他們認爲存養「浩然之氣」，能知「人言」，能知「己言」，所謂「知言，本於知人之德」、「有德者必有言」，一個人的「聲音語言」是他「心」與「德」的衍伸，要了解他人以及表達個人情感，最好的方法，即透過「語言」進行檢驗，故二程重視「語言」。〔註45〕

　　對道學家而言，語言更重要的價值，在於能夠幫助辨明「道」，透過對談，彰顯「道」的內涵，所以，他們鼓勵弟子講學與對話，《橫浦日新》中言：

> 朋友講習，故天下樂事，不幸獨學，則當尚友古人，可也。故讀《論語》如對孔門聖賢，讀《孟子》如對孟子，讀杜子美詩、蘇文，則又凝神靜慮，如目擊二公，如此用心，雖生千載之下，可以見千載人矣。〔註46〕

與友人講習，是好的求學方式之一，如果無法講習而獨學，也要擬古人爲友，於閱讀古籍的同時，神游交往之。張九成進一步提出在講習和問學過程裡，最佳的問學對象，要如「子貢」一般是個「善問者」，〔註47〕因爲能互相問話，提出相異意見，激盪不同的思想，衝擊學術往多元化發展，是故謝良佐也說：「學須是熟講。」〔註48〕在熟講中善聽人言，「乃能取益，知德斯知言。」〔註49〕

　　傳道的方式，可以經由文章，亦可以口耳相傳，這兩種方法操作起來不太相同，書本雖能載錄甚多文字，但意思可能無法言盡，於道有所不足。「口耳相傳」主要是以語言表述，透過面對面談論，此中包含了情境（時間、空間）、人物與對話內容，所講授之道比較能夠清楚地彰顯出來，在這點上，「語言」似略勝「文字」一籌。二程說「言貴簡，言愈多，於道未必明」，〔註50〕

---

〔註44〕《二程集》，頁20、127。
〔註45〕鍾彩鈞，〈二程對孟子知言養氣章闡釋之分析〉，收於《宋代文學與思想》，頁597～626。
〔註46〕《橫浦日新》，卷下，頁1660。
〔註47〕《橫浦日新》，卷上，頁1653，〈子貢善問〉紀錄子貢是孔門師友中善問者。
〔註48〕《上蔡先生語錄》，卷中，頁1028。
〔註49〕《張載集》，頁284。
〔註50〕《二程集》，頁221～222。文曰：「言貴簡，言愈多，於道未必明。杜元凱卻有此語云：『言高則旨遠，辭約則義微。』」大率言語須是含蓄而有餘意，所謂

他們認為時人學者求學弊處之一，便是「溺於文章」。〔註51〕學者一味追求詞藻或拘泥文體，可能忽略了求道真正的著力點。二程進一步說「以書傳道，與口相傳，煞不相干。相見而言，因事發明，則并意思一時傳了；書雖言多，其實不盡。」〔註52〕

　　語言雖然略勝文字一籌，但並不意味著諸儒「講學」，就可以大放厥詞，或對「語言」不加控制，張載就批評道：「人相聚得言，只是道義是無形體之事。今名者已是實之於外，於名也命之又差，則謬益遠矣。」〔註53〕這樣的行為，有違諸儒謹慎的講學態度，他們對「言語」的戒慎，從司馬光的〈言戒〉，亦能看出端倪，司馬光主張「不妄語」：

> 言不可不重也，子不見鐘鼓乎？叩之然後鳴，鏗訇鐘鞈，人不以為異也。若不叩自鳴，人孰不謂之袄邪？可以言而不言，猶叩之而不鳴也，亦為廢鐘鼓矣。〔註54〕

他認為在交口對應，應該向鐘鼓一樣，叩之則鳴，不叩則不鳴，如果該言而不言，不該言而言，均是失當，所以，學者必須謹慎個人「言論」，守住自己的原則，就不會「常為語言可以移動」。〔註55〕對諸儒而言，語言也是一種傳遞方式，固然語言的交際性比文字載體來得多元，但是謹慎使用，才是上策。

## 三、心的影響

　　《諸儒鳴道》諸儒對「語言與文字」的反省，其實與「心」有很大的關係。從諸儒對詩文、寫作與解經的觀念和要求，反覆地證明「心」是操控語言與文字的機制，「心」能不斷檢驗身體的各種官能，包括舉手投足、喜怒哀樂的表情、感官的反應等，「心」是外在行為表現背後的力量。這種觀點接近於 Lakoff 和 Johnson 提出的「體驗哲學」中的體驗心智，所謂「體驗心智」是

---

　　　　「書不盡言，言不盡意也。」
〔註51〕 《二程集》，頁187，文曰：「古之學者一，今之學者三，異端不與焉。一曰文章之學、二曰訓詁之學、三曰儒者之學，欲趨道，捨儒者之學不可。」又說：「今之學者有三弊：一溺於文章、二牽於訓詁、三惑於異端，苟無此三者，則將何歸？必趨於道矣。」
〔註52〕 《二程集》，頁26。關於儒學對語言反思，亦可參考 Ch'ien, Edward T.錢新祖於 Chiao Hung and the Restructing of Neo-Confucianism in the Late Ming。
〔註53〕 《張載集》，頁284。
〔註54〕 《涑水迂書》，頁63～64。
〔註55〕 《張載集》，頁277。

一種人特有的認知能力，認知科學的進化認識觀，認為人類是一種動物推理，其身體與大腦的特殊結構能緊密相關，二者又與外在環境相互作用，提供了日常思辨的基礎，當感覺系統透過這種互動，推理出認知基礎的概念後，又通過身體經驗而讓人獲得意義，也就是說，當我們的心與身體感官和外在環境互動之後，能夠總結出體驗的思維，以及作出正確的判斷，所以，在生活過程中，「心」扮演相當重要的角色。〔註56〕

　　諸儒便是在認知「心」的這種能力，而對語言文字進行反省，江民表曾指明「心」具有掌控「官能」的能力，耳目口鼻之所以能夠互不相亂，分執不同功能，全因為「心」，他說：

> 耳目口鼻之不相亂，其所以能視、能聽、能味、能嗅者，有心為之官而管攝之也，役使群動，鼓舞萬物，莫知所以然而然者，有心為之宰而制割之也。能貴、能賤、能與、能奪、能生、能死，其所貴賤與奪生死之者，有心為之君，而求心，心之為心，亦大矣。〔註57〕

他認為身體官能受控於心，舉凡耳朵、眼睛、口舌、鼻息甚或四肢軀體，都是由心管攝，操作感官器官，使他們能夠發揮功效——視聽味嗅，「心」的影響力之大，不容小覷，如果心主宰的功用消失了，偌大的身軀便了無意義。既然官能受到控制，那麼由官能所表達表述的語言，當然也受制於「心」，在江民表〈心性說〉中，他特別提醒皇帝要思量表述心意的「語言」，是否符合正道，他說：「紛紛群言，公無遺理，陛下審是非以養公，則言之逆遜，無所逃也，寡思慮以養靜，則事之變態，不足多也，端好惡以養正，則人知向矣。」〔註58〕對君王而言，意識語言由心而發，進而體察言論背後的想法，將能免於被臣下不當言論誤導的危機。

　　文字既然具有這種誤導認知的可能性，那麼，在沒有文字之前，心的作用並沒有消滅，反而更趨重要，潘殖曾表示「道早於書契」〔註59〕存在，當

---

〔註56〕 Lakoff, George and Johnson, Mark, Philosophy in the Flesh——The Embodied Mind, New York, Basic Books, 1999, P624。譯為《體驗哲學——基於體驗的心智及對西方思想的挑戰》。

〔註57〕 《江民表心性說》，收於《諸儒鳴道》，〈心說〉，頁1177。

〔註58〕 《江民表心性說》，〈心說〉，頁1186。

〔註59〕 關於道存在於書契之先，潘殖與張載有相同的看法，潘殖的看法已於內文中有所說明，而張載對這主題的看法載於《張載集》，頁278文曰：「語道斷自仲尼，不知仲尼以前更有古可稽，雖文字不能傳，然義理不減，則須有此言語，不到得絕。」

時聖人也是用心傳遞和體悟「道」。他說：「聖人肇學於未有書契之先，於至幽深處，豈有簡編可稽。」〔註60〕在道最深層幽暗的層次中，並沒有可以參考的文獻，這一切都得靠個人的心去體會理解，《安正忘筌集》曰：

> 德行行於默而成之之際，併一併二，均於不貳，一屈一信，往來之頃，皆不離此，始爲德行皆默而成之也，習慣自然，從容中道，口無擇言，而言無不從，始可以默而成之者，發以告人，是謂善言德行。大體聖言皆出乎此，若未嘗行於默而成之之際，遽恣爲高談，亦何異於道聽塗說？然則所謂善言者，言所以默而成之之德行耳，非苟云云也，不爾，則有言，不必有德矣。〔註61〕

誠如上述，德行養成於心，養成之後，能夠發出「善言」，故「善言」是從實踐德行而來的，沒有經過「心」默而成之的德行，只是高談空談，這樣的言論與「道聽塗說」並無二異。所以，「心」、「德行」和「言論」是環環相扣的，潘殖才說「一屈一信，往來之頃，皆不離心」。

楊時也有相同領略，他批評「圖王而實霸，行義而規利」一類人，「蓋以其學得之文字之中，而未嘗以心驗之故也。」〔註62〕張九成批評韓愈不惜累數千言以求官，完全忽略作文與儒心的原則。〔註63〕張載也說：「心解則求義自明，不必字字相校。」〔註64〕心能立言成文，所以閱讀時盡量求明義理，猶如讀史寫史，不徒記事迹，還須注意更深層鑑往知來的意義，又說：「心且寧守之，……處得安且久，自然文章出，解義明。寧者，無事也，只要行其所無事。」〔註65〕這種「守心」的意義與二程所言：「凡讀史，不徒要記事跡，需要識治亂安危興廢存亡之理。」〔註66〕大同小異。

---

〔註60〕《安正忘筌集》，卷1〈韓文公〉，頁1569。
〔註61〕《安正忘筌集》，卷4，頁1435～1436。書中頁1438〈行之著〉篇與頁1547〈言行〉篇亦是討論言行誠信的相關論題。
〔註62〕《龜山語錄》，卷1，頁1229。
〔註63〕《橫浦日新》，卷上，頁1632。文曰：「豈作文者，其文當如是其心，未必然乎？當與有道君子議之。」《諸儒鳴道》，頁1644。邵堯夫詩云：「廓然心境大無倫，盡此規模有幾人，我性即天天即性，莫於微處起經綸。」
〔註64〕《張載集》，頁276。
〔註65〕《張載集》，頁284。全引文爲「心且寧守之，其發明卻是末事，只常體義理，不須思，更無足疑。天下有事，其何思何慮！自來只以多思爲害，今且寧守之，以攻其惡也。處得安且久，自然文章出，解義明。寧者，無事也，只要行其所無事。」
〔註66〕《二程集》，頁232。

　　文字本身的侷限性，和語言本身的未定性，造成是非無窮的爭辨，當又牽涉到心的問題時，道學家使用載體變得舉步維艱，但終究不能因噎廢食，而棄智絕學，仍舊必須從載體上找到最恰當的平衡點，張九成便說：

> 成書猶麴薛，學者猶秫稻，……今所讀之書，有其文雄深者、有其
> 文典雅者、有富麗者、有俊逸者，合是數者雜然列于胸中而咀嚼之，
> 猶以麴薛和秫稻也，醞釀既久，則凡發於文章，形於議論，必自然
> 秀絕過人矣。經史之外，百家文集不可不觀也。〔註67〕

書籍猶如麴薛，學者猶如秫稻，兩者相和，便能醞釀成物，諸儒終究必須使用載體，爲了彌補載體的缺點，宋代道學家最後找到了「語錄」體裁，以鬆解載體本身的限制。

# 第二節　語錄體裁的應用與精神

## 一、語錄的發展

　　在宋朝以前，就已有「語錄」體裁，先秦時代的《論語》、漢朝的《法言》，均屬「語錄」。《論語》是一部偉大的經典，以「獨特的方式，提出人所必須面對而經常發生的基本問題」，〔註68〕孔學後人以紀錄孔子與弟子問答的方式，探討儒家傳統中的一些基本問題，並將之編輯成書，這一部書無疑是儒學核心著作，亦爲語錄體例的先驅。到了漢代，力追孔子的揚雄也試圖模仿《論語》著作《法言》，他所撰〈法言序〉言：「人時有問雄者，常用法應之，譔以爲十三卷，象《論語》，號曰：《法言》，《法言》文多不著。」〔註69〕班固也於《漢書》的〈贊曰〉中提到：

> （揚雄）實好古而樂道，其意欲求文章成名於後世。以爲經莫大於
> 《易》，故作《太玄》，傳莫大於《論語》，故作《法言》。〔註70〕

---

〔註67〕《橫浦日新》，卷上，頁1633。
〔註68〕韋政通，《孔子》，臺北，東大圖書公司，1996年，頁3～5說明《論語》是一部偉大的書，它具備偉大的書應該有的特質，包括「以獨特方式呈現」、「含有多層意涵」、「超越它們源起的地域限制，是世界性的文學」、「並不容易閱讀，需要一讀再讀」、「以清晰簡單的方式描寫人類心靈最困難的主題」。
〔註69〕揚雄，《法言》，卷13，〈法言序〉。
〔註70〕班固，《漢書》，卷87，〈揚雄傳〉第57。王先謙也認爲揚雄寫《法言》其實也是模仿《論語》之作。

引文中很清楚地提到，揚雄崇尚儒學，故模擬《論語》而撰寫《法言》一書，焦竑便說「其紬六經，翊孔顏，義甚深」。〔註71〕此書定名《法言》，也有以儒家之法對應時人之問的意圖。從文章主題來看，《法言》確實與《論語》十分相似，均以「學」作為全書的開端，也採用短語或問答的方式鋪陳。〔註72〕在內容上，揚雄針對漢朝政治、社會、及學術等方面的問題，提出了自己的見解。〔註73〕值得注意的是，揚雄撰寫《法言》的背後，隱含了他對孔子的尊敬，以及他對儒學應用「對話」的堅持。

直至宋代，有更多的學者效法《論語》與《法言》的精神，應用「語錄」體裁，呈現儒學的內容，舉凡《二程語錄》、《上蔡先生語錄》、《龜山語錄》等作品便是顯著的證明。〔註74〕「語錄」體裁，一時蔚為風尚，以致於《郡齋讀書志》特別增列「語錄部類」，收錄不下一千餘筆的語錄作品。有學者認為是受到佛學的影響，〔註75〕然而，更重要的是原因，可能與儒者反省與追求儒學內在精神，有更深的關聯。

在宋代，大量語錄的問世，引起當代與後世學者的注意，《朱子語類》卷九十七即有許多探討「語錄」編輯及其使用的內容，〔註76〕不僅如此，語錄也成為研究宋儒的重要工具。清人朱澤澐（朱止泉）在研究朱熹時，曾說：「語

---

〔註71〕焦竑，《焦氏筆乘》，臺北，廣文書局，卷2，〈揚子雲始末辨〉，頁137。

〔註72〕揚雄《法言》中共有十三篇，依序為〈學行〉、〈吾子〉、〈修身〉、〈問道〉、〈問神〉、〈問明〉、〈寡見〉、〈五百〉、〈先知〉、〈重黎〉、〈淵騫〉、〈君子〉、〈孝至〉，首篇與《論語》的〈學而〉篇一樣，都是探討「學」的問題。

〔註73〕徐復觀，《兩漢思想史》，頁502～562。

〔註74〕市來津由彥，〈閩北における朱松と朱熹——程氏語錄の資料收集おめぐつて——〉（收錄於《集刊東洋學》，62期，1989年，頁129～142。文中說明二程語錄的收集與地方有很大的關聯性，朱熹父子便收集了閩北的資料。

〔註75〕錢穆，《國史大綱》，臺北，臺灣商務印書館，1995年，書中提到宋儒講學的方式，與佛學的「參謁」有幾分類似，而且在講學過程中，還為了方便日後複習與記憶，而作成了類似於「講義」的上課文件，而「講義」的內容，便是「語錄」的前身。此外，抱持著相同看法的學者，尚有學者熊琬，可參見他的作品《宋代理學與佛學之探討》，〈序言〉頁1～2文中提及宋儒在「學」與「教」都受到佛學影響。

〔註76〕《朱子語類》，收於《朱子全書》第17，頁3260～3291，有許多條討論語錄的資料，例如頁3260，或問：「尹和靖言看語錄，伊川云：『某在，何必看此？』」；又頁3261，「紀錄言語難，故程子謂：『若不得某之心，則是記得它底意思。今《遺書》，某所以各存所記人之姓名者，蓋欲人辨識得耳。』」另一條「伊川語，各隨學者意所錄。」另一條「作客有問侯先生《語錄》異同者。」頁3262，「張思叔《語錄》多作文，故有失其本意處，不若只錄語錄為善。」

類一書，（朱熹）晚年精要語甚多。」表達了語類蘊含朱熹精要思想的意思，也把它作為研究的素材，儘管有學者認為「語類一篇，係門弟子紀錄，中間不無訛誤冗複，雜而未理」，〔註77〕但是朱止泉仍然反駁「安可不細心審思，而蓋以門人紀錄之不確而忽之。」〔註78〕可見語錄之重要，確實不容忽視。

　　道學群體中廣泛採用「語錄」體裁，是因為他們提倡學術交流，游學與會講的活動頻繁，有些儒者不遠千里，慕名向老師求教，有些儒者與老師間可能只有數面之緣，或偶有請益的機會而已，例如《劉先生譚錄》、《元城先生道護錄》〔註79〕兩部作品，便是韓瓘與胡珵每每利用公私事往來之便，順道拜訪老師劉安世所紀錄而成的。為了翔實紀錄教學活動，許多儒者會以紙筆記載問學的內容，以朱熹為例：

> 五十以前，門人未盛，錄者僅三、四家。自南康浙東歸，來學者甚眾，誨諭極詳，凡文詞不能暢達者，講說之間，滔滔滾滾，盡言盡意，義理之精微，功力之曲折，無不暢明厥旨。誦讀之下，謦欬如生，一片肫懇精神，洋溢紙上。〔註80〕

朱熹五十歲之前，門下弟子不多，紀錄者也只有三、四人，然於浙東歸來後，名聲大噪，來學者越來越多，討論的內容也越見詳細，在講論問答間，精微的義理得以發揮，而討論學問時，師生的抖擻精神也洋溢在紙張上。這些講課授課的方式，間接促使語錄體裁的應用。

## 二、語錄的定義與意義

　　「語錄」是一種文體，它是聖哲賢人對自然或社會問題，所發抒的哲思短語。文學評論《文心雕龍》定義「語錄」為一種「意謂切實簡要」的「偉辭」，詹瑛註解曰：

> 何謂正言？本聖人之言，所以抗萬辯也。何謂體要？衷聖人之言，所以鑄偉辭也。然亦有難言者，文至于語錄，成萬古正言之鵠，皆

---

〔註77〕李光地編纂《朱子全書》時，在凡例中提到語錄正確性的問題。

〔註78〕朱澤澐，《朱止泉先生文集》，收於《四庫全書存目叢書》，卷4，〈答喬星渚〉，頁29B～30B。

〔註79〕關於這兩書的成書以及版本流傳等相關問題，可參考〈道學運動中的劉安世〉，頁28～40。

〔註80〕朱澤澐，《朱止泉先生文集》，收於《四庫全書存目叢書》，卷4，〈答喬星渚〉，頁29B～30B。清儒朱澤澐認為《朱子語類》輯錄許多朱熹晚年精要之語。

能一一施之文間耶？無論語錄，即理學先儒之與書，語語靡不當，
要觀朱考亭與陸象山、陳同甫諸先生書，無語不精，亦無語不要。
〔註81〕

「語錄」乃萬古正言之鵠，具「正言體要」之意義，是故，語錄內容可能是
個人對修養工夫及生活經驗的心得總結，亦可能是教學過程的筆記，筆記的
整理工作可能由撰者自編，或由弟子、再傳弟子整理匯集。道學家的語錄具
備三種特質，而這些特質與儒學內在精神極爲相關，茲分三點論述。

## （一）語錄特有的注疏

特殊注疏經典的方式，是語錄的特質之一，這種特質說明諸儒開放經典
的註解形式，也更如實地反應實踐「道」的過程，語錄經常被應用於書院私
塾的教學活動，故在格式上，會登載「篇名」以及「紀錄者」姓氏，《朱子文
集》曰：

> 語錄頃來收拾數家，各有篇迭首尾、紀錄姓名，比之近世所行者差
> 爲完善。故各仍其舊目而編之，不敢輒有移易。近有欲刻板於官司
> 者，方欲持以畀之。〔註82〕

從引文可知，紀錄語錄，並不是特殊的單一情況，而是一種普遍的學術活動，
眾多弟子輯錄問學內容，以便將來複習檢驗學習成效之用，故有篇名與紀錄
者姓名，所以，朱熹才有機會能夠收集眾家語錄以作整編。再者，朱子彙整
「筆記」以供官刻時，刻意保持原舊有目次的排列順序，不敢隨意移易，這
說明了朱熹對語錄的審慎態度，而且，保有篇名與紀錄者的目的，能提供讀
者辨識，讓讀者更精確地掌握撰者的意思，朱熹說：「伊川語，各隨學者意所
錄。不應一人之說，其不同如此：游錄語慢，上蔡語險，劉質夫語簡，永嘉
諸公語絮。」〔註83〕由此可見，同樣是紀錄老師程頤的言談，因爲紀錄的筆
法各不相同，有些語簡，有些語絮，有些語意平緩，有些奇險，所以紀錄出
來的內容，就會產生差異性，爲了能更加精確了解內容，故保留紀錄者的名
字，是有重要意義的。

由於門人語錄眾多，內容大同小異，爲了整理成將來可以學習的資料，
所以，每隔一段時間必須進行整理工作，朱熹曾和何叔京通信時，提到自己

---

〔註81〕劉勰撰、詹瑛義證，《文心雕龍義證》，卷1，〈徵聖第二〉。
〔註82〕《晦庵先生朱文公文集》，卷40，〈答何叔京〉，頁1802。
〔註83〕《朱子語類》，卷97，〈程子之書三〉，頁3261。

整理二程語錄工作的情況，文曰：

> 語錄比因再閱，尚有合整頓處。已略下手，會冗中輟，它時附呈未
> 晚。大抵劉質夫、李端伯所記皆明道語，餘則雜有。至永嘉諸人及
> 楊遵道、唐彥思、張思叔所記，則又皆伊川語也。向編次時有一目
> 錄，近亦脩改未定，又忙，不暇拜呈，並俟它日。〔註84〕

朱子原則上按照既有目次進行修改，並盡力釐清究竟是程顥還是程頤的言
論。同樣費心收錄二程語錄的還有楊時，他認為先分辨語錄真偽，將重複及
可疑處刪除，再行相互校對，方能潤色成一書。〔註85〕綜上所論，可知道學
家十分依賴語錄體裁，也對「語錄」態度極為謹慎。

　　事實上「語錄」突顯出宋儒特別的「注疏」方法，這種注疏方法有別以
往傳統的思維模式與言說方式，舉兩條同樣註解「進德修業」論句的資料，
進行說明分析，《周易程氏易傳》：

> （經文）子曰：君子進德修業。忠信，所以進德也；修辭立其誠，
> 所以居業也。（程氏注解）三居下之上，而君德已著，將何為哉？唯
> 進德修業而已。〔註86〕

又《二程語錄》曰：

> 蘇季明嘗以治經為傳道居業之實，居常講習，只是空言無益，質之
> 兩先生。伯淳先生曰：「『修辭立其誠』，不可不仔細理會。言能修省
> 言辭，便是要立誠。若只是修飾言辭為心，只是為偽也。若修其言
> 辭，正為立己之誠意，乃是體當自家敬以直內、義以方外之實事。
> 道之浩浩，何處下手？唯立誠才有可居之處，有可居之處則可以修
> 業也。」……正叔先生曰：「治經，實學也。『譬諸草木，區以別矣。』
> 道之在經，大小遠近，高下精粗，森列於其中。」〔註87〕

這兩則引文都是二程所著述，上則出自於《二程易傳》，其注解方式雖較傳統
注疏稍有變化，但仍維持先述經文，後作解釋的注解方式，注文緊跟著經文
作解釋。第二則引文出自於《二程語錄》，也是解釋「進德修業」的主題，這
也是一種注疏手法，但是《語錄》與《易傳》呈現的方式不同，《語錄》不僅

〔註84〕《晦庵先生朱文公文集》，卷40，〈答何叔京〉，頁1805。
〔註85〕《龜山集》，卷20，〈答胡康侯〉，以及卷19，〈與游定夫〉。
〔註86〕《二程集》，頁701。
〔註87〕《二程集》，頁2。

有問有答，而且將蘇季明平日學習遭遇困頓的情形也一併說明，再者，二程也以實際修辭立其誠的入手工夫，回應蘇季明。在第二段引文，可以找到實際的例證，說明進德修業的方法，而不是僅止於字面上的解釋，這種實際例證的說明，在第一段引文中，是沒有辦法呈現出來的，所以說，語錄的這種手法，其實是另一種註解經典的方式。

　　語錄特殊的注疏方式，有兩個層次的意涵：第一、道學家有更多的空間可以發揮自己的理解能力。Gardner, Daniel K.（賈德納）認為「語錄」給予述者一種解放的空間，讓述者得以從傳統注疏形式中解放，從經典中解放。此時的宋儒被賦予一種權力，一種可以任由心靈接受和洞悉真理的能力，在「語錄」紀錄的背後，代表宋儒認為每個人的心靈，都擁有理解真理的能力，所以，他們可以一對一的同老師對話，同經典對話。〔註88〕進一步來說，這種看重「心靈」的表述，其實呼應了他們的「心學」宗旨，語錄紀錄的「言與行」，必須透過弟子在生活中檢驗，才可以確定自己的理解正確與否。「知言」與「踐行」的結合，符合「誠於中、形於外」的道理，深刻體悟語言透露出來的精神向度，就是「言──心」合一的表現，〔註89〕道學運動特別強調「治心」，也是一樣的道理。從某種意義上來說，文本上的「言」可能只是一種「心」實踐的憑藉，自始至終，都不是一種「束縛」。〔註90〕第二、紀錄身體思維的記憶。身心的交互作用，才是人思維的實際情況，而人作為能感、能思、能言、能行的活體，是具體存在的身體，〔註91〕道學家的身體透過實踐道而感受內心的平靜，身體自主的思維機制，會不由自主地接近道，並再一次體現道，這種身體思維的記憶，不是言說或是文字可以表達清楚地，要在實際的行動之中，一而再，再而三地反覆鍛鍊，道學家為了把這種身體思維的記憶

〔註88〕賈德納，〈宋代的思維模式與言說方式〉，收於《宋代思想史研究》，頁394～425。他在文章中還提到語錄與宋代口語的關係。

〔註89〕楊儒賓，《儒家身體觀》，臺北，中央研究院中國文哲研究所籌備處，1996年，書中以「孟子」為主要敘述對象，說明儒家的言語與行為之間的關聯性，語言的展現與精神的內涵是不可劃分的，書中對這個主題的敘述十分詳細。

〔註90〕申小龍，〈論宋代的語言學變革〉，《學術月刊》，1996年第9期，頁101。

〔註91〕Wu, Kuang-ming（吳光明），On Chinese Body Thinking—A Cultural Hermeneutic, New York, Brill, 1997, 492P 一書專論中國的身體思維。另外，蔣義斌，〈六藝身體思維的意旨〉，《宗教哲學》第29期，2003年9月，頁68～87。孫長祥，〈儒家禮樂思想中的身體思維──從《禮記》論述〉，《東吳哲學學報》第10期，2004年8月，頁25～54亦可參考。

陳述清楚，用他們認為最可以紀錄真實情況的文體來表述，最為恰當，所以，比起其他文體，語錄特有的注疏方式不僅註解了經典，也有助記錄了實踐的「過程」。

## （二）重視情境教學

「語錄」的另一項特質，能描述情境教學，把教學情境中的條件（人物、實景、對話、時間、地點）都如實地描述出來，猶如歷史情境的重現，這其中有兩層意義：第一、道學家重視情境教學，他們發現教學環境中的對話型態，有利於論道者彼此之間的互動，在「一來一往」中，檢視學生領悟與否，也幫助道越辯越明。當讀者閱讀語錄時，也同時形成三方（教者、述者、讀者）互動的情形，透過述者口語化表述真理，使讀者見識更平易近人的道，也有助於讀者對道的理解。〔註92〕第二、情境式的描述，比較貼近日常生活的情景，道學家追求的道，常常具體而微，有時連「道」的實踐步驟，都描述地很清楚，學生可以充分應用於往後日常生活每一個可以踐履的機會。J. L. Austin 曾經提出言語行為理論，他說當人每說一句話時，同時完成了三種行為，包括「以言述事」、「以言行事」、「以言成事」，這三種行為再加上「語境」，對言語行為有著絕對的制約作用，規定了說話者的話語意義、動機意圖、關係背景，所以，道學家使用語錄體裁，裨益於延展語境對話語的制約作用，而幫助聽者與讀者正確的理解。〔註93〕

張九成《橫浦日新》引述一段《論語》內容，將孔子與瞽者相見的情形，敘述地十分細膩，文曰：

> 凡讀《論語》當涵泳其言，然後有味，如師冕見，及階，孔子則曰：
> 「階也。」及席，則曰：「席也。」至皆坐，則又告之曰：「某在斯，
> 某在斯。」眾人見瞽者，慢易之心生，今孔子以堂堂之軀，待一瞽者，
> 尚詳委如此，聖人氣象可知，予每涵泳此言，見聖人如三春。〔註94〕

張九成每次閱讀《論語》時，都會再三咀嚼箇中滋味，後便心有所感，因為《論語》紀錄情境式的對話，詳實地描述孔子與瞽者見面時的舉止，讀者在閱讀過程好像見到實景一般，一來可以知悉倫常，學習與瞽者相處的態度，

---

〔註92〕賈德納，〈宋代的思維模式與言說方式〉，頁 394～425。
〔註93〕Austin, J. L., How to Do Things with Words, London, Oxford University Press, 1967。
〔註94〕《橫浦日新》，卷上，頁 1631。

二來又能學習聖人對道的體現，由此可見，《論語》中「一言一行」都關鍵至極，與《論語》具有相同精神的「語錄」，也同樣具備同樣功效。

## （三）記錄個人經驗

　　「語錄」還具有另外一種特質，即總結道學家修養工夫。這種總結式紀錄，通常不會以「問答」的方式表述，而是用一種引導式的文章理路來呈現，引導讀者進入撰者所討論的主題，進而了解意旨。引導式文章的形式，雖然少見「問答」，但其精神仍符合「語錄」的宗旨，也呼應於對道的實踐。有數篇作品就是屬於這種心得總結式的語錄，如學界頗負盛名的〈識仁篇〉，其實是二程學生呂大臨所記關於討論"識仁"的言論，收在《二程語錄》之中，〔註95〕又如〈定性書〉是程顥與張載討論"定性"問題的談話，或名《答橫渠先生書》，這兩篇作品是研究程顥極為重要的論文，作品不僅確實是程顥與人交談後所記，其關鍵點在於作品紀錄了程顥對「仁」與「定性」的深刻體悟。另外，朱熹根據《論語》「切問近思」命名的《近思錄》，也同樣符合語錄的精神，它是朱子與呂祖謙從淳熙二年開始研讀北宋四子作品，歷時數年，爾後編輯討論內容而集結成書的，其研討範圍從宇宙自然的根本原理，到社會、人倫、修養一貫的哲學系統。朱子在序言中說：

> （自與呂祖謙）相與讀周子、程子、張子之書，歎其廣大閎博，若
> 無津涯，而懼初學者不知所入也。因共取其關於大體而切於日用者，
> 以為此編。〔註96〕

呂祖謙也補充說：

> 所載講學之方，日用躬行之實，具有科級。循是而進，自卑升高，
> 自近而遠，庶幾不失纂集之指。〔註97〕

從引文可知，《近思錄》是朱呂二人共同討論後的心得，其內容大體都與近身日用的事物本末有關，呂祖謙希望讀者能依此書履踐「真道」次序，循序漸進，自卑而高。上述這些個人經驗紀錄式的語錄，與「論說文」最大的不同，在於「論說文」只是純粹說理，就事論事，而「語錄」卻能引導讀者到述者的生命經驗中，去體驗述者的歷練與成長，同時，也獲得鼓舞和激勵。

　　上述三部作品，均是道學家透過討論，而獲得的一種心得紀錄，和教學

---

〔註95〕《二程集》，《二程語錄》，卷2，頁17。
〔註96〕朱熹，《近思錄》，收於《朱子全書》13，〈朱序〉，頁163。
〔註97〕《近思錄》，〈呂序〉，頁165。

紀錄一樣，都可以被檢驗和鍛鍊修養之用，宋儒這種紀錄心得的學習方式，直到清代，仍有人仿效爲之，如清朝曾國藩曾每天撰寫日課，日課其實就是反省的日記，他藉由寫日記反省一日得失，克制檢點，省察短處，力求飲食有節、起居有常、容止有定、心安理順。對他來說，日課無疑是一面生活作息的鏡子，在反省過程中，檢視自己處世的錯誤，覺察內在情緒的變異，透過文字的分析整理，轉化爲自己的眞知，寫日課是對自己最誠實的測驗。

　　總而言之，「語錄」的出現不僅突顯儒學對語言文字的反省外，也反映出儒學重視「身體力行」的內在要求，在情境式的紀錄裡，讀者和述者同時找到可以踐行的眞理，而在「個人經驗」紀錄的作品裡，我們還可以看到「語錄」精神的無限延伸。

## 三、語錄的應用

　　當我們檢視《諸儒鳴道》收錄作品時，發現強調「鳴道」的諸儒，亦應用「語錄」體裁彰顯學術宗旨。他們的作品多數符合語錄的精神，按前文所述特質，大致上，可以分爲三種：第一種爲「問答式」、第二種爲「心得結語式」、第三種爲「引導論說式」。

　　「問答式」包括《二程語錄》、《上蔡先生語錄》、《元城先生語錄》、《劉先生譚錄》、《劉先生道護錄》、《龜山語錄》。「心得結語式」包括《濂溪通書》、《涑水迂書》、《橫渠正蒙》、《橫渠經學理窟》、《橫渠語錄》、《橫浦日新》。「引導論說式」具備引導讀者觸發思維和實踐的功能，包括《江民表心性說》。茲分項說明：

## （一）問答式

　　所謂問答式，顧名思義，以「問」「答」對話形式表述，《二程語錄》、《元城先生語錄》、《劉先生譚錄》、《劉先生道護錄》、《上蔡先生語錄》、《龜山語錄》均是門人弟子紀錄老師的言論，以《二程語錄》爲例，文曰：

> 　　王彥霖問：「立德進德先後？」曰：「此有二，有立而後進，有進而
> 　　至于立，立而後進，則是卓然。」〔註98〕

對話包含某（王彥霖）問某（二程）答，針對問題，進行一來一往的討論，便屬一種「問答式語錄」。上述三種分類中，「問答式」語錄附帶一項附加價

---

〔註98〕《二程語錄》，卷1，頁355。

值，就是提供了語言學的研究素材，以《二程語錄》來看，它不僅紀錄了二程的思想言行，同時也刻畫了當時的社會生活、歷史文化，所以，它是研究二程思想的基本材料，更是北宋時期語言史料的重要文獻。〔註99〕

《上蔡先生語錄》亦常可見「敢問」、「何也」、「謝子曰」之詞。〔註100〕此外，值得一提的是，由於紀錄謝良佐言論的弟子眾多，故《上蔡先生語錄》一書上卷，採用胡文定的寫本，自中卷以降，則採用「曾氏本」與「吳氏本」相互參校的本子，〔註101〕朱熹在該書後序中為此事提出解釋，他說：

> 此書傳者蓋鮮焉，某初得友人括蒼吳任寫本一篇，後得吳中板本一篇，二家之書皆溫陵曾恬天隱所記，最後得胡文定公家寫本二篇。……凡書四篇以相參校，胡氏上篇五十五章，記文定公問答，……及下篇四十七章與板本吳氏本略同，時有小異，蓋增損曾氏所記，而精約過之，輒因其舊定著為二篇，且著曾氏本語，及吳氏之異同者于其下，以備參考。〔註102〕

朱熹詳述自己編輯《上蔡先生語錄》，是以所輯錄的四篇：吳任寫本（曾恬所記）、吳中版本（曾恬所記）各一篇，胡文定寫本兩篇，相互參校，最後定稿因胡本定為二篇，並將曾氏本語、吳氏增損意異同者，並著於下，以備參考。從引文中，除了獲得弟子集結老師言論的另一例證外，間接說明當時問學紀錄風氣之盛，他們取同樣範疇的「筆記」相互參校，輯錄成最佳的版本，以供後學精進之需。

《元城先生語錄》是馬永卿於紹興五年（1135 年），拜見元城先生劉安世所記，載輯師生之間的對話，如：

> 僕初見先生，先生問僕鄉里，也曰：「王鞏安否？」對曰：「王學士安樂。」〔註103〕

又曰：

---

〔註99〕 李敏辭，〈《二程語錄》的文獻史料價值〉，《湖南師範大學社會科學學報》，1998年第 2 期，總第 27 期，頁 63～67。作者應用語言學的角度研究《二程語錄》留下來的語言史料，從詞性、詞義、語法結構進行分析。另外，蘇寶榮，〈論宋代理學對我國語言文字學研究的影響〉，《古漢語研究》1997 年第 1 期，總第 34 期，頁 32～36。
〔註100〕《上蔡先生語錄》，頁 984 與頁 1002。
〔註101〕《上蔡先生語錄》，頁 1015～1039。
〔註102〕朱熹編，《上蔡語錄》，正誼堂景印本，〈謝上蔡語錄後序〉，頁 24。
〔註103〕《元城先生語錄》，卷上，頁 1055。

　　先生問僕：「舊治甚經？」僕對治《書》。先生曰：「今之《書》乃漢
　　所謂《尚書》，若復求孔子所定之書，今不見矣。」〔註104〕
馬永卿與劉安世討論的內容相當廣泛，或詢問友人近況、或討論學術問題等，
全書幾乎全以「問答方式」表達，以統計比例來看，「先生語僕論」、「先生問
僕」文句開端者，佔三十二則，相當於二分之一。〔註105〕「先生曰」佔二十
則，約莫三分之一，二者相加，幾近六分之五，比例相當吃重。

　　《劉先生譚錄》與《劉先生道護錄》也同屬此類，形式相近，皆為紀錄
對話的內容，涉及的範圍也相當廣泛。前書為弟子韓瓘所撰，韓瓘任官期間，
利用往返南北之際，途經睢陽，拜訪劉安世累日，離去時輒紀錄談話內容與
心得，共計二十一條。其中論及許多當代及歷史人物，並藉此傳達為人行己
的準則，韓瓘索性將它當作自警之書。〔註106〕《劉先生譚錄》除了第一條序
言至第十七條，全以「公（劉安世）曰」開啟對話內容，而第十八條則是韓
瓘向劉安世乞問「為學重點」。後書撰者為胡珵，他以楊時書信為介，求教於
劉安世，並將問學內容紀錄下來，共計十四條對話內容。〔註107〕內容裡面以
「公（劉安世）曰」為首談道者佔五條，「珵曰」為首求教者佔八條，合序言
為全書內容。

　　關於上述兩部書，尚有數點有待說明：第一，韓瓘與胡珵均採用語錄體
紀錄對話，說明「語錄」體裁在當時受到普遍而廣泛的應用。第二，藉由「語
錄」可以觀察到不同的人際關係，也助於學術史的研究活動。「語錄」對於人
物的稱謂及問答的時間，均有所載記，這類詳實的紀錄，有助於讀者理解對
話人物彼此間的關係，以及雙方對應的態度。舉例來說，韓瓘是自我推薦到
劉安世門下求教的弟子；胡珵則是在老師楊時的推介下向劉安世問學。照理
說，二人都算是弟子輩，並無不同，但仔細觀察，還能細察胡、韓二人與劉
安世之間互動的細微差異，胡珵的求學態度，似乎比韓瓘積極，因為《劉先
生道護錄》中，多半是學生（胡珵）先問，而老師後答；《劉先生譚錄》中則
是老師向「僕」（韓瓘自稱）說道講學，常常是劉安世先向韓瓘解說經史內容

---

〔註104〕《元城先生語錄》，卷上，頁1056。
〔註105〕馬永卿所編輯的《元城先生語錄》共有五十九則。
〔註106〕韓瓘，《劉先生譚錄》，頁1147～1161。書中談論了司馬光、呂微仲、文潞公、
　　　　韓魏公、范仲淹、劉道原、王鞏、王安石、陳瑩中、荀子、漢文帝等人物。
〔註107〕關於劉安世弟子紀錄的《劉先生譚錄》與《劉先生道護錄》，可參考邱佳慧〈道
　　　　學運動中的劉安世〉一文。

或做人道理，韓瓘才回應劉安世。從學術史的研究角度來看，因爲「語錄」體裁的特質，才能表現出這樣微妙的差異。

　　《諸儒鳴道》收錄的《龜山語錄》共四卷，《龜山語錄》也採用問答形式，特別的是，有些標題穿插於卷數之中，例如「甲申四月至乙酉十一月的荊州所聞」；〔註108〕「丙戌四月至六月的京師所聞」；〔註109〕「丁亥三月自侍下來的餘杭所聞」；〔註110〕「己丑四月自京師回至七月南都所聞」；〔註111〕「辛卯七月十一日自沙縣來至十月去毗陵所聞」；〔註112〕「壬辰五月又自沙縣來至八月去蕭山所聞」。〔註113〕這些標題清楚交代文獻紀錄的時間與地點，這呼應了前文所說，語錄似有基本的格式可以參考，語錄多半會登載篇名或紀錄者，《二程語錄》同樣也紀錄了「人物、時間與地點」，如：

　　　　《二程先生語二之一》元豐己未呂與叔東見二先生語〔註114〕

　　　　《二程先生語五》游定夫所錄游酢字定夫，建州人，元豐中從學

　　〔註115〕

　　　　《二程先生語十》少日所聞師友說元本在端伯傳師說之後，不知何

　　　　人所記，以其不分二先生語，故附于此〔註116〕

何人何時所記，都實實在在地被紀錄下來。《諸儒鳴道》所收劉安世三書的序言，也很清楚地表達成書的時間和原因，《元城先生語錄》序言曰：

　　　　僕（馬永卿）家高郵，……大觀三年冬，僕將赴亳州永城縣主簿，
　　　　七舅氏戒僕曰：「永城有寄居劉待制者，……，可以書求教。」…。
　　　　僕從之學，凡一年有餘。後先生居南京，僕往來數見之，退必疏其
　　　　語，今已二十六年矣。……紹興五年正月望日維陽馬永卿大年序。

　　〔註117〕

又《劉先生譚錄》文曰：

---

〔註108〕《龜山語錄》，卷1，頁1199。
〔註109〕《龜山語錄》，卷2，頁1251。
〔註110〕《龜山語錄》，卷2，頁1265。
〔註111〕《龜山語錄》，卷4，頁1333。
〔註112〕《龜山語錄》，卷4，頁1342。
〔註113〕《龜山語錄》，卷4，頁1346。
〔註114〕《二程語錄》，卷2，頁379。
〔註115〕《二程語錄》，卷7，頁495。
〔註116〕《二程語錄》，卷10，頁555。
〔註117〕《元城先生語錄》，頁1053～1054。

> 瓘往官二浙，自壬辰歲南赴，己亥北歸道睢陽者五六，每維舟河梁，
> 侍公譚誨，累日而後去，所得話言邪正得失者，必退而書之策，凡
> 二十一條餘，皆不載時聞以自警。〔註118〕

又《劉先生道護錄》文曰：

> 宣和六年，歲在甲辰春二月十有二日，初至南都先生劉公所，候于
> 門，以所摯書——楊先生書并謁入。〔註119〕

每一段序言皆說明了何人、何時記，何種機緣，促成劉安世弟子能夠向劉安世請益。綜上所論，這類問答式語錄為了符合「語錄」的宗旨，紀錄者不厭其煩記下人時事地。

## （二）心得結語式

「心得結語式」語錄是一種哲思短語，它與「問答式」皆為以口語表達，再輔以文字紀錄，但與「問答式」不同的是，「心得結語式」有時僅是自己的心得表述，有時是由學生撰錄而成，《濂溪通書》、《涑水迂書》、《橫渠正蒙》、《橫渠經學理窟》、《橫渠語錄》、《橫浦日新》等屬於此類，這一類作品中少有問答，即使有，也多半是「自問自答」。

由於是個人思維心得的總結，所以，能方便歸納主旨而訂立標題，如《濂溪通書》計有三十五個標題，《涑水迂書》計有四十個標題，《橫渠正蒙》有十七個標題，《橫渠經學理窟》〔註120〕有十二個標題，其下又囊括數條資料，篇幅長短不一，短者一句，長者多過一頁。比較特殊的《橫渠語錄》和《橫浦日新》，前書不知何人纂輯，但其中有一條資料，是張載以「某」自稱而表述，〔註121〕故此書極可能是張載論說心得，故列歸此類。後書撰者為張九成弟子郎曄，共分上下兩卷，各有五十七條、三十八條資料，篇幅都不長，這兩書從內容來看，都比較接近心得敘述。雖然此類語錄並不如「問答式」一樣，有明確的問答，但從另一個角度來看，「心得式」同樣符合語錄「對話」的精神，《濂溪通書》描述人參贊天地化育的宗旨，不正是人與大自然的對話

---

〔註118〕《劉先生譚錄》，頁1147。

〔註119〕《劉先生道護錄》，頁1163。

〔註120〕關於《橫渠經學理窟》究竟何人所作，黃鞏在為書作〈跋〉時提到晁氏《讀書志》與《黃氏日抄》都認定此書是張載所作，但黃鞏自己卻認為《橫渠經學理窟》有可能是門人弟子所編輯而成的。

〔註121〕《張載集》，頁329～330中曰：「某比年所思慮事見不可易動，歲年間只得變些文字，亦未可謂辭有巧拙，其實是有過。」以「某」來自稱行文。

嗎？胡宏曾說：「此一卷書，皆發端以示人者，宜其度越諸子。」〔註122〕《通書》是一門性命之學，闡發聖人之本，及其在文化世界和社會政治中的展開，猶如人與外在世界的對話表現。〔註123〕一生追求「不妄語」的司馬光，在《涑水迂書》中的對話對象，其實是對自我的期許與對讀者的要求，他在〈迂〉與〈庸〉篇中，明言自己「時有所獲，書以示人」。〔註124〕他要讀者盡量體會他想傳遞的道的眞正宗旨。另外，蘇昞爲《橫渠正蒙》作序時，也說其「略效《論語》、《孟子》篇次章句，以類相從，爲十七篇」。〔註125〕「心得結語式」語錄是作者以文字表述對人事經驗的總結。

## （三）引導論說式

「引導論說式」是三種類型中最能突顯語錄精神，它雖然未遵循語錄慣用形式，但是仍然保留教導讀者以身體思維體驗的價值，它不做過多析理論證的表述，不強調細密的論證工作，把論證過程留給讀者去實踐體會，《江民表心性說》均屬此類。

《江民表心性說》在《諸儒鳴道》中最爲特殊，其內容只有兩篇：一篇〈心說〉，一篇〈性說〉，前篇文末所言「臣不敢知也！」〔註126〕可知其爲上呈皇帝的奏章，內容以「求心」爲主題，向陛下規勸並倡導「治心」的益處。第二篇〈性說〉推論可能也是奏章，主題是爲「性」正名。這兩篇文章篇幅都很長，雖然是奏章，但他意欲引導皇帝「治心」，其主題符合「道」的理由來看，他其實也遵循了「對話」的宗旨。

對道學家而言，追求語錄的精神更勝於形式，當然，這並不消減他們對語錄體裁應用的重視。宋儒「語錄」所表述的道，透過讀者閱讀後，會有多面向的理解和收穫，例如，《安正忘筌集》〈易數〉的內容，可以看成是教導君王的指導方針，亦可以解讀成讚揚堯舜孔子聖人的德行，甚至可以解釋爲教授易學的入門方法，這就是一種不斷擴充的閱讀思維，也正是語錄特有的成效。《崇安聖傳論》〈堯舜〉表面上是讚揚堯舜，但又何嘗不是教導學者求

---

〔註122〕胡宏，《通書序略》，收於《周子全書》，臺北，臺灣商務印書館，1968 年，〈附錄二〉。

〔註123〕李學勤主編，《中國學術史（宋元卷上）》，南昌，江西教育出版社，2000 年，頁 80～84。

〔註124〕《涑水迂書》，頁 59。

〔註125〕蘇昞，〈正蒙序〉，收於《張載集》，頁 3。

〔註126〕《江民表心性說》，頁 1188。

聖的方針。所以，語錄最大的成效，是在於他能夠發揮引導讀者的價值，這是其他文體無法望其項背者，畢竟「論說文」純粹說理的結構性與邏輯性很強，又加上文字本質的限制，讀者往往流於思索邏輯，而忽略實踐的導向。

# 第三節　鳴道的方式

　　《諸儒鳴道》編輯者以「諸儒鳴道」四字命名，可謂恰當得宜，尤其是「鳴」字，特別能表現道學家「鳴發道學」的意旨，《詩經》〈鹿鳴〉篇也以「鳴」字命名，「鳴」原指聲音，聲音的發送，必須遵循音律的規則，而聲音與語言常常被一併討論，故《莊子》曰：「鳴而當律，言而當法。」〔註127〕在《墨子》書中，把君子比喻爲磬鐘，「擊之則鳴，弗擊不鳴」〔註128〕君子應該正確而適當地鳴發自己的聲音，這象徵君子具備和諧應對的能力，以這種角度觀察《諸儒鳴道》，編輯者似有以「鳴」字引出整部書主旨的目的，「鳴」字不僅突顯諸儒以聲音講學論道的意涵，更將儒者間積極對話的精神，以及道學特有的求道過程，一一鋪陳出來。閱讀《諸儒鳴道》猶如神游於講堂之中，依稀可見師徒們促膝鳴道，而讀者亦成了這場歷史重現情境的參與者，可能唯獨道學的「鳴道」方式，才能賦予讀者這種特殊的觀感。

## 一、鳴道與教學活動

### （一）書院講學的敦促

　　「鳴道」是一種透過「對話」論道的求道方法，同時它也屬於一種教學方法。這種教學方法的形成，與宋代教育制度的演變有關，錢穆先生認爲宋代私學講學事業與官學學校制度不同，他說：

> 學校之教日衰，講學之風日盛。此種往來走動的參究請謁，愈來愈多，於是有從此中醞釀出新的講堂制度來。既有講堂，則有講義。而此種講學之最大困難，則爲來學者之程度不齊與來去無定。既不能一例施教，又不能規定時日，分深淺高下之步驟，使學者必經相

---

〔註127〕王先謙，《莊子集解》，臺北，三民書局，民88年5月四版，〈寓言第二十七〉，頁165。

〔註128〕墨翟撰、吳毓江註，《墨子校注》，成都，新華書店，1992年8月，卷9〈非儒下第三十九〉，頁377，卷12，〈公孟第四十八〉，頁580。

當期間畢其所業而去。〔註129〕

講學風氣在宋朝南渡之後，更加興盛，漸行完備，漸趨制度化，來往互動的參究請謁越來越多，甚至從中醞釀出新的制度，有講堂以及講義的相關規定，可見講學越趨制度化。不過，錢穆先生也指出講學有其困難，來學者程度不齊，使一例施教的方法難以推行，要讓學者累積一定學習時間後，才可離去。這也應證了學者撰寫語錄的原因，因為沒有固定統一教材內容，每個人的學習進度也不相同，用語錄來幫助學習是相對有效。

　　講學活動的推動，也與書院的發展息息相關，書院創始於唐五代，至北宋時一度替代官學的角色，致使書院大量激增，〔註130〕書院因其數量增多，規模與效益亦隨形增大，而這些發展對道學的影響也是正面的。諸儒透過講學授徒者不少，如周敦頤講學於江西，〔註131〕司馬光於洛陽教授劉安世，〔註132〕張載也曾講《易》於京邸。〔註133〕另外，如劉安世於住宅中教授來求學的馬永卿等人。〔註134〕張九成歸鄉時，「學士大夫簦笈雲集，多執贄門下」，〔註135〕劉子翬曾經授學朱熹，〔註136〕潘殖也曾經講學授徒。〔註137〕興辦書院講學者，又如程顥設立明道書院，〔註138〕程頤設立鳴臯書院，〔註139〕楊時於無錫講學十八年之久，並創立東林書院，〔註140〕也有因謝良佐之名而設立的顯道書院。

〔註129〕錢穆先生，《國史大綱》，頁798～803。

〔註130〕鄧洪波，《中國書院史》，上海，東方出版社，2004年7月初版，頁60。文中統計宋代書院數量為唐代的十倍之多，而南宋的書院又為北宋時院六倍之多。作者並整理歷年以數量統計為研究方法的著作，檢討並分析其中的優缺點。

〔註131〕《宋元學案》，頁284，也記載周敦頤居南安時，二程受學焉。又於李才棟，《江西古代書院研究》，頁100～101，記載許多後世為紀念周敦頤而建立的書院。

〔註132〕《宋元學案》，頁469，文中載劉安世從學司馬光，關於二人師徒關係更詳細的說明，可參閱邱佳慧，〈道學運動中的劉安世〉。

〔註133〕《宋元學案》，頁382。

〔註134〕可參閱〈道學運動中的劉安世〉，頁66～78。

〔註135〕《宋元學案》，頁742。

〔註136〕《宋元學案》，頁851。

〔註137〕在《晦庵先生朱文公文集》卷41中載朱熹於〈答程允夫〉一文中朱子曾說游酢門下有三個弟子曾經從學於潘殖。其文曰：「圖內游定夫所傳四人，熹識其三，皆未嘗見游公，而三公皆師潘子醇，亦不云其出游公之門也。」

〔註138〕熊燦修、張文楷纂，《扶溝縣志》，卷8，〈書院〉有所記載。苗春德主編，《宋代教育》，河南，河南大學出版社，1999年2月再刷，頁102，亦有說明。

〔註139〕《二程集》，頁329，說程頤通明經術，所以「士大夫從之講學者，日夕盈門，虛往實歸，人得所欲」。《宋代教育》，頁103，亦有說明。

〔註140〕顧炎武於〈請復東林書院公啟〉一文中便提到宋代楊時受業於二程，南傳道

〔註141〕由此可以看出，諸儒大多從事講學，也透過講學傳遞學術內容，〔註142〕在實際教學的方法上，馬永卿〈嬾眞子〉曾記載司馬光授課的情況，文曰：

> 溫公之任崇福，春夏多在洛，秋冬在夏縣，每日與本縣從學者十許人講書，用一大竹筒，筒中貯竹籤，上書學生姓名，講後一日，即抽籤令講，講不通，則公微數責之。公每五日作一暖講，一盃一飯一麵一肉一菜而已。〔註143〕

從引文中可見司馬光每日與十多名從學者講學，授課時用一個大竹筒貯放竹籤，竹籤上寫學生的姓名，在他講課之後，便抽一學生令他再講，倘若講不對，便會遭受斥責。馬永卿如此詳盡地紀錄司馬光上課的方式，說明了他們很重視授課過程，而他們所採用的教學形式，能夠確實掌握每一個學生的學習狀況，授課之餘，還會一同用餐，其身教與言教同時並行，對於德育教育的培育效果顯著。〔註144〕

講學制度及其精神，一路跟隨書院數量的增多，更加明顯而細膩，從書院學規章程中可見一斑。朱熹於淳熙七年（1180）明白宣示〈白鹿洞書院揭示〉，其文曰：

> 父子有親，君臣有義，夫婦有別，長幼有序，朋友有信。右五教之目，堯舜使契爲司徒，敬敷五教，即此是也。學者學此而已，而其所以學之之序，亦有五焉，其別如左：
>
> 博學之、審問之、愼思之、明辨之、篤行之。
>
> 右爲學之序。學、問、思、辨，四者所以窮理也。若夫篤行之事，則自修身以至於處事接物，亦各有要，其別如左：
>
> 言忠信，行篤敬，懲忿窒慾，遷善改過。
>
> 右修身之要。〔註145〕

---

學，學者都十分仰慕之，他便於此講學十八年之久。

〔註141〕德昌重修、王增纂，《汝寧府志》，嘉慶元年刊本，〈書院〉中對此有所說明。

〔註142〕《宋代教育》，頁 89～96。文中論證許多理學家的學術傳播與他們建立書院有相當密切的關係。如二程、楊時、朱熹、陸九淵、謝良佐、呂祖謙等。關於書院與私學制度，在該書中有詳盡說明。

〔註143〕馬永卿，《嬾眞子》，收於《叢書集成續編》40，卷1，頁 1A。

〔註144〕張增田、靳玉樂，〈論對話教學的課堂實踐形式〉，《中國教育學刊》，第 8 期，2004 年 8 月，頁 42～45。

〔註145〕《晦庵先生朱文公文集》，收於《朱子全書》第 24，卷 74，〈白鹿洞書院揭示〉，

從朱熹所制定的學規中，有兩點可以說明：第一，白鹿洞書院對學生的學習要求很高，凡有五教、學之序、修身之要等，相當繁複。書院不只教導學生為學次序，也談做人之道，所以，書院是知識的學習場域，更是待人接物的練習場地，從上述細膩而繁複的規則來看，當時的講學制度已然非常成熟，正如錢穆先生所言，新的講堂制度產生了。〔註146〕第二，書院規章中的要求，和講學的精神相符，朱熹教導弟子為學五步驟——「博學、審問、慎思、明辨、篤行」，以求窮理，講學恰恰也符合五步驟，道學家與他人講學之前，要先博覽群書，有了知識的基礎，再與他人學術對話，爾後，自己再思索考量，明辨對話內容的是非對錯，自我檢驗後，才能擇取正確的行為準則，確定準則後，便是篤行的工夫了，這些講學的步驟其實與為學五步驟如出一轍，透過這些步驟的不斷循環，把道的意涵彰顯出來。

## （二）儒學的教學方式

教學活動的多元性，能夠提升教學成效，和諸儒鳴道的方式，也有關聯，宋代教學方式，主要以講學為主，輔以個別指導、辯論與問答，講堂或精舍的創辦者，多半在講授之際，將自己個人思想觀點，貫串於教學內容當中，傳授給學生，學生也可以適時給予回應或提出質疑，此時老師們也會注重教學成效。宋代教育方式的多元性，以現今「教育術語」來說，分成數種方法，如「操作式教學」、「興趣化教學」、「問答式教學」來提升學習效果。操作式教學，是指老師利用一邊操作一邊學習的原理，教導學生吸收新的知識技能，利用課程外的參觀、遊覽等，達成「讀萬卷書、行萬里路」的目標，亦符合「知行合一」的精神。「興趣化」則是針對學生的愛好，分類組織教學，透過生動的講解，增進學生的參與感。「問答式」則是採用答疑解難的辯論問答，讓學生有充分思考的機會，也鼓勵學生勇於表達個人的意見，盡量表述心得。〔註147〕整體的教學活動中，「師生互動」的溝通模式，變成教育主導形式，這不僅是教育方式的進步，也是「道學」發展的良劑。〔註148〕

諸儒大多認同上述啟發式教學模式，張載認為老師肩負啟發誘導學生的責

---

　　頁3586。

〔註146〕《國史大綱》，頁802中說在講堂制度中，一兩人對面談話稱之為「語錄」，而多人群集一堂，則稱之為「講義」。

〔註147〕《宋代教育》，頁118。

〔註148〕周益忠，〈從子產不毀鄉校到尋孔顏樂處——兼談孔門對話精神對後世教改的啟示〉，《國文學誌》，第6期，2002年12月，頁29～52。

任，他說：「答問學者，雖多不倦。有不能者，未嘗不開其端。」〔註149〕只要老師能夠諄諄善誘，一定能令學生茅塞頓開。二程也主張「學貴乎自得」，程頤曾舉出一個有趣的例子，他說：「與學者語，正如扶醉人，東邊扶起卻倒向西邊，西邊扶起卻倒向東邊，終不能得他個卓立中途。」〔註150〕與人講學問道固然重要，為師終究只是輔助角色，學者也必須自己反省，才能眞有所得。

在以道學爲宗旨的書院中，求道修身最爲關鍵，科舉進仕只是其次，楊時曾說：

> 觀孔門之徒，其事師雖至於流離困餓，濱於死，而不去，非要譽而
> 規利也，所以甘心爲者，其所求也，大矣。流離困餓且濱於死，有
> 不足道者，學者知此，然後知學之不可已矣。〔註151〕

孔門弟子跟隨孔子游走四方，只爲實踐理想，過程中顛沛流離，潦倒困餓幾近於死，他們仍舊不願意離去，那是一股內心求道的原動力使然。二程還提醒學者讀書可以幫助及第，不可以本末倒置，徒爲科舉舉業之事，而害了求道意念，曰：「舉業，既可以及第即已，若更去上面盡力求必得之道，是惑也。」〔註152〕如果學生原本的意圖是及第登科，那就往學習舉業的路前進也就罷了，倘若要朝修道之途，以求高度道德錘鍊，就不能陷惑於仕宦之路而不可自拔。〔註153〕

綜上所述，「鳴道」方式的醞釀，受到當時教學活動發展的影響。

## 二、鳴道的意義

### （一）鳴道與對話

「鳴道」透過對話鳴倡大道，「對話」亦成爲「鳴道」最重要的部份。「對話」並不侷限於何種形式，狹義而言，是人與人之間的問答；廣義而言，可以泛指一種人與物之間的對話，亦可解釋爲處世接物的應對、參贊萬物的化

---

〔註149〕朱熹，《伊洛淵源錄》，卷6，呂大臨所撰寫〈橫渠先生行狀〉，頁995。《宋代教育》，頁129亦有記載。

〔註150〕《二程集》，頁186～187。

〔註151〕《龜山語錄》，卷1，頁1199～1200。

〔註152〕《二程集》，頁185。

〔註153〕程顥與周敦頤論道，「遂厭科舉之業」；程頤也不鼓勵謝良佐存心戮力求功名之事，便言「存有決科之利之心，便不能入堯舜之道」。周敦頤的教育目的，也是「希志天，賢希聖，士希賢」，並要人「志伊尹之所志，學顏子之所學」。

育、神明祖靈的感應等等，都可以定義爲「對話」，這是一種互動的物我關係。

　　書院的「祭祀」與「講學」功能，具有實踐廣義對話的價值，「祭祀」活動在書院規制中，原佔有相當重要的份量，書院藉由祭祀先聖孔子或創始人的供祀活動，一方面推重學統，標明與保持該學派的學術特點與學風，一方面砥礪後學，冀望後學能受激勵與教化，以先賢爲榜樣。〔註154〕在朱熹的《文集》中載錄許多祭祀先聖的祝文，如〈行鄉飲酒禮告先聖文〉、〈經史閣上梁告先聖文〉、〈告護學祠文〉等。〔註155〕祭祀儀式的嚴謹，從朱熹〈州縣釋奠至聖文宣王儀〉亦可窺得一二，文曰：

> 釋奠日丑前五刻，執事官各入就次，掌饌者帥其屬，實饌具畢，贊禮者引，升自東階，點視陳設訖，退就次，各服其服。學生先入就位。三獻官詣廟南門外揖位立定。贊禮者贊揖，次引祝入就殿下席位，西向上。贊者對立於三獻之前，少定，贊請行事。〔註156〕

從引文中，可以發現釋奠儀式的施行相當慎重，除了規定時間行禮外，還要要求學生須就其定位，三獻官、執事官亦各執其職，多方準備就緒，方能進行參拜，還得留意方位和拜謁的次數。在這些儀式的背後，不可以忘記更爲重要的「禮義」，供祀活動表現尊師、重道、崇賢、尚禮的含義，它實質上是一種向諸生宣揚儒學的功能，也是一種生動的教育方式，藉此，以感知先聖先儒的人格魅力，培養成聖成賢的志向。

　　這種人與「無形群體」之間對話的價值，解釋了書院對祭祀活動的看重，也說明了許多諸儒懸掛「先聖畫像」於宅室的原因，如劉安世、司馬光，甚至朱熹等人，都曾經懸掛聖人畫像在庭堂之內，先聖畫像猶如一種「符號象徵」，道學家日日與之相對，時時砥礪自我的意念，可以說是諸儒與聖賢的另類對話。

　　除了祭祀活動之外，講學制度擴大發展，還有所謂的「會講」，「會講」與「游學」具異曲同工之妙，均藉由學術活動交流不同學派的宗旨，而且在尊重彼此的前提下「爭鳴」。「游學」的規模較小，一、二位弟子出於自願或聽受師命，到不同學派問學，《諸儒鳴道》所收諸儒之間，也進行過多次游學

---

〔註154〕《中國教育通史》，頁 70～71。文中點出如白鹿洞祭祀李渤、石鼓書院祭祀李寬等，都屬於祭祀創始人的書院。《中國書院史》，頁 158 中也記載作者認爲書院的祭祀活動有兩個目的，其一是求鞏固學派，其二是求砥礪後學。

〔註155〕《晦庵先生朱文公文集》，收於《朱子全書》第 24，卷 86，頁 4032～4062。

〔註156〕朱熹，《紹熙州縣釋奠儀圖》，收於《朱子全書》第 13，〈州縣釋奠至聖文宣王儀‧行事〉，頁 28～29。

活動，例如：劉安世游於程頤門下；〔註157〕楊時後學如張九成、胡珵、劉勉之、曾恬曾游於元城門下；〔註158〕潘殖與劉子翬講友朱松曾經共同討論學問。「會講」的規模相對比游學大，規矩也較多，在書院發展史上，數次較爲有名的會講，不論其過程是否平和，皆有助於不同學派激盪思想火花，一方面傳遞自己的意見，一方面吸收他人的精華。

## （二）鳴道的重要

「對話」的教學方式，雖然是教育體制下的附屬品，但仔細看來，它可能還是「道學運動」的必需品，「對話」背後隱含道學群體關注的焦點，因爲透過面對面的會晤談話，可以培養待人接物的能力，沒有「對話」，道學運動就少了一個重要的環節，朱熹自己就曾經說過：「一日不講學，則惕然常以爲憂。」〔註159〕又說：

> 若使某一月日不見客，必須大病一月。似今日一日與客說話，卻覺得意思舒暢，不知他們關著門不見人的，是如何過日？〔註160〕

朱熹在言談中，也透露出與他人交往的樂趣，倘若他無法講學或沒有論道對象，就猶如生了一場大病一樣，苦悶至極。這種熱衷與人對話的態度，也同樣表現在程頤的身上，如《河南程氏遺書》中言：

> 先生每與司馬君實說話，不曾放過，如范堯夫，十件事只爭得三四件便已。先生曰：「君實只爲能受盡言，儘人忤逆終不怒，便是好處。」〔註161〕

引文中程頤把握與司馬光交換學術意見的機會，力求能夠暢所欲言，盡量發抒己見，也可以看到，司馬光在討論學問時，採取有容乃大的態度，希望能接受不同的意見，絕不會因爲學術爭鳴而動怒。「對話」是作到和而不同，協調不同，也是自我認識反思的過程，對諸儒而言，這是一項重要而不可或缺的求道過程。

「鳴道」的第二個重要性，能在無形中凝聚道學群體。因爲沒有「對話」，就少了學術間的交流，如果，每位儒者的學術生涯用直線來代表，佈滿平行線

---

〔註157〕邱佳慧，〈道學運動中的劉安世〉，頁22，文中說明劉安世的求學過程，根據朱熹的《二程外書》，卷12，頁18所載，劉安世曾經向程頤請益。

〔註158〕〈道學運動中的劉安世〉，頁165。

〔註159〕《宋元學案》，頁86。

〔註160〕《宋元學案》，頁86。

〔註161〕《二程集》，頁253～254。

是最蕭條的學術情境，然而，一旦諸儒間有所往來，線條就會形成交錯，每道交叉線都有個交會點，千萬道交叉線，產生千萬個交會點，就能發揮出璀璨的學術光芒。所以，「對話」是道學群體關係的聯絡，誠如前文所言，「會講」或「游學」能增加學者間的友誼，對諸儒而言，自己與那些不斷對話的對象，都秉持著同樣的一種共同意識，「向外有一種綿歷不斷的教育，而又有一種極誠摯、極懇切之精神，自動自發以從事於此者」，〔註162〕他們自主性地進行學術交流，在這些學術交流群體中的學者，都具備一種共識，他們自識為群體中的一份子，對群體中其他份子，也都有一股認同感，他們會自動自發地推動學術活動，期望把這種群體擴充出去，這種認同感會化成一份情感，鄧洪波把諸儒間的情感解釋為「書院情結」，〔註163〕而田浩先生則把它視為群體凝聚力。

第三，「爭鳴」有益於發揮語言的價值。「語言」可以感動別人，正如陸九淵所言：「吾之語人言，多就血脈上感動他。故人之聽之者易。」〔註164〕字字句句力求讓情感發揮地最為徹底，同樣一段對話，不同學者聽授，則會因生命體驗的不同，而有不一樣的體悟。基於此，無怪乎錢穆先生把講學家陸九淵（1139～1192）歸為「語錄派」──擅長活的指點，分別指示，各自參悟，所以其精神向裡，沒有一定的格套。〔註165〕換句話說，語言在陸九淵的操作之下，變得生動而活潑，其蘊含的精神又十分深遂沉穩。

## 三、鳴道與語錄

隨著道學運動的流傳，語錄體裁的作品日漸增多，為彰顯「鳴道」的意義，而產生語錄體裁作品，諸儒「鳴道」是在一種自然情境下，透過對話──一問一答，討論各式各樣的問題，這種「對話式」的教學活動，〔註166〕可以刺激學生必須思考問題，而且讓學生積極參與討論。透過《劉先生譚錄》中的一段話，可以細膩地體會到「對話」紀錄內在蘊含的部分，遠比論說文

〔註162〕《國史大綱》，頁808。
〔註163〕《中國書院史》解釋南宋學者傾情於書院，並大力興建書院，是因為他們賦予書院極大的理想，希望藉由書院可以實踐與同道中人講學的活動。另外，田浩先生也提出道學群體彼此之間有很深刻的凝聚力，透過彼此弟子的交流，透過講學，進行學術衝擊。
〔註164〕陸九淵，《陸九淵集》，北京，中華書局，1980年，卷34，〈語錄上〉。
〔註165〕《國史大綱》，頁803。
〔註166〕《國史大綱》，頁795～803。

有更多值得探究的地方，文言：

> 公（劉安世之父劉航）遣某（劉安世）從公（司馬光）學，與公休
> （修）同業，凡三、四日一往，以所習所疑質焉，公忻（欣）然告
> 之，無勦（倦）意。凡五年，得一語曰：「誠」，某（劉安世）請問
> 其目？公（司馬光）曰：「誠者，天之道；思誠者，人之道，及臻其
> 道一也。」復問所以致力，公喜曰：「此問甚善，當自『不妄語』入。」
> 余初甚易之，及退而自隱括日之所行，與凡所言，自相掣肘矛盾者
> 多矣。力行七年而後成，自此言行一致，表裏相應，遇事坦然，常
> 有餘裕。〔註167〕

引文中敘述劉安世從學司馬光的經過，期間他們閱讀同類典籍，每隔三、四日，劉安世便向司馬光報告近日所學所疑，司馬光毫無倦意地「欣然」回答，這樣的求學過程維持五年之久，劉安世終於獲得一語「誠」，他向司馬光請問箇中的道理，司馬光對於他能提問此問題，感到十分欣慰，「欣喜」地教他從「不妄語」入手，之後，劉安世便於日常生活中省思司馬光所言。在《元城先生語錄》中很容易找到形容對話者情緒的用語，這樣讀者也很清楚地了解對話人物，當下的反應和態度，就像司馬光「毫無倦意」地回答學生的問題，劉安世又於課餘時間「退而隱括日常言行」——思索老師所教導的方法。對閱讀者來說，不僅僅獲得「誠」及「不妄語」的道理，也在潛移默化中，學習到師徒之道與作學問的方法，而且，它是一種完全可以直接拿來應用與實踐的方法。

學術發展與教育活動，本來就是相輔相成，一體兩面，教學活動的轉型，反映在道學發展的型態之上，道學注重「心學」，一門自得之學，「治心以求自得」正需要經歷一個發現疑難和解決問題的過程，所謂「為學」五步驟，即為「博學、審問、慎思、明辨、篤行」上述步驟均符合對話精神，「博學」的實踐，落實在他們常常到不同學派會講，「審問」的過程，則由不斷與老師、講友、自己、萬物的對話，「慎思」就是回頭檢驗所學之物，符合正道與否，透過「明辨」剔除不合適的錯誤學習，最後，就是「篤行」，學者不斷地循環檢視著這些步驟，以發揮道的最大功效。

「鳴道」與「語錄」，形成一種相輔相成的關係，因為「鳴道」所以產生「語錄」，但也因為「語錄」，又重現了「鳴道」的場景，這就是《諸儒鳴道》何以用「鳴」之故。

---

〔註167〕《劉先生譚錄》，頁1147～1148。

# 第四章 《諸儒鳴道》的心學與《中庸》和《易經》

　　在宋代的歷史情境之中，有一些宋儒意識到唐宋變遷、社會變動的情勢，他們自覺要成為新生社會的中堅力量，於是孕育出一股新儒家精神。余英時先生認為：

> 新儒家的特殊精神面貌為什麼會不遲不早地單單出現在宋代呢？……此中有外在的和內在的兩方面因素。外在的因素是社會變遷，而尤以中古門第的崩潰為最重要的關鍵。內在的因素包括了古代儒家思想的再發現。〔註1〕

引文所言「外在因素」，即是宋初社會變遷與士族崩潰的事實，門閥制度的衰微，是新儒學萌芽的原因之一；〔註2〕而「內在因素」乃是儒者對長久發展的中國傳統內在核心價值，有了新的體悟與了解，深刻體認其中的不足，急需重建一套完整的思想體系，這套新倫理價值，不僅可以回應客觀要求，亦可以為新的政治制度指導，甚至為新社會奠立基礎。

　　同其他宋儒一般，內外因素也同樣刺激《諸儒鳴道》諸儒，重思儒學體系的內涵。他們的生命經驗和學術活動，成為催生道學思想的力量，內化為

---

〔註1〕 余英時，《中國近世宗教倫理與商人精神》，臺北，聯經出版社，民76年初版，民85年9月，頁76。

〔註2〕 關於這一個問題，許多討論宋代理學發展的論著中，都有相關的論述。如陳來，《宋明理學》，臺北，洪葉文化，1993年初版，書中首章便論宋明理學的先驅，如何回應中唐的儒學復興運動，繼而開展北宋前期的社會思潮。又如關長龍《兩宋道學命運的歷史考察》，上海，學林出版社，2001年12月，頁27～28。又如趙吉惠等主編《中國儒學史》，河南，中州古籍出版社，1993年4月再版，頁510～515，談到新儒學產生的歷史背景。

他們建構心學的動力，亦轉化為儒學本體研究的基礎。〔註3〕他們與佛教對話，並回歸到儒學經典中，試圖尋覓解決問題的方法，雖然這些學術歷程，和許多宋儒相同，但是《諸儒鳴道》諸儒和宋儒不同的是，他們結合《中庸》和易學思想，建構他們的心學內涵。

# 第一節　宋儒心學發展的背景

　　藉由探索《諸儒鳴道》，可以發現諸儒發展特有的心學內涵前，和一般宋儒一樣，均歷經過與佛學對話，以及回歸探索儒學經典的歷程，這些歷程對他們的思想發展，有某種程度上的助益，因為與佛學對話，使他們漸漸了解到，佛學和儒學同樣重視心性的問題，同時，讓他們體認到這個主題的重要。所以，在表述《諸儒鳴道》諸儒應用易學和《中庸》建構心學之前，先從三方面說明宋儒發展心學前的背景。

## 一、與佛教對話

　　許多研究文獻指出，宋代儒學勢必會與佛教有所接觸，如蔣義斌曾提到宋代新儒學運動，和佛教「對口」是不爭的事實。〔註4〕陳來先生也認為北宋儒學復興的主要對立面之一，即是佛教文化的衝擊。〔註5〕儒佛之間，原存在極大的差異性，〔註6〕但也同時存在著共通性，佛學與儒學同樣關心心性的主題。

　　就在佛學進入中國後，許多佛學人士擷取了部分儒學的精髓，有意無意地侵佔了「心性之學」的主導權，例如孤山智圓自號「中庸子」，頗有同取儒佛的意思；臨濟禪宗發揚「明心見性」之論；天台宗智顗的「觀心論」——觀照己

〔註3〕徐復觀著、陳克艱編，《中國知識份子精神》，上海，華東師範大學出版社，2003年12月，頁3～21。文中提到中國知識份子本著儒學精神，會努力解決社會與國家所面臨的危難，朱子如此，《諸儒鳴道》的道學家也是如此。

〔註4〕蔣義斌，《宋儒與佛教》，臺北，東大圖書公司，民86年9月初版，頁27。

〔註5〕陳來，《宋明理學》，臺北，洪葉文化，1993年初版，頁13～17。

〔註6〕當前學界中的部分學者以佛教「中國化」的理由，解釋消弭了這些差異，企圖達到某種程度的共存互融的情形；亦有一部分學者反用更大的力量去釐清這些差異，不論是調和者或是批駁者，都必須與佛教對口，才能了解和回應。關於儒佛之道的衝擊與變化，可以參閱荒木見悟，《佛教と儒教》，京都，平樂寺書店，昭和38年初版；魯子平，〈略論中國文化吸取佛教文化的邏輯進程及其歷史啟示〉，《哲學與文化》第29卷第——宋代理學的排佛及其理論侷限〉，《中國文化論壇》，2002年1月，頁98～102。

心；「一心二門」命題的提出等，各式各樣思想理論，不僅鑽研於心性論之上，更因此吸引了許多儒者，以致於造成儒學內部的分裂，出現了「儒釋混雜」的謬誤情形。〔註7〕二程對這種情形，十分擔憂，《二程集》中就記載：

> 昨日之會，大率談禪，使人情思不樂，歸而悵恨者久之。此說天下
> 已成風，其何能救？古亦有釋氏，盛時尚只是崇設像教，其害至小。
> 今日之風，便先言性命道德，先驅了知者，才愈高明，則陷溺愈深。
> 〔註8〕

上述引文，有兩點值得注意，第一，當時宋儒談論禪學，似乎是一個相當普遍的情形，程頤說：「儒者其卒多入異教，其志非願也，其勢自然如此。」〔註9〕程頤承認儒者接觸佛教乃情勢所趨。第二，二程認為千萬不可小覷佛教的影響力，佛學從原先的「崇設像教」，轉變為「言性命道德」之學，許多明智之士受其蠱惑，可能會轉向佛學之道。和二程提出同樣論調，還有黃震，他曰：

> 孔子於性理，舉其端而不盡言，或言之，必要之踐履之實，固可垂
> 萬世而無弊。自心性天等說，一詳於孟子。至濂、洛窮思力索，極
> 而至性以上不可說處，其意固將指義理之所從來，以歸之講學之實
> 用，適不幸與禪學之遁辭言識心而見性者，雖所出異源，而同湍激
> 之衝，故二程甫沒，門人高弟多陷溺焉。〔註10〕

引文指出孔子罕論哲理，而是從實踐履行中發揚性理之道，到了孟子時期，才開始談論心、性、天等說，到了周敦頤與二程時期，他們窮思力索，極欲將至性以上，那儒學未多談，或難以言明的地方說明清楚，只是適逢佛學進入，而有所窒礙，甚至，有部分儒學份子被佛學遁辭所吸引，而無法自拔。

---

〔註7〕 蔣義斌，《宋代儒釋調和論及排佛論之演進——王安石之融通儒釋及程朱學派之排佛反王》，臺北，臺灣商務印書館，1997年10月再刷，頁10，提到宋代僧人對儒家經典進行研讀，且甚有心得，其思想中即融合儒學與佛學的主張，但必須強調的是，這與其能否保有一貫的思想體系，並不能畫上等號，也就是說，吸收其他學派的思想，並不代表就是不純於自己的學術宗旨。

〔註8〕 《二程集》，頁23。《河南程氏粹言》，收於《二程集》，頁1196，亦紀錄了同一件事，文曰：「昨日之會，談空寂者紛紛，吾有所不能。」

〔註9〕 《二程集》，頁155。章啟輝，〈程顥程頤與周敦頤的佛學思想〉，《求索》，2001年5月，頁87～89，作者提到二程對佛教的批評，尚可分為六點：第一、以儒學的天道觀否定佛學世界觀；第二、以儒學人性論否定佛學幻滅論；第三、以儒學生命觀和公私觀否定佛學人生觀；第四、以儒學倫理觀否定佛學出世觀；第五、以儒學下學上達否定佛學唯上達論；第六、以天理否定佛學理障說。

〔註10〕 《宋元學案》，卷86，〈東發學案〉，頁1639。

儒佛同樣關注心性根本問題，只是因爲佛學直指「明心見性」的內向功夫，不刻意外在世界的外王工作，和儒學重視以心性論爲基礎而發展的制度面，是完全不同，踐履層次也就有所差別，宋儒對心性論的重視，並不比佛學來得少，只是談論的角度或方法不同，便使人誤以爲佛學的心性論更勝一籌，其實不然，宋儒爲捍衛這塊領土，便要釐清儒學與佛學的差異，黃百家爲周敦頤的學術下註解時，也提到儒佛之學的差異，文曰：

> 非謂凡從事于心性，克己自治，不願乎外，深造自得者，便可誣之爲禪也。是故同一言性，儒者之性善，而釋氏之性空也；同一言心，儒者之心依乎仁而釋氏以無心爲心也。〔註11〕

儒佛自然有所不同，儒家的「性善」建立在仁學之上，克己自治，與佛家「性空」「無心」，不可同日而語。朱熹也曾與人書信往返，交流學術時說道：

> 釋氏只是恍惚之間，見得些心性影子，卻不曾仔細見得眞實心性，所以都不見裡面許多道理。正使有存養之功，亦即是存養得他所見底影子。固不可謂之無所見，亦不可謂之不能養，但所見所養，非心性之眞爾！〔註12〕

朱熹認爲佛學所講的「心性」，並不是「仔仔細細見得的眞實心性」，他認爲眞實的心性，蘊含許多存養修性的道理，佛學既然不明瞭這箇中道理，即便有修養功夫，所存養的，仍不是眞正的心性，朱子進一步說：

> 吾儒所養者是仁義禮智，他（佛學）所養者只是視聽言動，儒者則全體自中有許多道理，各自有分別，有是非，降衷秉彝，無不各具此理，他只見得箇渾淪底物事，無分別，無是非，橫底也是，豎底也是，直底也是，曲底也是，非理而視也是此性，以理而視也是此性，少間用處都差。所以七顚八倒，無有是處。吾儒只是一個眞底道理，他也說我這箇是眞實底道理。……只是他說得一邊，只認得那人心，無所謂道心，無所謂仁義禮智、惻隱、羞惡、辭遜、是非，所爭處只在此。〔註13〕

朱熹認爲儒學體系含括許多層次的道理，四維四端之道，都被包含在存養心性的功夫之中，不似佛學所存養的「心性」，把目視耳聽感官接觸的一切事物，

---

〔註11〕《宋元學案》，卷12，〈濂溪學案〉，頁307。
〔註12〕《宋元學案》，卷49，〈晦翁學案〉，頁886。這是他回給胡季隨信的內容。
〔註13〕《朱子語類》，卷126，〈釋氏〉，頁3942。

全當作性，而未能徹底了解，這樣橫豎直曲，毫無分別，更無「人心」、「道心」的差別。因爲儒佛之間的對話，致使他們了解彼此對於心性主題的關懷，是相同的。

從這個角度來看，與佛教對話，變成諸儒學術上重要的歷程，《諸儒鳴道》諸儒中有些也曾經與佛學對話，對話方法固然不盡相同，有些如周敦頤，與僧人交游來往，周敦頤喜愛遊歷名山古刹，也與僧侶道士爲友，《宋元學案》中即記載他與胡宿「同師潤州鶴林寺僧壽涯。」〔註14〕另外，如司馬光〔註15〕《傳家集》收錄許多他與僧人交游的紀錄，像〈觀僧室畫山水〉〔註16〕、〈送僧聰歸蜀〉〔註17〕、〈送僧歸吳〉〔註18〕等篇，均是司馬光因送行貽饋僧友所作。值得注意的是，他還曾爲一位佛教徒作傳，名爲〈張行婆傳〉，此傳主張行婆（浮圖張氏）是一位特立獨行的女子，其行跡比古代列女傳中的列女，更令人感動，但是因爲她的身分卑賤，所以未被紀錄下來，司馬光反倒認爲她「處心有可重者」，主動爲她作傳。〔註19〕司馬光對佛教的客觀態度，也影響其門下高徒劉安世，師徒二人一同討論佛教書籍，他們肯定佛學有可取之處，但也認爲佛學也有不可取之處，他們主張就理說理，不因反對而反對，亦不可混釋儒爲一談。〔註20〕曾經閱讀佛學經典，還有「少喜佛氏說」的劉子翬。〔註21〕

又如二程，他們的學術過程中，也曾經思索佛學多年，而後終返之六經，歸於儒學，二程接觸佛教的時間，長達數十年之久，《宋元學案》〈明道學案〉曰：「（程顥）與弟正叔……出入於釋老者幾十年，返求諸六經而後得之，秦漢

〔註14〕《宋元學案》，卷12，〈濂溪學案〉下，頁309。
〔註15〕司馬光，《溫國文正司馬公文集》，卷67，頁497。
〔註16〕《溫國文正司馬公文集》，卷6，頁96。該詩曰：「化精禪室冷，方暑久徘徊。不盡林端雪，長青石上苔，心閒對巖岫，目淨失塵埃，坐久清風至，疑從翠潤來。」
〔註17〕《溫國文正司馬公文集》，卷6，頁101。該詩詩句：「翠柏老精金，紅塵倦帝城，千山一錫遠，萬里片雲輕，江棧紆還直，天星縱復橫，聽猿應更喜，還是故鄉聲。」
〔註18〕《溫國文正司馬公文集》，卷11，頁142。詩句爲：「高枕聊成夢，晴空忽見花。浮生盡是客，何處得爲家，旅食帝城久，歸舟澤國賒，勿因蓴菜味，回首浩無涯。」
〔註19〕關於對司馬光〈張行婆傳〉的詳細探討與分析，可以參見蔣義斌，〈司馬光對佛教的態度〉，紀念陳樂素教授百年誕辰國際學術研討會，2002年11月。
〔註20〕邱佳慧，〈道學運動中的劉安世〉，頁52～57。
〔註21〕《宋史》，卷434，文中記載劉子翬「少喜佛氏說，歸而讀《易》。」

而下，未有臻斯理也。」〔註22〕《河南程氏遺書》又說：「先生（伊川）少時，多與禪客語，欲觀其所學深淺。」〔註23〕二程與佛教人士對話，以達成瞭解佛學深淺的目的，他們承認有探討佛教的必要性，每每與學生當面對談、或書信往返，這種教學態度，說明他們對佛學的寬容。或如張載曾因好學，大量閱讀經典，經典中也包括釋老之學，後因范仲淹贈他《中庸》，〔註24〕嘉祐初年與二程論道，後才體悟到「吾道自足，何事旁求，於是盡棄異學。」〔註25〕

行文至此，可以發現諸儒多與佛學有所接觸，儘管方法與程度，各不相同，但是，這種類似的經驗，卻反應出宋儒與佛學對話的普遍性。

## 二、《鳴道集說》反映出儒佛對心性主題的關注

儒佛的交流與互動的情況，既微妙又複雜，這種互動不免引起某些學者的擔憂，例如朱熹，他編立道統，也正是為了排斥那些接近佛學，思想不純的儒者，又如金代文士李純甫，也意識到儒釋混淆的危機，而針對《諸儒鳴道》撰寫《鳴道集說》，以釐清道學與佛學的差異，但是，從《鳴道集說》裡，卻反映出儒佛二學，對心性主題的關注。

李純甫（1177～1223），字之純，號屏山居士，是金代後期文壇學士。〔註26〕他曾經歷童年信佛、青年排佛、中晚年信佛的轉變，在學佛過程中有史蕭與行秀同修，其哲學思想力求匯通三教哲理。〔註27〕他一生著述甚豐，《全金詩》收錄他的詩作卅三首，《金文最》中收錄《李翰林自贊》、《鳴

---

〔註22〕 《宋元學案》，卷13，〈明道學案〉上，頁315。

〔註23〕 《河南程氏遺書》，《二程集》頁63。

〔註24〕 張載因為上書《邊議》——九條軍事策略，而獲得范仲淹的重視，范仲淹教導他從儒學中求道，便授他《中庸》一書，自此，張載不再鑽研兵學，而戮力於儒學之道。

〔註25〕 《宋元學案》，頁382。

〔註26〕 元好問，《中州集》卷4；劉祁，《歸潛志》卷1；脫脫，《金史》卷126均有其傳記。另外，關於李純甫的近人文章，如田浩，〈金代思想家李純甫和宋代道學〉，《大陸雜誌》，第78卷第3期，頁105～109；如胡傳志，〈李純甫考論〉，《社會科學戰線》，2000年2期，頁116～125；如王慶生，〈李純甫生平事迹考略〉，《晉陽學刊》，2001年第4期，頁95～99。

〔註27〕 田浩，〈金代思想家李純甫和宋代道學〉，頁107，提到香港大學教授崔培明提出，李純甫並不偏愛佛教，而是有其獨立信仰，相信儒釋道三家學說的一致性。關於這一點，筆者也比較認同崔培明的看法，因為在《鳴道集說》中李純甫曾經自言「儒者」，筆者推論他自許為儒者，只是在學術思想上，採取三教調和之說。

道集說》、《司馬溫公不喜佛辨》、《程伊川異端害教論辯》等文。〔註28〕

李純甫的《鳴道集說》頗受後人注意，該書針對《諸儒鳴道》而寫，元好問評論曰：「（李純甫）三十歲后，遍觀佛書，能悉其精微，繼而取道學書讀之，著一書，就伊川、橫渠、晦翁諸人所得者而商略之，毫髮不相貸，且恨不同時與相詰難也。」〔註29〕《鳴道集說》即是爲討論佛學與道學之差異而著作，李純甫也於《鳴道集說》中透露其著作動機，文曰：

> 僕與諸君子生於異代，非元豐元祐之黨，同爲儒者，無黃冠緇衣之私，所以嘔出肺肝若相訂正，止以三聖人之教，不絕如髮，互相矛盾，痛入心骨，欲以區區之力，尚鼎足而不至於顛仆耳，或又挾其眾也，譁而攻僕，則鼎覆矣。悲夫！雖然僕非好辯也，恐三聖人之道支離而不合，亦不得已爾。如膚有瘡疣，膏而肉之；地有坑塹，實而土之，豈抉其肉而出其土哉！僕與諸君子不同者，盡在此編矣。編此之外，凡《鳴道集》所載及諸君子所著《大易》、《詩》、《書》、《中庸》、《大學》、《春秋》、《語》、《孟》、《孝經》之說，洗人欲而白天理，划伯業而扶王道，發心學於語言文字之外，索日用於應對洒掃之中，治性則以誠爲地，脩身則以敬爲門，大道自善而求，聖人自學而至，嗣千古之絕學，立一家之成說，宋之諸儒皆不及也，唐漢諸儒亦不及也。駸駸乎與孟軻氏並駕矣，其論議時有詭激，蓋眞機耳，皆荀卿子之徒歟！此其所以前儒唱之，後儒和之，跂而望之，踵而從之，天下後世，將盡歸之，可謂豪傑之士乎，學者有志於道，先讀諸君子之書，始知僕嘗用力乎，其心如見。僕之此編，又以藉口而病諸君子之書，是以瑕而舍玉，以噎而廢食，不惟僕得罪於諸君子，亦非僕所望於學者吁！〔註30〕

引文中有兩點值得注意，首先，李純甫撰寫《鳴道集說》的目的，恐「三聖人之道支離而不合」，又恐人陷入「三聖人之教」互相矛盾，故不得已而作，他所指「三聖人之道」，實指「儒、釋、道」三家，他認爲「聖人之道其相通也，如有關鑰，其相合也，如有符璽，相距數千萬里，如處一室，相繼數千

---

〔註28〕關於李純甫著作略論可以參考〈李純甫考論〉，頁120～123。

〔註29〕元好問，《中州集》，收於《四庫全書》，卷4，〈屏山李先生純甫二十九首〉，頁64B～65A。

〔註30〕李純甫，《鳴道集說》《中國子學名著集成045（明鈔本）》，頁194～196。

萬世，如在一席。」〔註31〕他認為三教之理其實是有可以互通的道理，但是，這並不表示，三教哲理可以隨意混融，這也正是他所擔憂的地方，他擔心學者會混雜不清，所以，他企圖透過《鳴道集說》，指出《諸儒鳴道》對佛教錯誤的認知和敘述。由此來看，他間接說明了此時的儒佛之道，已經有了相當微妙的交流。再者，他並不是完全否定《諸儒鳴道》的內容，他在《鳴道集說》中指明諸儒的謬誤，但是，他還是肯定《諸儒鳴道》一書，仍有可讀性，他甚至鼓勵後學，有機會，也可以閱讀《諸儒鳴道》。

　　李純甫在《鳴道集說》中批駁諸儒的方法，是先引述一段諸儒的言論，再於引文後發抒自己的意見，他只針對言論內容進行批判。下表特別摘錄李純甫對劉安世、江民表、潘殖、張九成的評論：

**《鳴道集說》引論《諸儒鳴道》的部分**

| | | | 諸儒言 | 李純甫言 |
|---|---|---|---|---|
| 01 | 劉安世 | 01 p164～165 | 孔子、佛之言，相為終始，孔子之言：毋意、毋必、毋故、毋我。佛之言曰：無我、無人、無眾生壽者。其言次第若出一人，但孔子以三綱五常為道，故色色空空之說，微開其端，令人自得爾，孔子之心、佛心也，假若天下無三綱五常，則禍亂又作，人無噍類矣。豈佛之心乎，故儒釋道，其心一門庭，施設不同耳，如州縣官不事事，郡縣大亂，禮佛誦經，坐禪以為學佛，可乎？ | 元城之論，固盡善矣。惜哉！未嘗見《華嚴》教之指，佛先以五戒十善，開人天乘，後以六度萬行行菩薩道，三綱五常盡在其中矣。故善財五十三參，比丘無數人耳，觀音三十二應，示現宰官、居士、長者等身，豈肯以出世法壞世間法哉！梁武帝造寺度僧，持戒捨身，嘗為達摩所咲，跋摩尊者謂宋文帝，王者學佛不同匹夫，省刑罰則民壽，薄稅歛則國富，其為齋戒，不亦大乎！惜一禽之命、輟半日之飡，匹夫之齋戒爾，此儒者學佛不龜手之藥也。 |
| 02 | | 02 p165～166 | 古今大儒者，著論毀佛法者，蓋有說也，且彼尾重則首輕。今為儒佛弟子，各主其教，猶鼎足也，今一足失，可乎？則鼎必覆矣。所謂佛法，凡可以言，皆有為法，有成有敗，物極則反，佛法太盛，不獨為儒病，亦為佛法之大禍也，彼世之小儒，不知此理，見前輩或毀佛法，亦從而詆之，以謂佛法者，皆無足取，非也。士大夫多以禪為戲，此事乃佛究竟之法，豈可戲而為一咲之資，此亦宜戒。 | 劉子之言，深中強項書生之病矣，雖然其父報仇，其子必劫，是亦先儒之過也。聖人之道，無首無尾，過慮尾重而首輕，吾謂不如首尾之相救也，三聖人同出於周，固如鼎足，然偏重且覆，烏可去其一乎？韓子之時，佛法大振，於吾儒初無所損，今少林之傳將絕，而洙泗之道亦如綫矣，唇亡齒寒之憂，可立而待也，悲夫！ |

---

〔註31〕《鳴道集說》，頁208。

| 03 | | 03<br>p166 | 所謂禪一字於六經中，亦有此理，佛易其名，達麼西來，此說大行，佛法則到今果弊矣，只認色相，若渠不來，佛法之滅久矣，又上根聰悟，多喜其說，故其說流通。某之南遷，雖平日於吾儒及老先生（司馬光）得力，然亦不可謂於此事不得力，世間事，有大於死生者乎！此事獨一味理會生死，有個見處，則貴賤禍福輕矣。老先生極通曉，但不言耳，蓋此事揔繫利害，若常論，則人以爲平生只談佛法，所謂五經者，不能曉生死說矣，故爲儒者不可談，蓋爲孔子地也，又下根之人謂寂寞枯槁，乃是佛法，至於三綱五常，不肯用意，又其下者泥於報應因果之說，不修人事，政教錯亂，生靈塗炭，其禍蓋不勝言者，故某平生何曾言，亦本於老先生之戒也。 | 元城之說爲佛者慮，盡矣，爲儒者慮，似未盡也。佛說精微幽隱之妙，佛者未必盡知，皆儒者發之耳。今以章章然已，或秘而不傳，其合於吾書者，人將謂五經之中，初無此理，吾聖人眞不知有此事，其利害亦非細也，吾欲盡發其祕，使天下後世，共知六經之中有禪，吾聖人以爲佛也，其爲孔子地，不亦大乎，彼以寂寞枯槁爲佛法，以報應因果廢人事，或至亂天下者，正以儒者不讀其書，爲所欺爾，今儒者盡發其秘，維摩敗根之議，破落空之偏見，般若施身之戒，攻着相之愚夫，上無蕭衍之禍，下無王縉之惑矣，雖極口而談，著書而辯，其亦可也，學者其熟思之。 |
| 04 | | 04<br>p167～168 | 看經者當知其義，但尋文逐句，即生誹謗，如《法華》云念彼觀音力，刀尋段段壞，言其性也。見《楞嚴》故祖師將頭迎白刃，如劍斬春風，此理喻人，不至謗佛也。 | 劉子誠辯矣，雖然理中有事，性即是相，吁！叵測也，佛說不可思議，思議求之，或未盡善。 |
| 05 | | 05<br>p168～169 | 《繫詞》亦有非孔子之言，如《左傳》穆姜之言，元亨利貞之說是也。 | 歐陽子之遺毒也，學者其吐之，不然或殺人矣，穆姜雖有此語，孔子刪定之，即孔子語也。 |
| 06 | | 06<br>p169～170 | 溫公著論詆釋氏，云其妙不能出吾書，其誕吾不信也。某問如何是妙？曰：無我千經萬論，只辨一個我字。又問如何是誕？曰：其言天堂地獄，不足信。曰：今王法雖至殺戮，不能已之，惡人苟有不肖之心，自弃其命，何所不可，佛之設此，俾人易惡而向善耳，且鄒衍謂天地之外，如神州赤縣八九。莊子言六合之外，聖人存而不論，凡人耳目所不及，安知其無。公曰：吾欲扶教爾。 | 元城與司馬君實如父子然，故心術之發，無所有隱，此言固善，雖然元城之疑未盡，君實之情亦大矯矣。吾聖人六經中皆有此意，昧者弗知耳，必欲扶教，此說其可誕乎！ |
| 07 | | 07<br>p170 | 若申中道則無時不正，釋老之道皆未免入邪。 | 苟有意於中正，即入於邪矣，爲學道者知之。 |

| 08 | 江民表 | 01<br>p171 | 性無古今，習通今古，古羊舌鮒之賄死，豈一日之積哉，其來有自矣。是以神靈岐嶷，不獨私於黃帝，不通乎故習者，未能究之也。又曰性如珠在泥，雖未嘗變，如白受色，隨染而化，無有定色。 | 江子之性說，幾於盡矣，諸儒皆莫及也，雖然當改數字，如珠在泥，未嘗變者，正性也。如白受色，隨染而化名，故習也。白受色，則亡其白矣，習可亡也，性可亡也。 |
|---|---|---|---|---|
| 09 | | 01<br>p175～176 | 學佛爲自爲之人耳，學聖人，不唯可以自覺，致君澤民，躋時於太平，其功利之博，與獨善者豈可同日語哉！ | 大哉，此書伊川之學不及也，其關鏈似方山合論，大略以大象爲體，以太極爲心，居皇極爲正位。 |
| 10 | | 02<br>p176 | 象獲碩果，則貫魚之寵，無不利，既不病耳目，又不憊性命，後之人欲求入道者，往往甘心祝髮，以效鈍根，中人以下所爲憊。 | 吾聞聖人達命，次守節，下失節。吾儕非聖人之無欲者，求寡其欲而未能也，敢以多欲爲無害於道乎！ |
| 11 | | 03<br>p176～177 | 學道者，嗤禮法之家爲華末，不學道者，以學道之士爲空無，皆非達士也，蓋由私見，各繫所取，而止不悟，一家也。 | 橫浦張九成著《少儀論》以議佛氏之枯槁，不如聖學之華滋，與此說蓋同，顧豈知毘盧以萬行，因華莊嚴佛果。藥山謂，或從冷淡，或放光明，枯木糝花，寒灰發焰，初學佛者，以自知之矣，予復何言。 |
| 12 | 潘殖 | 04<br>p177～178 | 達者露其端，世人宗其說，在中國者曰孔子、孟子、又有老子、莊子。其自西域而至者，又有釋氏，在六合之外，蓋不知幾國，莫不各有先達之士爲師，其晦而不顯者，又不知幾人，如韓退之書毛十八翁，先知若神，又非三教。 | 此論甚奇，古人所未嘗言者，不然中間，自孔孟老莊以來，一千五百年，豈無一聖人乎，雖然學道求師，亦須正眼，如毛十八翁輩，固多怪力亂神，夫子不語，素隱行怪，聖人弗爲，季咸之徒，不足貴也。 |
| 13 | | 05<br>p178～179 | 得失之報，冥冥之中，固未必無司之者。聖人尤探其頤，乃署此而不論，惟聖人超形數而用形數，與造物者游，賢者皆未足以超出而免此，姑就所得之報爾，可以爲大戒。又曰儒釋二家，歸宿相似，設施相遠，故功用全殊，此雖運動樞機，財成天地，終不駭異，三靈被德，以彼所施於中國，猶軒車適越，冠冕之胡，決非所宜，儒者但當以皇極經世，乃反一無八，而超數超形，何至甘爲無用之學哉！ | 論至於此，儒佛之說爲一家，其功用之殊，但或出或處，或嘿或語，便生分別，以爲同異者，何也，至如劉子翬之洞達，張九成之精深，呂伯恭之通融，張敬夫之醇正，朱元晦之峻潔，皆近代之偉人也，見方寸之地，既虛而明，四通六闢，千變萬化，其知見只以夢幻死生操履。 |
| 14 | 張九成 | 01<br>p180～181 | 禮以少爲貴者，寂然不動之時也，喜怒哀樂未發之時也，易所謂敬以直內也，孟子所謂盡其心 | 張子之言，以欺儒者，可也，頗知佛書者，豈可欺乎，維摩譏弟子，比之焦芽敗種，華嚴謂定性二乘，退墮無 |

| | | 也，釋氏疑近之矣，止於此而不進以其乍脫人欲之營營，而入天理之大。……釋氏未嘗得罪於聖人，但得罪於俗儒。 | 爲，廣大深坑，正恐以出世法壞世間法爾，張子豈知世間法即出世間法哉。藥山有言，或枯淡也得，或光明粲爛也得，禪者謂之枯樹糝花，寒灰發焰，彼欲通身是眼，豈兀然無手足乎，釋氏未嘗得罪於聖人，但得罪於俗儒耳。 |

　　從上表可以發現，李純甫針對《諸儒鳴道》進行討論的內容，有很多是與心性的主題有關，例如表中第一則，李純甫針對劉安世「其心一門庭，施設不同耳」的講法，提出不同看法，舉出佛教也有「三綱五常」的學理，來反對佛學不如儒學的說法；第四則是講述「理」與「性」的問題；第六則談論司馬光與劉安世的心術；第七則談中庸之道中與不中的問題；第八則講述江民表對性的理解；第九則討論潘殖以「太極爲心」的講法。這裡並不刻意探究李純甫《鳴道集說》的學術內容，只是想指明，從《鳴道集說》確實能反映出儒佛對心性主題的關懷。李純甫的《鳴道集說》，分明是爲了指出諸儒對理解佛法的錯誤而成書，但是他並沒有陷入爲反對而反對的迷思，例如他認同劉安世的話，包括劉安世曾言「孔子與佛言論相爲始終」（引文第一則）；「提醒後學不當一昧仿效前輩詆毀佛法」（引文第二則）；「禪一字存於六經之中，爲佛學發精微幽隱之妙」（引文第三則），劉安世的這些講法，都獲得李純甫的讚許；又如李純甫也稱許江民表精闢的性說內容；同意潘殖對學佛與學聖人的正確態度。同樣的，在反對的意見上，他也毫不客氣直言，批駁劉安世只言「儒學有三綱五常之道」，未能明白菩薩道中，亦有三綱五常之理；他糾正江民表性說中的小缺失；點出張九成對於佛學「世間法」、「出世間法」的誤解。由此可知，李純甫完全就理論事，就只針對言論內容進行批判。

　　綜前所論，不論是從人（諸儒）的角度，或者是從作品（《鳴道集說》）的角度，都可以觀察到宋儒與佛學對話的情形，而且，也反映出他們對心性問題的關注。

　　順帶一提的是，從上表中，還可以發現到一個十分弔詭的現象。那就是從《鳴道集說》的角度，來觀察《諸儒鳴道》諸儒，所得到的評價，和朱熹的看法，大不相同。李純甫還是把朱熹口中那些「雜佛」者——劉安世、張九成、潘殖、江民表，視爲道學家，所以他在《鳴道集說》中仍對這些人的言論，進行批評，除了評論《諸儒鳴道》諸儒外，還在〈鳴道遺說〉中兼論

呂祖謙、張栻、林之奇、游酢、尹焞、邵雍、陳傅良、胡寅等人，這些人當中有許多與洛學關係密切，但大多未被收錄於《伊洛淵源錄》中。〔註32〕可見，在朱熹看來，他們並非道學家，但是，李純甫反而把他們放在《鳴道集說》中一併討論，可見，李純甫與朱熹，對「道學家」的定義，並不相同。對道學家而言，這是有些不堪的，一個反對他們的金代文士李純甫，反而比同爲儒學學派的朱熹，更能包容他們。

## 三、研究《易經》與《中庸》

### （一）研究《易經》

諸儒對《易經》產生濃厚興趣，乃因爲它是一部探討天道內涵的典籍，《易經》之義猶同天地之道、自然之理，從內容本質上來說，它是探索天地人之道的學問，即探求宇宙生命變易規律的哲學，這部分的論述，是《易經》特有的任務，也是其他經典所沒有的，通過文字與符號的解釋，便能夠加強儒學在本體論上的不足。錢穆先生指出《易經》與《中庸》這兩部書能彌補孔學思想偏重人文的缺憾，其內涵不僅溯源孔孟之義，強調人道本身即同天道，而且，也從天道入手來規範人道，這些特質恰能追求人生界與宇宙界的結合，追求「天人合一」。〔註33〕對宋儒而言，這正是建構新儒學文化的一個好方向，是故，他們均重視《易經》。

宋代可謂「易學」發展史上的高峰階段，根據《宋史》〈藝文志〉統計，當時「易類三百十三部，一千七百四十卷。」〔註34〕在秦漢隋唐時期，前人對卦爻進行廣泛的研究，在這基礎之上，宋朝易學才能更上層樓，此時期的易學有兩個顯著特點：其一是興起了對易圖的研究，如周敦頤、陳摶（？～989）、劉牧（1011～1064）、邵雍等人研究「河圖」、「洛書」、「先天圖」、「後天圖」，在他們的宣傳之下，漸漸地，也出現了許多以圖畫附會易理的作品；其二，受到道學影響，許多道學家紛紛側重於解釋「義理」，先後著疏撰註。諸儒對《易經》所下的注解工作，茲以下表說明（灰階部分代表該作品內含解釋易學之內容）

---

〔註32〕朱熹《伊洛淵源錄》僅收錄游酢、尹焞、邵雍三人，其他諸位儒者均未被收錄。

〔註33〕錢穆，《中國思想史》，臺北，台灣學生書局，民81年印刷，頁86～105。

〔註34〕《宋史》，卷202，〈藝文志〉155，頁5031～5033。

| 諸儒名 | 周敦頤 | 司馬光 | 張載 | 程顥 | 程頤 | 謝良佐 | 劉安世 | 江民表 | 楊時 | 潘殖 | 劉子翬 | 張九成 |
|---|---|---|---|---|---|---|---|---|---|---|---|---|
| 易學作品 | 通書太極圖 | 易說易傳潛虛 | 易說正蒙 | 二程語錄 | 伊川易傳 | 上蔡語錄 | 元城三書 | 江民表心性說 | 易說 | 安正忘筌集 | 復齋銘 | 橫浦日新 |

　　上表中可得知諸儒以《易經》為研究主題的作品，確實不在少數，如司馬光撰《易說》三卷、《易傳》三卷、《潛虛》，楊時著《易說》，劉子翬寫〈復齋銘〉，張載寫《正蒙》，潘殖著《安正忘筌集》，周敦頤著《通書》與《太極圖》。〔註35〕

　　有些文獻更清楚地記載著他們熱衷於談論《易經》，如張載於開封講述《易經》，並與二程共同討論，他說：「鄙見二程深明易道，吾所弗及，汝輩可師之。」〔註36〕又如朱熹的老師劉子翬「少喜佛氏說，歸而讀《易》，即渙然有得，其說以為學《易》當先〈復〉，故以是告熹焉。」〔註37〕清人李清馥撰寫《閩中理學淵源考》時，也紀錄了劉子翬重視易學的淵源，文曰：

> 吾（劉子翬）少未聞道，官莆田時以疾病，始接佛老之徒，聞其所謂「清靜寂滅者」而心悅之，以為道在是矣。比歸讀吾書而有契焉，然後知吾道之大，其體用之全乃如此，抑吾於《易》得入道之門焉。
>
> 〔註38〕

很明顯的，劉子翬以「易」入道，值得注意的是，他在思想上的轉變，他自言年少遇佛教徒，習得「清靜寂滅」的道理，他以為這是他嚮往已久的道，但是就在閱讀儒學經典後，方悟「吾道之大，其體用之全」。在劉子翬看來，《易經》博大精深，可以從中找到更甚於佛老「清靜寂滅」的論說作為道，而且更加完

---

〔註35〕《宋元學案》，卷11，〈濂溪學案〉上，頁284。周敦頤更因《通書》而被學者譽為一代大儒，劉蕺山便說：「濂溪為後世儒者鼻祖，《通書》一編。」文中還說：「(周敦頤《通書》)將《中庸》道理，又翻新譜，直是勺水不漏。第一篇言「誠」，言聖人分上事，句句言天之道也，卻句句指聖人身上皆當繼善成性，即是「元、亨、利、貞」，本分天人之別。

〔註36〕《張載集》，頁2。

〔註37〕《宋史》，卷434，列傳193，頁12872。

〔註38〕李清馥，《閩中理學淵源考》，卷6。

善完備。此外，又如劉安世甚至花費三十年的功夫探討此書。〔註39〕這些表現，
證明諸儒對易學研究所費的苦心。

　　諸儒了解易學的意圖如出一轍，但在方法論上，則有些差別，〔註40〕有
些註解疏義，有些綜合應用，融合自己學術想法以抒心得，大略可分數種。

　　周敦頤傳世的易學著作有《太極圖》與《通書》。《太極圖》由圖示與解
說兩部分組成，參照陳摶的無極圖，引入儒家解易的哲學思想，他形容無極
爲宇宙本源的力量。《通書》則是通論易學原理，其中結合了《中庸》觀念，
敘述儒家的倫理道德與修養功夫。周敦頤的這兩部書可謂相輔相成，前者—
—〈太極圖〉描繪無極而太極、陰靜陽動、乾坤男女、萬物化生，其實正是
自然之道與人道的連貫，架構由上而下，後者——《通書》則說明〈蒙〉、〈益〉、
〈無妄〉、〈臨〉、〈家人〉等卦，突顯道德規範，講述禮儀制度，透過卦辭提
醒儒者修身養性的方法，架構由人道推回天道的體系，貫穿天人之際，並闡
述人道修養背後的最高標準——天道本源。

　　潘殖對易學的研究，比較接近周敦頤的路數，他的《安正忘筌集》有相
當大的篇幅，在於研究易圖。他製作許多圖表，並透過數字的運算、卦爻的
轉調，說明易理。

　　司馬光也同樣重視易學，他曾經著作《易傳》三卷、《易說》三卷、《潛
虛》一卷，這些是司馬光註解《易經》的作品，表述他積極參與關於世界本
原、萬物化生等問題的探討，不論是注疏《易經》或是編撰《潛虛》，其重點
所在，都是闡述人事，論證道德仁義對世界的重要性，他的《涑水迂書》也
有表現出這個特色。《諸儒鳴道》收錄他的《涑水迂書》，其書雖取名爲「迂」，
但卻是司馬光晚年思想最趨成熟的代表作之一，也是了解他哲學思想的關鍵
作品。司馬光思想涉易學頗深，他在《涑水迂書》中引用《易經》闡發處世
做人的道理，舉例說明，〈理性〉篇曰：

　　　易曰：「窮理盡性，以至于命。」世之高論者競爲幽僻之語以欺人，
　　　使人岐懸而不可及，憒驚而不能知，則盡而捨之，其實悉遠哉？是
　　　不是，理也，才不才，性也，遇不遇，命也。〔註41〕

〔註39〕〈道學運動中的劉安世〉，頁89～90。
〔註40〕易學研究的派別，可分爲義理與象數兩派，由義理思想訓解《易》，乃視此書
　　　　爲聖人之道，欲從中找尋思想理論的依據；由象數訓解《易》，則偏重窮象盡
　　　　數，闡釋卦爻之義。
〔註41〕《涑水迂書》，〈理性〉，頁67。

在〈絕四論〉篇曰：

> 吉凶悔吝，未有不生乎事者也。……然則聖人之心其猶死灰乎？曰：
> 「不然，聖人之心如宿火，爾夫火宿之則晦，發之則光，引之則然，
> 鼓之則熾，既而復掩之，則乃晦矣。」〔註42〕

引文中司馬光利用《易經》的文句釋理，解釋天道自然無常的變化，以「窮理盡性」指明人不須遠求「理、性、命」，教導人不可被幽僻的高論所欺瞞，只要窮理盡性，便是求到「道」了；他還以《易經》〈明夷〉卦「吉凶悔吝」，說明人事無常的因應之道，以「宿火」形容聖人之心，他說聖人的心應如宿火一般，掩而晦，發而光，隨時應變，隨事調整，倘若在環境裡無所得，那麼就隱晦韜光，等有發揮的機會，再引燃鼓熾。

自稱「于易得入道之門」〔註43〕的劉子翬，作有〈復齋銘〉，他十分強調《易經》復卦的重要性，「復卦」曰：「震下，坤上，震為雷為動，坤為地為順。」其主要宗旨在於「反復其道，俾能復其見天地之心」。復即「反本」，天地以本為心，天地善養萬物，以靜為心，不為而物自為，不生而物自生，寂然不動，此為天地之心。復卦之象，便如見天地之心。換言之，儒者要明白天地之心，可以從「復卦」入手。

在《聖傳論》的〈顏子復〉篇中，劉子翬以復卦說明顏子能立聖人之道的原因，〔註44〕他認為易學只要掌握「坦易之塗」，由「復卦」入手，便能造聖人至處，〈顏子復〉言：

> 易有明白坦易之塗，躬行允蹈，便造聖人至處，而學者忽之，且言
> 易如虞翻陸希聲深矣，皆託異夢寄古人，以開其說，豈易果難言，
> 必有神授而後至耶，正不必爾也，唯遵明白坦易之塗足矣，易故多
> 術，或尚其辭，或尚其占，或尚其象，皆末也，盡其本，則末自應，
> 何謂本，復是矣。〔註45〕

劉子翬要學者親身力行，不一味追求或寄託於古人，唱虛無幽沉之說，這些都並非真道，也不能僅止於研究卦辭、占卜、數術等，這一類只是手段，而

---

〔註42〕《涑水迂書》，〈絕四論〉，頁71～72。
〔註43〕《宋元學案》，卷43，〈劉胡諸儒學案〉，頁793～794。
〔註44〕《崇安聖傳論》是敘述〈堯舜一〉、〈禹仁〉、〈湯學〉、〈文王力〉、〈周公謙牧〉、〈孔子死生〉、〈顏子復〉、〈曾子孝〉、〈子思中〉、〈孟子自得〉等篇，除列舉聖人之名外，也標示出聖人特殊的德性。
〔註45〕《崇安聖傳論》，卷2，〈顏子〉，頁1617。

非根本。易學根本之道，在於「復卦」。所謂「知復之一義，爲明白坦易之塗。」〔註46〕

二程弟子謝良佐雖然沒有註解《易經》，但是在《上蔡語錄》中還是可以觀察到他對易學的探討，謝良佐尤其佩服邵雍對易數精準的掌握精確。〔註47〕此外，他特別強調「蒙」卦，稱讚舜能夠包蒙與納婦──包容蒙昧之人與接納入門之媳，這些是「吉」的表現，令舜克家有成。〔註48〕

二程的易學表現，除了程頤傳世的《伊川易傳》外，《二程語錄》中亦有數則論及易學的資料，二程並不把《易經》當作一部文字書，《二程語錄》記曰：「不只是這一部書，是易之道也。」〔註49〕它更代表了一個普遍的道，〈易傳序〉提到：

> 其爲書也，廣大悉備，將以順性命之理，通幽明之故，盡事物之情，
> 而示開悟成物之道也。〔註50〕

易學是一種可以踐履的道理，順性命之理，通幽明之故，盡事物之情，這一切都可以用心體驗與操作。他們也告誡弟子們，易學畢竟「只說得七分，後人更須自體究。」〔註51〕

二程主張學習《易經》，要從〈乾〉、〈坤〉兩卦開始，這兩卦包含天地大道，意義最爲簡明，人道要能契合天道，便要從此入門，〈易說〉繫辭曰：

> 乾坤易之門，其義難知，餘卦則易知也。曰：乾坤天地也，萬物烏
> 有出天地之外者乎？知道者統之有宗則然也，而在卦觀之，乾坤之
> 道簡易，故其辭平直，餘卦隨時應變，取捨無常，至爲難知也。知
> 乾坤之道也，以爲易則可也。〔註52〕

乾坤就如同《易經》的入門處，最須用心理解，因爲此二卦意義最爲深遠，乾代表天，坤代表地，世上一切萬物，自然不出天地範疇，若由卦辭來看，則〈乾

---

〔註46〕《崇安聖傳論》，卷2，〈顏子〉，頁1618。

〔註47〕《上蔡先生語錄》，卷下，頁1046。文中言謝良佐紀錄堯夫善精易數之事。

〔註48〕《上蔡先生語錄》，卷上，頁1010。文曰：「《易》之蒙九二曰：『包蒙，吉；納婦，吉。子克家。』蒙蔽不通者包之；順從者納之而不拒，子克家之道也。舜不藏怒宿怨，包蒙也，以愛兄之道，來誠信而喜之納婦。」

〔註49〕《二程集》，頁31，文曰：「易是簡甚？易又不只是這一部書，是易之道也。不要將易又是一箇事，即事盡天理，便是易也。」

〔註50〕《二程集》，頁689。

〔註51〕《二程集》，頁417。

〔註52〕《二程集》，頁1030。

坤〉最簡要，其餘諸卦則是隨時應變，取用不一，〔註53〕但是只要明白乾坤的大道，學《易》便不是難事了。二程因象明理，以理解易，理與象的關係就像是體與用，理寓於象，象包含理，人們可以透過觀象而明理，而二程也透過對《易》的注釋，系統地建立自然哲理，進而提出「性即理」的人性論。〔註54〕

江公望與二程一樣，強調個人的體驗，《江民表心性說》以《易經》說明心的重要性，〈心說〉主旨說明人君治心的重要，也提到人君治心的方法。人君尤須明白萬物性理與人同等的觀念，萬物亦有「心」，所謂：「咸，速也，惟無心故能感人心之速。」〔註55〕故爲人君，應該時時「治心」，以「無心」感人心，感萬物之心。人君的心若能虛明實誠，就能妙用無窮，《易》曰：「神也者，妙萬物而爲言者也。」又曰：「鼓之舞之，以盡神心之妙用，其神如此，可不素養耶？」〔註56〕〈心說〉透過易學主張「治心」的重點，仍可見一斑。

洛學南渡的大宗楊時，在易學的研究上，與二程同樣抱持用心體會的態度，楊時以《易》、《禮》爲治學宗旨，〔註57〕著有《易說》一書，他強調易學重於個人體悟層次上，每個人身上都有易的道理，關鍵在能否體悟應用，領悟理強者，甚可藉卦爻文字延伸應用，不「只於文字上用功」。〔註58〕楊時又言：「解經大抵須得理會而語簡，舊常解易，簡而天下之理得云，行其所無事，不亦易乎？一以貫之，不亦簡乎！如是，則天下之理得矣。」〔註59〕楊時認爲解釋經典不須鑽研難理解處，在於「理會」二字，「心領神會」也就可以了，這樣遇事回應時，用「自然之理」一以貫之，才不至於窒礙難行。對

---

〔註53〕　《二程集》，頁74言：「乾，聖人之分也，可欲之善屬焉。坤，學者之分也，有諸己之信屬焉。」頁79又言：「乾是聖人道理，坤是賢人道理。」

〔註54〕　關於二程對易學的研究，還可以參考《程顥程頤與中國文化》，頁189。文中還歸納二程易學精神的精要有三，一是隨時取義、二是變易從道、三是以中爲貴。程頤提出「體用一源、顯微無間」的思想，程頤把辭、變、象、占作爲《易》的客觀內容，尤其重視象與辭對於認識義理的重要性，他認爲，聖人之意載於《易》中，去體會與應用，便是盡天理，便是「易」。另外，張其成，《易道主干》，北京：新華書店，2002年1月三刷，頁184～186，對二程的易學也有所說明。

〔註55〕　《江民表心性說》，〈心說〉，頁1181。

〔註56〕　《江民表心性說》，〈心說〉，頁1186；頁1182記載易曰：「通乎晝夜之道而知。」；頁1191也引用易曰：「利正者，性情也。」

〔註57〕　《宋史》，卷428，列傳187，頁12738。

〔註58〕　《龜山語錄》，卷4，頁1333～1334。

〔註59〕　《龜山語錄》，卷4，頁1339。

楊時而言,在用心體悟的基礎上,易學文字可以無限延伸,天下之道無出易學範疇,他甚至可以無限上綱於人世間的萬事萬物,這種擴充解釋的想法,在他與程頤討論時表露無疑,他說:

> 本乎天者親上,本乎地者親下,則各從其類也,乾卦言天,坤卦言地,只爲語其類耳,如說卦於乾,雖言爲天,又言爲金、爲玉,以至爲駁馬、良馬,爲木果之類,豈盡言天。……學者觸類而求之,則思過半矣,不然說卦所敘,何所用之?〔註60〕

楊時以爲「乾」代表天,此處「天」的意旨並不單講「自然天」,凡屬於「本乎天者」一類,例如金玉、馬匹、木果等自然界產生的物類,都可以因類相從,屬於「乾」卦。卦辭的解釋,只是概括指名同類或是同質性的事物或情況,並不拘泥單一解釋,所以,「乾坤」的稱謂,其實來自於「健順」的特質及功能而命名,學者應當觸類旁通,舉一反三,而非鑽研文字。否則,就《易經》三百八十四爻,一爻解釋一事,該書豈不是只能用來處理三百八十四件事了,如此解釋完全誤解聖人作易的原意。〔註61〕所以,楊時才說「易不比他經,須心通始得。」〔註62〕強調擴充解釋,除了彰顯心的作用之外,其實也考慮到經權的層次,畢竟,孔子所處的春秋時代,和楊時所處的宋朝並不相同,社會發展情勢越趨複雜,爲了解決與日俱增的問題,亦要遵循經典充

---

〔註60〕 《龜山語錄》,卷4,頁1321。楊時問正叔先生曰:「乾天道,坤地道,正是亂說。」曰:「乾坤非天地之道邪?」曰:「乾豈止言天,坤豈止言地。」又言問:「乾坤不止言天地,而乾卦多言天,坤卦多言地。何也?」曰:「本乎天者親上,本乎地者親下,則各從其類也,乾卦言天,坤卦言地,只爲語其類耳,如說卦於乾,雖言爲天,又言爲金、爲玉、以至爲駁馬、良馬、爲木果之類,豈盡言天。……學者觸類而求之,則思過半矣,不然說卦所敘,何所用之?」

〔註61〕 《龜山語錄》,卷2,頁1253,吳審律勸解易。楊時曰:「易難解」曰:「及今可以致力,若後力衰卻難。」曰:「某嘗觀聖人言易,便覺辭不得,只如乾坤兩卦,聖人嘗釋其義於後,是則解易之法也。……易三百八十四爻,指一事,則是其用止於三百八十四事而已,如易所該其果極於此乎?若三百八十四事不足以盡之,則一爻之用,不止於一事,亦明矣。觀聖人於繫辭發明卦義,尚多其說,果如今之解易者乎?故某嘗謂說易須髣髴聖人之意。然後可以下筆,此其所以未敢苟也。」

〔註62〕 《龜山語錄》,卷4,頁1333～1334。問易曰:「乾坤其易之門耶?所謂門莫是學易自此入否?」曰:「不然,今人多如此說,故有喻易爲屋室,謂其入必有其門,則乾坤是也。此言者只爲元,不曉易。夫易與乾坤豈有二物,孰爲內外,謂之乾坤者,因其健順而命之名耳。乾坤即易,易即乾坤。……人人有易,不知自求,只於文字上用功,要作何用?……易不比他經,須心通始得。」

分解釋及權宜變通之道，才符合經典「經常之道」的意義。

　　張載著有《橫渠易說》與《正蒙》，他主張觀象求義，他認為《易經》蘊藏著人事變化的規律，吸收王弼的一爻為主說，繼承並改造孔穎達的觀點，以「氣」作為本體的觀點，認為「氣」不是虛假神秘的，而是現實存在的東西。在氣一元論的基礎上，進一步談陰陽二氣的變化，萬物生化的法則。所以，《正蒙》首兩篇便討論了許多「太虛」、「氣」、「動靜」、「聚合散歸」的課題。〔註63〕王夫之為《正蒙》作序時，便說：

> 《周易》者，天道之顯也，性之藏也，聖功之牖也，陰陽、動靜、
> 幽明、屈伸、誠有之而神行焉，禮樂之精微存焉，鬼神之化裁出焉，
> 仁義之大用興焉，治亂、吉凶、生死之數準焉。……張子之學，無
> 非《易》也。〔註64〕

王夫之十分贊同張載的易學成就，《易經》博大精深，上含天道，下蘊人道，神行陰陽動靜的生生不息力量，又隱存著禮樂仁義、吉凶生死之數。張載以特殊的氣論思想，擴充解釋人事變化，這是張載精湛的哲學思想，其根源也來自於易學。〔註65〕

　　綜上所述，諸儒對易學多有研究與自我的體會，或以圖表、或以文字，研究闡發其中的道理，不難發現，諸儒多側重於強調天道與人道間的溝通，不論藉由義理或象數的分析，都企圖將易學宗旨與人倫秩序作一個連結。

## （二）研究《中庸》

　　諸儒對《中庸》所下的功夫，茲以下表說明（灰階部分代表該作品內含解釋中庸之內容）：

| 諸儒名 | 周敦頤 | 司馬光 | 張載 | 程顥 | 程頤 | 謝良佐 | 劉安世 | 江民表 | 楊時 | 潘殖 | 劉子翬 | 張九成 |
|---|---|---|---|---|---|---|---|---|---|---|---|---|
| 中庸作品 | 通書 | 大學中庸義 | 經學理窟 | 二程語錄 | 中庸解 | 上蔡語錄 | 元城三書盡言集 | 江民表心性說 | 中庸解 | 安正忘筌集 | 聖傳論 | 中庸解 |

〔註63〕《張子正蒙》，上海，上海古籍出版社，2000年12月初版，頁5～25。
〔註64〕《張子正蒙》，頁82。
〔註65〕胡元玲，《張載易學與道學：以《橫渠易說》及《正蒙》為主之探討》，頁139～170。

　　《中庸》的宗旨，在於「誠」字，包括探討五倫規範、慎獨表現、喜怒哀樂已發未發等課題，透過「誠」發展出一套禮樂新秩序，作爲諸儒人際活動與行爲表現的道德依歸。以此建構「修養功夫論」，不僅能重構社會失序已久的禮樂教化，還可以令後學者更方便地體認修身之道。

　　諸儒用心於《中庸》的熱忱匪淺，藉由不同的方式研讀此書，有些儒者爲之注解，如程頤、楊時、張九成均曾撰《中庸解》，司馬光撰《大學中庸義》一卷。有些儒者更奉行《中庸》「誠」的宗旨，司馬光此生對《中庸》義理的實踐，可以說是不遺餘力，他曾言：「自少至老，語未嘗妄。自言吾無過人，但平生所爲，未嘗有不可對人者。」他努力實踐「誠」，以求仰不愧於天、俯不愧於地。涑水學派的劉安世，也於《劉先生譚錄》中表彰「不妄語」的精神，劉安世認爲「道」就得從「不妄語」開始入手，《劉先生譚錄》中曾記載劉安世跟隨司馬光學習多年後，始得悟道的一段話：

　　　得（司馬光）一語，曰：「誠。」某（劉安世）請問其目？公（司馬
　　　光）曰：「誠者，天之道。思誠者，人之道，及臻其道一也。」復問
　　　所以致力？公喜曰：「此問甚善。當自『不妄語』入。」〔註66〕

由此可知，司馬光師徒均主張「誠」的重要性，以此作爲修「道」的基本功夫。此外，如二程與張載，都曾明白表示，《中庸》是重要的學習經典，程頤言：「《中庸》之書，學者之至也，而其始則曰：『戒愼乎其所不睹，恐懼乎其所不聞』蓋言學者始於誠也。」〔註67〕張載則是因爲范仲淹的推薦，開始閱讀《中庸》後，放棄兵學，轉而立志求道。不論是二程或張載，他們推崇《中庸》的價值，推崇它爲學者求道的入門書。

　　此外，諸儒也常以《中庸》作爲學術思想的依歸，周敦頤的《通書》曾引《中庸》，如《通書》首篇言：「誠者，聖人之本。」〈聖〉則言：「寂然不動者，誠也，感而遂通者，神也。」〔註68〕全書以〈誠〉篇破題，以此道出聖人的根本。潘殖《安正忘筌集》〈統論〉引用《中庸》「中」的精神，說明聖人身心的

---

〔註66〕《劉先生譚錄》，頁 1147～1148。同樣於真德秀，《西山讀書記》，卷 17，頁
　　　　66A～B 也有相似的紀載，文曰：「案元城劉公問『道』從何而來？曰：『自誠
　　　　入。』又問：『誠自何而入？』曰：『自不妄語入。』」
〔註67〕《二程集》，頁 325。另頁 323 記載曰：「《禮記》除《中庸》、《大學》，唯《樂
　　　　記》爲最近道，學者深思自求之。」也同樣表示《中庸》是求道與近道的重
　　　　要典籍。
〔註68〕《濂溪通書》，〈誠〉、〈聖〉，頁 43～44。

正位所在；〈中庸〉篇則教人如何「置中」──達到「正位」。〔註69〕江民表在《江民表心性說》中解釋《中庸》「天命之謂性，率性之謂道」中「性」的本義。〔註70〕劉子翬《崇安聖傳論》的〈子思中〉，特別討論中庸「喜怒哀樂」之情。《上蔡先生語錄》中，載有謝良佐討論「小人之中庸」的問題。〔註71〕諸儒對《中庸》所下的功夫，足以說明他們對這部書的重視。

## 第二節　結合《中庸》與易學

我們進一步要來談，諸儒究竟如何結合《易經》與《中庸》兩部書，發展出特有的心學體系。

諸儒在學術歷程中與佛教對話，發現儒佛均對心性主題，具有相同的關懷，心性論的問題，不僅牽涉到人觀照世界主體的整體性，也牽涉到作為整體存在原理的我們本身的各種情狀，在方法論上，心性論甚至還是功夫修養哲學的理論根據。是故，道學家不得不回到儒學經典之中思索心性論的問題，希望可以找到和佛學對話，以及回應其挑戰的要素，回應這個挑戰的最佳利器，便是《中庸》與《易經》。

《諸儒鳴道》諸儒和許多宋代學者一樣，都曾經與佛學有過對話，也曾經在儒學經典中打轉，亦認為《中庸》與《易經》這兩部經典的意旨，足以培育一套儒學文化獨有的認知系統。從北宋開始，易學進入一個新的階段，被稱為宋易時期，此時期的特點，是將《易經》高度哲理化，其易學哲學標誌著古代哲學發展的高峰，同時又是宋明哲學的主要內容，宋明哲學中諸多體系均以《易經》、《中庸》為研究基礎，建構自己的哲學體系。〔註72〕

《諸儒鳴道》諸儒和其他宋代學者不同的是，他們把這兩部經典結合在一起，移植易學形上學的學術精華，聯繫《中庸》人文的崇高教養，建構出一套涉及自然宇宙觀和人道價值觀判斷的認知系統。這套認知系統是道學家在即道體即功夫的研究方法上體悟出來的，他們一方面探尋天道，一方面實踐人道，在修養的過程裡慢慢修正自己的思想理論，或許諸儒結合經典的方

〔註69〕《安正忘筌集》，卷1，頁1355～1360。
〔註70〕《江民表心性說》，〈統論〉，頁1195。
〔註71〕《上蔡先生語錄》，卷中，頁1016～1017。
〔註72〕朱伯崑，《易學哲學史》，（中冊），北京，北京大學出版社，1988年1月，頁1～6。

式不完全相同，但是他們利用同樣經典基礎建立哲學體系的方向是一致的。

那麼，諸儒究竟如何應用《中庸》與《易經》建立心學體系，爲求論述條理性之便，將《諸儒鳴道》諸儒分爲下列四組說明：第一組是周敦頤與張載，第二組是二程及其弟子楊時、謝良佐，第三組是司馬光及其弟子劉安世，第四組則是張九成、劉子翬、潘殖、江民表。

## 一、周敦頤與張載

筆者將周敦頤與張載排在同一組，是因爲他們二人在這個領域裡，具有相同的貢獻，周敦頤提出了「無極而太極」，張載提出了「氣本論」，這些創見解釋了傳統儒學無法說明的自然天的起源問題，基於這個共通點，筆者將二人列爲同組。

周敦頤可以說是《諸儒鳴道》中，第一個注意到《易經》，並將它與《中庸》結合的第一人，他的《通書》及《太極圖說》均充份應用易學和人文的共通性，他首先於《太極圖說》中詮釋本體論的發展情況，他以易學「無極而太極」的乾元力量，作爲生命生生不息的動力，在乾道變化底下，生命各正其位，道的本質是一陰一陽，而陰陽亦爲人道的性善本源，他的《太極圖說》引用了道家無極觀念，肯定無極具備虛靜的性質，並把無極轉換成修養者所要求道的基本要素，因爲，一個修養者在修養煉道過程中，自然要追求心靈平靜和虛靜的狀態，而這種性靈平衡的狀態，其實即是無極的特質。不僅如此，他在太極動止的敘述上，提出自己的創見，解釋漢易從未提及的「太極生兩儀」的分化過程，天地自無極而太極，後五行俱備，萬物化生，於此，周敦頤爲儒家提供了一個完整的宇宙體系。〔註73〕這個體系對自然天的起源和未知的領域，提出一種解釋。

周敦頤接著在《通書》中表達天人之間的關係，《通書》的宗旨，本爲「書述」道學家如何「貫通」天人之際，周敦頤提出「太極」是道體，人必須運用《中庸》的宗旨——「誠」的精神去體悟「道體」，參化天道的變化。《通書》中言：

> 誠者，聖人之本。大哉乾元、萬物資始，誠之源也。乾道變化，各
> 正性命，誠斯立焉，純粹至善者也。故曰：「一陰一陽之謂道。繼之

---

〔註73〕《易學哲學史》，（中冊），頁88～116。

者善也，成之者性也。」元亨、誠之通，利貞、誠之復，大哉易也，
性命之源乎。聖，誠而已矣，誠，五常之本，百行之源也，靜無而
動有，至正而明達也。五常百行，非誠，非也，邪，暗塞也，故誠
則無事矣，至易而行難，果而確無難焉，故曰：「一日克己復禮，天
下歸仁焉。」〔註74〕

此段引文中一部分節取《中庸》：「誠者，天之道。誠之者，人之道。誠者，不
勉而中，不思而得，從容中道，聖人也。誠之者，擇善而固執者也。」〔註75〕
一部分取自《易經》：「大哉乾元，萬物資始。」「誠」是取自於《中庸》的精髓，
配合取自於易學的「太極」理則。《通書》巧妙地點出自然萬物的源頭，儘管《中
庸》與《易經》都是儒學形上學的代表著作，但是，《中庸》只說「誠」是天道，
「表現誠」是人道，然而並未清楚交代天道中爲何有「誠」？或是「誠」爲何
物？周敦頤以《易經》中的「乾元」配應天道的「誠」，他把「乾元」解釋爲萬
物資始的根本，也同時作爲誠的源頭，當乾元變化，生出性質命定各不同的萬
物時，誠也在生成的過程中，落在萬物之中，這是周敦頤將兩書結合的第一步。
接著，他又以陰陽變化之道的發展，來對照「誠」的實踐，誠是五種倫常的根
本和百行的根源，若人能夠在五常百行中恰如其份的展現「誠」，順通無礙地參
贊天地，那便是元亨，若能不斷重複反省者，那便是利貞，元亨利貞是易學的
最大功效。

　　他表示《易經》的道理深遠廣大，就是性命的根本，能夠表現誠，就可
以被稱作「聖」，「誠」用簡單的話來說，就是平常生活中五常百行的依歸，
當未與萬物感應接觸時，它呈現一種靜默等待的面貌，當與外物接觸時，便
發揮動能回應正確的接物姿態。所以，道學家必須時時刻刻實踐「誠」，力行
「一日克己復禮，天下歸仁焉」的宗旨。

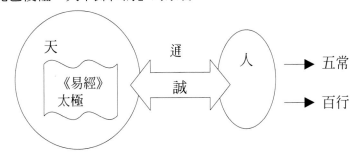

---

〔註74〕《濂溪通書》，〈誠〉，頁43。
〔註75〕朱熹集註、蔣伯潛廣解，《中庸》，收於《四書讀本》，臺北，啓明書局，頁30。

　　如圖所示，天是包含了變化不已的乾元，乾元形成了萬物，而天與人之間的正確管道，必須透過「誠」，再由人在五常百行中實踐「誠」，換言之，「誠」無所不在，端賴「人」能不能將它發揮出來。有了這樣的認識，人人都有成聖的機會與能力，一方面更了解天道的源頭，一方面更清楚命定存在的意義，選擇最適合自己的溝通模式，然後通天人之際，這是周敦頤《通書》的「通」字意義。從周敦頤的《通書》，可以發現周敦頤將《中庸》的「誠」，配合《易經》中的「太極」，試圖提出儒家「道德起源」的新說，也可以間接了解到，《諸儒鳴道》的編輯者收錄《濂溪通書》，並把周敦頤排在全書之首，其實別具用心。

　　張載的《正蒙》與《經學理窟》，同時被收錄於《諸儒鳴道》之中，這兩部作品都是記載張載的重要思想哲理，《正蒙》是張載提出主要命題的重要論述，他根據易學而建立一套自己的哲學體系，《經學理窟》則闡發他對社會政治的一些基本觀點和具體分析。這兩部書不但能夠說明張載如何發揮心學，更能突顯出他應用《中庸》和易學的功夫。

　　張載對易學體例的理解，來自於王弼註解，特別是孔疏，孔疏對《周易》的解釋重視取象，從而把陰陽二氣變易的法則，作為易學的最高範疇。〔註76〕張載繼承這一傳統，他建立以氣為核心的易學體系，以氣元論貫穿本體與現象，提出有氣才有象，氣之生即是道是易，他以「太虛」為本體，太虛即氣，氣的聚散是變化萬物的因果關係，他反對佛學以「有無」解釋世界實相，他認為「氣」具歸知本原，明瞭變異的功用，因為有「氣」的存在，所以證明萬物形態的變化，而萬物變化的原理原則，就在易學的變異之道裡，他說：

　　　　氣之聚散於太虛，猶冰凝釋於水，知太虛即氣，則無無。故聖人語
　　　性與天道之極，盡於參伍之神，變易而已。〔註77〕

可見太虛與氣對張載來說，都是關乎於性與天道。〔註78〕他認為太虛與氣就如同冰塊與水，只是形態不同，但本質相同，氣變化的過程是兼體而無累，以一物兩體作為太極的看法，也就是說太極乃宇宙最高原理，兼有陰陽和剛健柔順的雙重性質，萬物的形成，都來自陰陽兩氣的變易法則，而氣化論最重要的價值，就在於以氣自身具有運動變化的性能，從而使陰陽互相作用，

---

〔註76〕《易學哲學史》（中冊），頁264。

〔註77〕《張載集》，頁8，《正蒙》，〈太和篇第一〉。

〔註78〕《張載易學與道學：以《橫渠易說》及《正蒙》為主之探討》，頁140～141。

相感相盪，所以，一切世界本原都在太極之氣中，包括聖人所說的性命氣質以及天道的極致，也同在氣、太虛的變化之中了。張載曰：

> 一物而兩體，其太極之謂與！陰陽天道，象之成也；剛柔地道，法之效也；仁義人道，性之立也。三才兩之，莫不有乾坤之道。〔註79〕

在張載看來，太極雖為一物，固有兩體，因為兩體才能互相作用運動，進而激盪運化成萬物，不論是天道、地道、甚至是人道，均蘊含《易經》乾坤大道。張載很巧妙地把《易經》的乾坤之法，結合到人世間的仁義道德層面，藉此說明易學之道蘊含在各個層面，同時為了讓這種說法合理化和具體化，所以張載以氣元論作為論說的基礎。

對張載來說，世界全在氣的變化之中，天地之性與氣質之性也都來自於太虛，好與不好也都在包含在其中，張載曾言：「合虛與氣，有性之名；合性與知覺，有心之名。」〔註80〕對一個人而說，太虛與氣合為性，性與知覺合為心，一個人的心既然包括性與情，便很容易產生隨性情而發揮的情緒反應，如果沒有節制情的機制，人的情緒便容易落為無理，基於心統性情的論述，張載主張以《中庸》的中節說制衡情，張載說：「情則是實事，喜怒哀樂之謂也，欲喜者如此喜之，欲怒者如此怒之，欲哀欲樂者如此哀之樂之，莫非性中發出實事也。」〔註81〕所以，對他來說，喜怒哀樂是情的表達，情緒的發揮並不一定是不合理的，只是為了避免失節，故以《中庸》「喜怒哀樂之未發，謂之中；發而皆中節，謂之和」為論，強調情未必是惡的，唯獨檢視情的發揮是否中節，是否合乎善的標準。

綜前所論，張載與周敦頤在即道體即功夫的修養過程中，分別思索出無極而太極和、氣元論，雖然使用的辭彙不同，但是他們的思維體系，終有助於提供道學家哲學體系的核心價值。

## 二、二程及其弟子楊時與謝良佐

二程的弟子對於易學和《中庸》的應用，大致上都遵循著二程創立的天理說，故筆者將他們分為同一組，以方便說明。另外，附帶說明一點，關於二程對《中庸》和易學的研究，此處只討論他們的共同點，以及透過《二程

---

〔註79〕《張載集》，頁48，《正蒙》，〈大易篇第十四〉。
〔註80〕《張載集》，頁7～9，《正蒙》，〈太和篇第一〉。
〔註81〕《張載集》，頁78，《橫渠易說》，〈乾卦、文言〉。

語錄》整理二程結合《中庸》和《易經》的證據，為了避免偏離主題，故暫不討論二程易學的差異處。

宋明道學的奠基人程顥和程頤，都是北宋易學中義理派的代表，二程對易學的理解，來自他們的三位老師胡瑗、孫復和石介，繼承以義理解說《周易》經傳的學風。二程在闡發易學時，提出許多原則和哲理，最重要者，莫過於他們的天理觀，二程以天理作為哲學的作高範疇，用自家體貼出來的「天理」二字，概括一切無法言喻的道，和解釋變易的法則，程頤說：「聖人作《易》，以准則天地之道。《易》之義，天地之道也。」〔註82〕可以整理出數點：第一、體用一源，顯微無間，第二、陰陽是道，第三、動靜無端，陰陽無始，第四、往來屈伸只是理，第五、在人性論上提出性即理。〔註83〕所謂天地之道，即天理，也就是天地萬物的普遍規律，是把天理推為最高的哲學範疇，高於萬物之上。〔註84〕這個天理就是易學的宗旨，《二程集》曰：

> 「天地設位，而易行乎其中矣」；「乾坤毀，則無以見易」。「易不可見，則乾坤或幾乎息矣。」易是箇甚？易又不只是這一部書，是易之道也。不要將易又是一箇事，即事盡天理，便是易也。〔註85〕

天地循規蹈矩，謹守本位，才得以使易的精神暢行其中，乾坤的順序被顛覆了，就無法讓易學精神發揮出來，易學並不是指《易經》這本書或是它的經傳，而是易學的大道，這個大道精神能否發揚的重要指標，就是天理，而天理同時也被視為蘊含在萬物之中的道理，《二程集》曰：「萬物皆只是一箇天理。」〔註86〕又說：「人能放這一箇身公共放在天地萬物中一般看，則有甚妨礙？雖萬身，曾何傷？」〔註87〕人要明白天理的神妙，便能與天地萬物同處，而沒有任何妨礙。至於修持天理的方法，則在於修德，「人得之者，故大行不加，窮居不損。」〔註88〕最後，更能做到「百理具備」。二程以理本論的哲學形式，把兩部重要經典結合起來，也把天理和人事結合在一起。

伊洛學派弟子對於《中庸》和《易經》的應用，大多繼承二程的天理觀，

---

〔註82〕《二程集》，頁 1028。
〔註83〕《易學哲學史》，頁 216～256。
〔註84〕《易學哲學史》，頁 216～256。
〔註85〕《二程集》，頁 30。
〔註86〕《二程集》，頁 30。
〔註87〕《二程集》，頁 30。
〔註88〕《二程集》，頁 31。

楊時與謝良佐也不例外。〔註89〕

　　楊時也是屬於易學的義理派，他延續著二程所提出的天理觀，主張只要「事事循天理」就符合君子知命的表現。〔註90〕聖人當初作易的目的，本來就是希望能夠教人順性命之理，〔註91〕引導學者透過易學觸類旁通，學習卦爻背後的引申意義，〔註92〕以便順應變化莫測的天道。

　　對楊時來說，易學中的天理，或可稱爲性命之理，並不能夠僅用文字去理解，必須用心體會和思索的，他曾說：「易不比他經，須心通始得。」〔註93〕所以在二程天理觀的基礎上，楊時更加重視心的功能，強調人心是結合應用《中庸》和《易經》的關鍵點，《龜山語錄》曰：「正心到寂然不動處，方是極致，以此感而遂通天下之故。」〔註94〕「寂然不動」與「感而遂通」出自於《易經》繫辭，原文爲「《易》無思也，無爲也，寂然不動，感而遂通天下之故。」〔註95〕本是形容《易經》本身無思無爲，他寂靜不動，卻能經過陰陽交感而終究通曉天下萬物萬物，但楊時把「正心」結合在這個句子上，改變了原本的意思，變成教導別人導正自己的心到寂然不動處，也就是修練自己的心，回歸到最寂靜平淡的狀態，以此便能感通天下萬事萬物。楊時應用《中庸》和《易經》的例子，不止於此，《龜山語錄》又曰：

　　　　易於咸卦，初六言咸其拇；六二言咸其腓；九三言咸其股；九五言咸其脢；上六言咸其輔頰舌；至於九四一爻，由一身觀之，則心是也，獨不言心，其說以謂有心以感物，則應必狹矣，唯忘心而待物之感，故能無所不應其繇。……孔子《繫辭》曰：「天下何思何慮？天下同歸而殊途，一致而百慮，天下何思何慮？」夫心猶鏡也，居其所而物自形來，則所鑒者廣矣。若執鏡隨物，以度其形，其照幾何？〔註96〕

楊時在解釋咸卦的同時，其實很巧妙地把「心」的功能和重要性，穿插在《易經》經傳之中，把《易經》「咸卦」的引申義連結到心字上談。先解釋《易經》

〔註89〕《程顥程頤與中國文化》，頁175、269。
〔註90〕《龜山語錄》，卷3，頁1303～1304。
〔註91〕《龜山語錄》，卷3，頁1297。
〔註92〕《龜山語錄》，卷4，頁1320～1321。
〔註93〕《龜山語錄》，卷4，頁1335。
〔註94〕《龜山語錄》，卷3，頁1277。
〔註95〕郭建勳注釋，《易經讀本》，臺北，三民書局，民88年8月，〈繫辭〉，頁517。
〔註96〕《龜山語錄》，卷1，頁1211～1212。

「咸卦」的意思，此卦本義爲交感，此卦揭示男女相互感應的各種不同情狀、是非得失，以及感應當立足於貞正的道理，其中，亦有天地感而萬物化生、聖人感人心而天下平和的引申意義。咸卦六爻敍述交感溝通的過程，從初爻到末爻，就如同從腳拇指開始感應，次第傳到小腿、大腿、背部，再到下顎與臉頰口舌，其中第四爻〈九四〉言：「貞吉，悔亡，憧憧往來，朋從爾思。」〔註97〕解釋以貞正之道交感於下，可得朋而獲吉。咸卦交感傳遞的路徑，在楊時的理解中，轉化爲另一種敍述的籌碼，他利用九四爻導出心的功能，交互感應的過程，從腳拇指、小腿、大腿，傳遞到背肉之前，其實經過了心，而九四爻文之所以不明言心，是因爲一旦講明了以心感物，這個以心感物的過程便受到念頭的束縛，而失去以心感物的正確感應。在上段引文中，楊時還引了一段《繫辭》：「天下何思何慮？天下同歸而殊途，一致而百慮，天下何思何慮？」《繫辭》還有一段原文曰：「日往則月來，月往則日來，日月相推而明生焉；寒往則暑來，暑往則寒來，寒暑相推而歲成焉。」〔註98〕這一段原是形容天下萬事萬物將自然地透過各種不同的道路，走向同一的歸宿，各種不同的思想也會趨向一致，天下之事又何須思考憂慮？楊時把理解天理的能力，推給猶如明鏡的心，心像鏡子一般可以照物，當心可以明白天理之所在，人自然可以明鑒萬事萬物，而不被世間事物所困，天下之事當然也就無須思考憂慮了。

　　既然他主張用心體會易學的天理，那麼，心的控制力量，在他的哲學體系中，變得相對重要，心除了具備理解的功能之外，還必須恪守《中庸》時中的觀念，在變化莫測的天道中，找尋易道隨時變易的規則，就著是否得中，作爲判斷吉凶的標準，所以《龜山語錄》曰：「喜怒哀樂未發之際，能體所謂中，於喜怒哀樂已發之後，能得所謂和，致中和則天地可位，萬物可育。」〔註99〕心能體得中和，天地位焉，萬物育焉。從這個例子裡，不難看出楊時以《中庸》的心融會貫通易學的天理。

　　二程的另一個弟子謝良佐，和楊時一樣，也繼承了二程思想，從《諸儒鳴道》所收的《上蔡先生語錄》，可以找到許多討論天理的文句段落，這也顯示出謝良佐承襲了二程對天理的講法，《上蔡先生語錄》曰：

---

〔註97〕《易經讀本》，頁249。
〔註98〕《易經讀本》，頁539。
〔註99〕《龜山語錄》，卷3，頁1294。

　　天理也，人亦理也。循理則與天爲一，與天爲一，我非我也，理也；

　　理非理也，天也。〔註100〕

謝良佐又言：

　　學須先從理上學，盡人之理，斯盡天之理，學斯達矣，下學而上達，

　　其意如此，故曰：「知我者，其天乎，人心與天地一般，只爲私心自

　　小了任理因物而已無與焉，天而已豈止與天地一般，只便是天地。

　　〔註101〕

誠如引文所言，謝良佐也以天理論探討易學。在天理論上，他認爲人的本心
即是天之理，這種天理是客觀存在的，只要能夠循理而行，便能達到天人合
一，此時，個人小我，便不再只是小我，而是上綱爲理；此時的理，便不再
只是理，也可以上綱爲天。

　　《諸儒鳴道》所收《上蔡先生語錄》裡，也同樣可以找到謝良佐結合《中
庸》與易學的證據，在二程天理論的基礎上，謝良佐進一步點出，學者經過
格物窮理的方法，才能昭明天理，《上蔡先生語錄》曰：

　　學者且須是窮理，物物皆有理，窮理則能知天之所爲，知天之所爲則

　　與天爲一，與天爲一，無往而非理也。窮理則是尋箇是處有我，不能

　　窮理，人誰識真我，何者爲我？理便是我，窮理之至，自然不勉而中，

　　不思而得，從容中道，曰「理必物物而窮之乎？」曰：「必窮其大者，

　　理一而已，一處理窮，觸處皆通，恕其窮理之本歟！」〔註102〕

引文所言，學者必須窮理格物，萬事萬物皆有理，窮理格物可以知自然之理，
明瞭天之所爲，能明白天之所爲，便可以與天合而爲一，那麼就沒有什麼作
爲，會產生不合理的狀況。窮理除了知天，還可以認識自我，尋找到真正的
自我，因爲我即是理，理即是我，窮理便能知我。對謝良佐而言，最極致的
窮理之法，是不勉而中，不思而得，凡一理通，亦能觸類旁通其他萬事萬物
之理。仔細剖析這段引文，其中同時蘊含了《中庸》和《易經》繫辭的句子，
例如「窮理盡性以至於命」出自於〈說卦傳〉，〔註103〕以及《中庸》「不可以
不知天」、「誠者，不勉而中，不思而得，從容中道，聖人也。」〔註104〕謝良

---

〔註100〕《上蔡先生語錄》，卷中，頁1021～1022。
〔註101〕《上蔡先生語錄》，卷中，頁1030。
〔註102〕《上蔡先生語錄》，卷中，頁1018。
〔註103〕《易經讀本》，頁564。
〔註104〕《中庸》，收於《四書讀本》，頁24、30。

佐將人窮盡天理的道理，合在一起談，教導學者在修練《中庸》誠者的精神同時，也能夠參贊易學的變化大道。

綜前所論，不論是二程、楊時或是謝良佐，他們都以天理論的基礎，結合《中庸》的精神，發揚心學。

## 三、司馬光及其弟子劉安世

涑水學派在應用《中庸》與《易經》的方法上，有別於前兩組，在《諸儒鳴道》所收作品中，涑水學派比較著重於闡述人道修養的功夫，這並不表示涑水學派對天道不甚關注，也不表示其他學派疏於關注人道。在理解的關鍵點上，二程及其弟子，是以天理來理解易學，而司馬光及其弟子劉安世，則是以誠來理解易學。司馬光和劉安世二人的哲學思想，受到《中庸》影響很大，他們一生奉行「誠」的精神，從誠的角度談論易學的天道。

誠字，原有誠實、真實的意思，《中庸》進一步發揮誠的精神，把誠提升到更高的層次上談，《中庸》曰：「誠者，天之道也；誠之者，人之道也。誠者，不勉而中，不思而得，從容中道，聖人也。誠之者，擇善而固執之者也。」〔註105〕這句話形容天道運行，真實無妄，至公無私，所以是天之誠，人既受天命之性而生，便不能違背天道，故求所以誠之，聖人自然合於天道，不必勉強，即能合於中和。這段話隱含了兩種意義，第一、《中庸》中和的目標，必須透過誠者和誠之者，才能達成中庸之道，換言之，「誠」具備確保認知系統的正確運作流程的功能，這也是「誠」足以作為《中庸》精髓之意義所在。〔註106〕第二、萬物同時具備誠者與誠之者的角色。天道是神而不祕的本體，具有生生不已的動能，雖然我們無法完全窮究這其中的道理，但是天道和人道一樣，都蘊含著真實無妄的實理，當上天把生生之理賦予萬物時，萬物自身便存有誠的生生之德，他為了能夠使自身自明自立，必須把自身與他者（主體與存在場域）的真實互動性顯現出來，這就是一種誠之者的表現，在此同時，萬物其實扮演了誠者與誠之者的角色，天道也是如此。《中庸》的這段話點出誠的精神，無怪乎，司馬光與劉安世對這句蘊含《中庸》意旨的話，特別有所領略，《劉先生道護錄》曾曰：「誠是天道，思誠是

---

〔註105〕《中庸》，頁30。
〔註106〕吳怡，《中庸誠的哲學》，臺北，東大圖書公司，民73年3月再版，頁15～30。

人道，天人無兩箇道理。」〔註107〕司馬光於《涑水迂書》中曰：「天之所不能爲，而人能之者，人也；人之所不能爲，而天能之者，天也，稼穡，人也；豐歉，天也。」〔註108〕他們經常探究誠者與誠之者的道理，同時也思索身爲誠之者，所可以努力改進的部分。

對伊洛學派而言，易學的天道就是一種天理，但對涑水學派而言，易學裡所稱的上天，其實說穿了，就是誠，在司馬光看來，天道和萬物一樣，本身蘊含了誠，也無時無刻不表現誠，是故天道才能運行如此順暢無礙，風調雨順，四季運行。天道並不需要高談闊論，上天的道理就在人世間，司馬光曾曰：「易曰：『窮理盡性以至於命。』世之高論者，競爲幽僻之語以欺人，使人跂縣而不可及，憤瞀而不能知，則書而捨之，其實奚遠哉！是不是，理也；才不才，性也；遇不遇，命也。」〔註109〕《易經》所教人的窮理盡性說，並不是幽僻之語，也絕對不是那種無法實踐的道，司馬光認爲所謂合於理，端賴判斷事的對與錯，所謂的性端賴適不適合個人的才能，所謂的命端賴有沒有機緣，理、性、命，就只是簡單的道理而已。

行文至此，不難發現涑水學派強調從實際的生活層次，來說明天道「誠」之理對人的影響，《涑水迂書》曰：

> 天雨，迂夫出見飯車息於高蹺者，指謂其徒曰：「是車也將覆。」不久矣，行未十步，聞謹聲，顧見其車已覆。其徒謂曰：「子何用知之？」迂夫曰：「吾以人事知之，夫天雨道濘，而蹺獨不濡，又狹而高，是眾人所趨也，而車不量其力，固狹擅高，久留不去，以妨眾人欲進者，其能無覆乎？禍有鉅于此者，奚飯車之足云。」〔註110〕

這是一次司馬光與弟子的談話，司馬光事先告訴弟子，停泊於高蹺上的馬車將會傾倒，果不其然，車子就在師徒對話後不久便傾斜倒塌，這並不是司馬光有任何未卜先知的能力，只是司馬光善用天道、人道中的誠，觀察事物而已，正如司馬光自己所言：「以人事知天。」天雨路滑，道路泥濘，許多路人索性攀上高蹺行走，只是高蹺又高又狹，又停了一輛妨礙路人行進的車子，終因高蹺無法承載如此重量，而導致車子傾倒。司馬光能夠觀察入微，是因

---

〔註107〕《劉先生道護錄》，頁1171。
〔註108〕《涑水迂書》，〈天人〉，頁79。
〔註109〕《涑水迂書》，〈理性〉，頁67。
〔註110〕《涑水迂書》，〈飯車〉，頁65。

爲他實踐了誠的精神，對人事、天理有所感應，所以能夠推估車子傾倒的結果。還有另一個實際發生在司馬光身上的例子，也可以說明他因爲以誠順應天理，而獲得實際功效，《涑水迂書》曰：

> 迂夫病匿齒，呻吟之聲，達於四鄰，通夕不寐，有道士過之，問曰：「子知病之所來乎？」曰：「不知也。」道士曰：「病來於天，天且取子之齒，以食食骨之蟲，而子拒之，是違天也。夫天者，子之所受命也，若之，何拒之，其必與之。」迂叟曰：「諾。」於是以齒與蟲，憪然而寐，一夕而愈。〔註111〕

司馬光本來因爲牙痛而徹夜難眠，後來因爲道士點醒他，食骨之蟲原本就是要來取他的牙，他若是逆天行道，便要遭受牙痛之苦，如果，順天而行，反而能夠忘卻牙痛。雖然用現今醫學觀念來看這個例子，或許覺得有些神奇，病痛竟然可以不藥而愈，不過，仔細想想，心境的轉換，確實或多或少對病情有所幫助。上段引文還提供了一項訊息，就是司馬光自己也在生活中不斷踐履誠的精神，他甚至把這樣的一段例子紀錄在《涑水迂書》當中，他用這些實證提醒後學要不斷地學習誠，來回應人世間不斷變化之道。在司馬光看來，《涑水迂書》紀錄學習天道與人道呼應得宜的實例，希望做到「上戴天、下履地，中函心」。〔註112〕作爲司馬光思想精華的《涑水迂書》，蘊含了他吸收融會易學後的體悟。

劉安世也從老師司馬光的身上，學到了誠的道理，《元城先生語錄》中記載了他向老師學習「不妄語」的過程，文曰：

> 老先生（司馬光）曰：「從不妄語入。」某（劉安世）自此不敢妄語。
> 先生曰：「六經之中，絕無眞字，所謂誠即眞也，故古者君臣師弟子之間，惟是誠實，心中所欲言者，即言之。」……某從少年至老觀之，誠實之風，幾乎日衰於一日，年衰於一年，方今夫婦、兄弟、父母之間，猶相詔諛也，相欺詐也，況於君臣、朋友之間乎！且君臣、父子、兄弟、夫婦、朋友，只是一箇道理，若一處壞，即皆壞矣。〔註113〕

劉安世指出人倫之理也是要以「誠」爲指導原則，他自己也是從司馬光那裡

---

〔註111〕《涑水迂書》，〈匿齒〉，頁64。
〔註112〕《涑水迂書》，〈事神〉，頁68。
〔註113〕《元城先生語錄》，卷中，頁1103～1105。

學得「誠實」的真理，經典之中雖然沒有真字，但是「誠」就是真，就是將心中所想要表達的話，如實地表述出來，倘若誠實真理不行於三綱五倫之中，那人道倫常就都要壞去了。劉安世從老師身上學到了誠的精神後，也不間斷地力行此道，他自己曾經表示，因為秉持著這個宗旨，而懂得隨時調養生息的道理，《元城先生語錄》曰：

> 先生（劉安世）曰：「天下之事不可以一槩論，且以飲酒一事言之。」
> 《本草》言：「三人早行，內一人獨生者，以飲酒故也。且冬月早行，
> 冒寒必疾，故藉酒酷烈之氣以敵之。」某（劉安世）到南方，有一
> 高僧教余言，南方地熱，而酒性亦大熱，《本草》所謂「大海雖凍，
> 而酒不冰。」今嶺南煙瘴之地，而更加以酒，必大發疾，故疾之狀，
> 使人遍身通黃，此熱之極也。故余過嶺，即斷酒，雖遍歷水土惡弱，
> 他人必死之地，某獨無恙，今北歸已十年矣，未嘗一日患瘴者，此
> 其效也。故某多與人言此事。〔註114〕

劉安世對於飲酒養生一事，頗有心得，不管是遇到冬月早行，或是遇到必須南渡的情況，劉安世都有自己一套保固性命的飲酒之道，劉安世透過這個例子，教導後學天下之事變化無常，猶如易學的變化法則一般，人應當以誠順應變化，取其中道，才不至於有損己身。

談易三十年的劉安世，在易學的應用上，還有一項特點，就是經常以歷史事件呼應易學之道，例如，他在《元城先生語錄》上卷，指出唐明皇前後不一的行為，唐明皇治國初期十分節儉，後期卻顯露出奢侈荒淫的行徑，實在不合於《易經》：「有始有卒」之理。〔註115〕歷史與易學本有相輔相成的功效，從兩方面來說：第一，歷史具有「多識前言以蓄其德」的特質，鑑往知來之先覺能力，與易學「見微知著」的道理相類似。第二，史學是易學檢驗的良好基礎，歷史事件在時間洪流裡，不斷上演和變動，透過歷史事件來驗算易學的正確性，可收一舉兩得之效。

綜前所論，可以發現司馬光與劉安世，在《涑水迂書》和元城三書中，主要以實際的例證，結合《中庸》與易學的方法，說明學者只要掌握天道人道中誠的精神，順應易學的變化之道，是可以獲得實際功效的。

---

〔註114〕《元城先生語錄》，卷上，頁1066～1067。
〔註115〕《元城先生語錄》，卷上，頁1073。

## 四、江民表、潘殖、劉子翬、張九成

第四組的張九成、劉子翬、潘殖、江民表，也同樣被收錄於《諸儒鳴道》，筆者將一一說明他們結合《中庸》與《易經》經傳的內容和方法，雖然，他們彼此間的學承關係，並沒有明顯的共通性，但是他們應用融會兩部經典宗旨的堅持，是相同的。

### （一）江民表

《諸儒鳴道》所收錄的《江民表心性說》，其實只收錄了兩篇文章，第一篇是談論心的主題，第二篇則是談論性的主題，其中有很明顯的證據，顯示江民表用《易經》建立心學的根據，他在〈心說〉篇中，引用了易學的基礎，來建立其哲學系對心的理解，〈心說〉曰：

> 心之爲心，亦大矣。世之論者，莫得其旨，以時求心，而心非時之可求，所謂出入無時者是也；以處求心，而心非一處之可得，所謂潛天而天，潛地而地者是也；以體求心，而心非一體之可見，所謂不在內外中間者是也；以用求心，而心非用之獨得，所謂無思，無爲，寂然不動，感而遂通者是也。眾人放心，賢人勿喪心，聖人縱心，至人無心，故能忘天下，忘天下然後能得天下。〔註116〕

他認爲心具有主宰的能力，不可以用時間、空間、功用的解釋來限定它，心之所以重要，因爲心不受時空束縛，它無思無爲，寂靜不動，等待感應伺機而動，不同層級的人對心的掌握能力不同，一般人放心而爲，賢良的人謹記著不要荒廢心的認識能力，再上一層級的聖人已經明白心的能力，所以縱心而爲，最高層級的至人，則可以做到無心，江民表所提的無心，是形容不刻意專注於自己的意念，然後，便能應天下，忘天下，而得天下。心的意念倏忽起，稍縱逝，它的變化非常快速，如果一直鑽研於方生方滅的意念，反而會畫地自限。江民表說：

> 易曰：「咸速也，惟無心，故能感人心之速。」如此爲人君者，烏可不知此心知妙用耶？〔註117〕

在江民表看來，運心動念的速度，是非常快速的，要擔任人君，必須明白這個道理，除了克念作聖之外，還必須感應人心快速的變化，隨著變化，作出

---

〔註116〕《江民表心性說》，〈心說〉，頁 1177～1178。
〔註117〕《江民表心性說》，〈心說〉，頁 1181。

正確而有利於萬民的抉擇。江民表進一步提出，皇帝無心才能化爲萬民之心，以心的神妙功效鼓舞天下，文曰：

> 陛下心即天心，天心即民心，是以一言之出，足以風四方，一行之見，足以表萬世。……陛下非親臨之也，高拱深嚴，所以鼓舞天下者，蓋有道也。易曰：「神也者，妙萬物而爲言者也。」又曰：「鼓之舞之，以盡神心之妙用。」其神如此，可不素養耶？心不可不虛，不虛則不明；不可不實，不實則不誠，不方則不足與守，不正則不足與行。〔註118〕

誠如引文所言，皇帝要素養自己的心，使其虛明實誠，便能夠神妙地化育萬物，用心來鼓舞激勵人民，完全地發揮心的神奇作用。

上述三條引文中，江民表分別引用了《繫辭》：「《易》無思也，無爲也，寂然不動，感而遂通天下之故也。」〔註119〕《說卦傳》：「神也者，妙萬物而爲言者也。」〔註120〕《繫辭》：「子曰：『聖人立象以盡意，設卦以盡情僞，繫辭焉以盡其言，變而通之以盡利，鼓之舞之以盡神。』」〔註121〕他把易學當中神妙的精蘊，形容爲心，藉由心突顯道的宗旨，然後，再利用心學建立人道的倫理秩序。他勸戒皇帝要素養其心，因爲一位普通的平民百姓修不修心，影響所及有限，但皇帝不同，皇帝與國體萬民息息相關，一個能夠治心的皇帝，正如《中庸》言：「至誠之道，可以前知。國家將興，必有禎祥；國家將亡，必有妖孽。見乎蓍龜，動乎四體。禍福將至；善，必先知之；不善，必先知之，故至誠如神。」〔註122〕當皇帝無妄念私慾，不受外物所擾，洞察興亡禍福之機，對國家而言，是一種禎祥之福。江民表的心學體系，正是點出心對個體群體的重要性。

江民表在〈性說〉中進一步闡釋他對性的理解，他對性的理解，符合《中庸》所講的「天命之謂性，率性之謂道。」天命賦予人民萬物本性，性並不是造作而來，而是自然生成，率循本性，就可以修明人道。所以，江民表主張性理相同，性同理、理同性，沒有分別，因爲性與理都是上天給予的，是故性也沒有善惡之別，他反對孟子性善說，反對荀子性惡說，反對揚雄性善惡混說，也反對韓子性三品說，〈性說〉曰：

---

〔註118〕《江民表心性說》，〈心說〉，頁1186。
〔註119〕《易經讀本》，頁517。
〔註120〕《易經讀本》，頁571。
〔註121〕《易經讀本》，頁525。
〔註122〕《中庸》，頁34。

> 孟子指性善，以謂人之生也，有不學而能不慮而知，孩提之童，無
> 不知愛其親及其長，無不知敬其兄，今有赤子臥之空室，飢則乳之，
> 不見一人，不交一語，及其長也，試問之，孰爲汝親？孰爲汝兄？
> 汝愛其親否？汝悌其兄否？赤子終不能知其爲兄親也，亦不知所以
> 愛其兄親也。……荀子之言性惡，其善者僞也，……不唯不知正性，
> 而又不通故習。……揚子以人之性也，善惡混，……今以善惡相混
> 言性，是以編縛籌矢而名竹也。……韓子之言性，有上中下三品，……
> 因習而名上中下，可也，以正性有三品，不可也。〔註123〕

在他看來，《中庸》對性所下的注解，才比較恰當，他十分認同子貢所言：「性
與天道，不可得而聞。」性既然是上天給予的，沒有善惡分別，所有一切人
們以爲的道德批判詞彙，例如善、惡，只是性被表現出來所造成的結果，但
並不是指本性；又如誠、氣、心、神、道等詞，也不等於性，充其量，只可
以解釋爲習性。眞正的本性，並沒有好與壞的分別，所以江民表不認同性善
說、性惡說、或是性善惡混說。

　　江民表以《中庸》和《易經》闡述他對心性的理解，他把易學所談論的
神妙不可知的力量，轉換爲人的心，當人能夠驅制這股力量時，便可以順利
地展現天命賦予人的本性。

## （二）潘　殖

　　潘殖對易學的注解，是比較特殊的，《諸儒鳴道》所收諸儒對易學的注解，
大多屬於義理一派，但從潘殖《安正忘筌集》的內容來看，他應當屬於象數派。
〔註124〕宋易中的象數派，除了繼承漢唐易學以象數解易的學風之外，更爲突出
的是，提出各種圖式解說《易經》的原理，所以，又被稱爲圖書之學。〔註125〕
潘殖的作品確實也符合這樣的特色，《安正忘筌集》共分十卷，其中隨文附十二
張圖式〈十數〉、〈又十數〉、〈著數〉、〈卦數〉、〈河圖數〉、〈六爻數〉、〈兀數〉、
〈九疇數〉、〈洛書圖〉，〔註126〕〈洪範圖〉兩張、〈皇極會要〉。〔註127〕另外，

---

〔註123〕《江民表心性說》，〈性說〉，頁 1191～1194。
〔註124〕在這一點上，《諸儒鳴道》十二位諸儒中，除了潘殖以外，其餘十一位應均屬
　　　　於義理派，宋意義理派中，有些偏重取義，如二程；有些偏重取象，如張載
　　　　與周敦頤，周敦頤的《太極圖說》，便是他講易學之象的證據，但義理派的重
　　　　點，都著重於表現易學的理論體系。
〔註125〕《易學哲學史》中冊，頁 5。
〔註126〕上述十張圖式都集中在《安正忘筌集》，卷2，頁 1379～1388。

有些篇章如卷一〈坎離〉、卷二〈易數〉、〈六九數〉、〈學宗圖書〉、卷六〈習坎〉、〈易圖〉、卷七〈爻象〉、卷八〈大小畜〉等，都圍繞著易數易象談論，全書前兩卷側重闡述易數如何排列變化而建構世界，後八卷則偏重於解釋人存有於這個世界的生存法則。由此看來，潘殖的哲學理論確實較其他諸儒不同。

潘殖《安正忘筌集》的首篇〈統論〉，有助於我們了解他的哲學思維，〈統論〉曰：

> 聖人觀身心於易，易無體是爲大象，形所由生，易無思是爲太極，心所由起。無體者，身之本，無思者，心之源。大象伊何？形影未兆而非夢者是也。太極伊何？喜怒未發而在中者是也。此以未使出吾宗，故居形數之先。制形數而非制於形數，斯謂之常，以無古今，無去來，上無初，下無終，涉萬變而此不變者也。……後之學者，不知不習之道，由地道之光，惟黃中通理，則正位居體，乃溺於楊墨之有取，而畔援歆羨之心勝，於是景仰其高明，慕悅其功美，尋其步趨而從之迹則是矣，其所詣則殊也，皆原於不明，而單泊於有取，有取則隨所見，見則不離兩端，兩端而有取，則必倚於一偏，兩端而偏重則傾，而非中庸，故不立中庸不可能。〔註128〕

引文所指，聖人自觀身心於易學，易學當中的「大象」和「太極」正是聖人身心之根本。易無體，是爲「大象」，形容一種形影尚未成形之前的狀態，這種狀態並非是恍恍惚惚的夢囈場景，應當較爲接近所謂的「混沌之際」，而形數便是由此而生，故也「無古今、無去來、上無初、下無終」；易無思，是爲「太極」，指明喜怒未發而在中的狀態，形容內心寂靜不動的狀態。當聖人與人交往之際，始體會自己的身心開始作用，在此同時，必須觀察身心的初始狀態，才能回歸正宗，要使身心回歸正宗的方法，就在於艮止與退藏於密。當身心復本，才能廣居正位，恬養身心，順理自然，只是後世學者大多不能通曉這個道理，不知修養之道由地道之光，進而黃中通理，便能正位居體，反而沉溺於楊子墨子的有取之心，一旦陷於歆羨他人高明功美的心，便會產生偏倚，偏重致使傾倒，傾倒自然無法中庸，只有消除兩端的偏見之後，才能回歸到正常中庸之道。總而言之，聖人應自觀身心，體察以應萬變，求取時中，無往而不利，聖人之道就是如此平易簡單，得易簡天下之理，成位於中。

---

〔註127〕上述三張圖式收錄於《安正忘筌集》，卷3，頁1403～1404。
〔註128〕《安正忘筌集》，卷1，〈統論〉，頁1355。

　　潘殖於〈統論〉指明《安正忘筌集》的宗旨，其中，仍有兩點值得注意：第一、統論就是總論的意思，潘殖認為易學的簡易大道與中庸之道是可以互相呼應，聖人明瞭易學簡易的大道，便可以找到身心復本的正位，故立中庸也就不至於不可能；第二、從〈統論〉裡，我們同樣可以發現潘殖和其他諸儒一樣，也致力於結合《中庸》與《易經》的道理，潘殖引用到《中庸》「喜怒哀樂之未發，謂之中。」〔註129〕「執其兩端，用於中於民」〔註130〕的文句，〈統論〉還隱含著一些中庸的道理，例如他指明中庸之道隨時存在於平常的生活場域，只是後世學者中「知者過之，愚者不及也」，所以，道才無法順利彰顯於世。潘殖也應用了《易經》的坤卦「君子黃中通理，正位居體，美在其中，而暢於四支，發於事業，美之至也。」〔註131〕藉由說明君子的品德尊貴中正，通達而有文理，身處於中正的位置，引導出聖人的正位居體；應用艮卦〈象〉曰：「艮，止也。時止則止，時行則行，動靜不失其時，其道光明。」引導出聖人運用身體不會違反適時的原則。上述所論，不難發現潘殖結合兩部經典作為其哲理的基礎；最特別的是，潘殖把易學中的太極，等同於中庸所講的寂然之心，在易學中太極是世界的中心，可謂天地之心，是一項神秘而重要的基礎，而心也是聖人修道成功與否的關鍵，對潘殖來說，心和太極具有同等重要的意義。

　　除此之外，潘殖特別強調易數的價值，他鼓勵學者多考究易學之數，〈易數〉篇曰：

> 易之大旨有四：謂言、易、象、數，而數尤其顯而易見者，善學譬治木，先其易者，後其節目，故學易，先學數，數既較然明辨，斯不疑其所行，而微妙處，始可詣矣。易數，君於五，而總於一，故五之位在中，而一與之，俱為出乎數，而用數者，蓋真君真宰，妙體妙用之不相離也。堯舜執中，孔子貫一，皆此位之數耳，知至而至之，則旁通並貫矣，學者首當考諸數，以知出數，而用數者之成位，至是位，則超形，於是止其位以觀象，見象則見易矣。〔註132〕

上段引文的大意，是說明學習易學，必須從「數」入手，「數」是易學中最為顯見，也最容易說明白的，學者應由此入手，再漸進接觸其他部分。潘殖進

〔註129〕《中庸》，頁3。
〔註130〕《中庸》，頁6。
〔註131〕《易經讀本》，頁34。
〔註132〕《安正忘筌集》，卷2，〈易數〉，頁1377。

一步解釋易數之「五」居其中位，代表「君」位，而堯舜與孔子就是居中之數，以五歸一，便能觸類旁通。潘殖的思維理論，是從抽象的數的概念出發，以數目自身的排列組合，構造河洛的圖式，進而用來解釋世界的秩序，例如〈洪範圖〉言：

> 得天地之數而生者五行。……四方之土沖氣所生之實，土也。中央沖氣，土之眞精，出乎四十九數之外，兆於一，而爲用數者，居中虛爲氣之母，而以無生有，至出數處而思不出位，則處數而趨形。……得五行之數，而生者五事。

> 思不出位，則思無疆，不離本心之虛明，所以睿而作聖。〔註133〕

〈洪範圖〉的圖形，乃由許多空心及實心的圓形組成，這些圓分別代表陰陽之數，天地陰陽配合相生五行（水火木金土），五行各司其位，一爲水、二爲火、三爲木、四爲金、五爲土，再以五行各代表五事（貌言視聽思），一爲貌、二爲言、三爲視、四爲聽、五爲思，五行之主「土」與五事之主「思」最爲重要，能作到「思不出位」，不離本心，就是睿智作聖。潘殖從天地陰陽講到五行，再論五事，用衍生方式說明天人之道。萬事萬物在世界中各有自己的定位，而人也在世界中，藉由易數找到自己的定位，配合數的運行，學習並表現自己的德行。〈學宗圖書〉曰：

> 昔者，聖人之作易也，……以理萬物者也。……由著德之圓，卦德之方，是以申言天生神物，聖人則之，河出圖，洛出書，聖人則之，藏密在卦德之方，因是而致用，又在著德之圓，要之備，此者，乃在於洛書。〔註134〕

引文說明了河圖可以檢驗易數的定位，八卦代表明者之數，而著數圓通的性質，可以從三方包覆一在其中，卦體方正的性質，則可以從四方包覆一，利用著數、卦體和一的交互運作，不斷繁衍，可以得出著數七七之數和卦數八八之數，而上天生出著龜這樣神妙之物，這圓動方靜之間，蘊含著上天垂式的各種天象，同時也能窺見天地之心，天地之心便是復本，所以聖人可以取法它，仿效它，更可以以此修節自戒。這段引文中，潘殖同樣引用了《說卦傳》：「昔者聖人之作《易》也」〔註135〕《繫辭》：「是故天生神物。」〔註136〕

---

〔註133〕《安正忘筌集》，卷3，〈洪範圖〉，頁1403～1404。
〔註134〕《安正忘筌集》，卷2，〈學宗圖書〉，頁1391。
〔註135〕《易經讀本》，頁564。

在討論易數這方面，潘殖確實不同於其他諸儒，不過，他探討易數的目的，還是回歸到人道上，他說：「由數則可以知位，以見天下之大本，而修身立命之旨在焉。」足可見其意圖。

## （三）劉子翬

《諸儒鳴道》收錄了劉子翬《崇安聖傳論》，劉子翬的這部作品含括了十篇文章，每一篇文章除了介紹特定的儒學聖賢之外，還兼論一個主題，而這十個主題分別是「一」、「仁」、「學」、「力」、「謙牧」、「死生」、「復」、「孝」、「中」、「自得」，其中，有許多內容結合易學和中庸之道，例如〈周公謙牧〉曰：

> 聖人明爲善之大端，使人向焉，而不誘人以利心，苟有冀焉，不如
> 其已。謙者，盛德之事也，易但言其終吉而已，安而行之，尊而光，
> 卑而不可諭言之法也。……易曰：「謙以自牧。」謙之妙用，周公所
> 行也，豈有利心哉！〔註137〕

這一段引文原是敘述周公謙牧自得的表現，劉子翬引用《易經》謙卦〈彖〉曰：「謙尊而光，卑而不可踰。」〈象〉曰：「謙謙君子，卑以自牧也。」〔註138〕藉此教導他人當如周公謙以自牧，常持謙之功，五常百行方能順遂。另外，〈顏子復本〉一文也是如此，其文曰：

> 易故多術，或尚其辭、或尚其占、或尚其象，皆末也，盡其本，則
> 末自應，何謂本？復是矣，嘗切爲之說曰：「學易者，必有門戶，復
> 卦，易之門戶也。入室者，必自戶：始學易者，必自復始得是者。
> 其惟顏子乎！不遠而復，稱爲庶幾，蓋夫子嘗以復禮爲仁之說告之
> 矣，顏子躬行允蹈，遂臻其極，一己既克，天下歸仁，復之功至矣。」
> 〔註139〕

這段引文以易學復卦教人復善趨仁、堅持正道的道理，結合到顏子躬行孔子所教導的修養功夫上，對易學研究者而言，掌握到復卦的精神，便是把握住易學的關鍵，對儒學修道者而言，復本的道理，同樣也是成聖成賢的關鍵。同樣結合易學與儒學的表述，在〈子思中〉也是如此，文曰：

> 子思之學，見於中庸一篇。發明後學其心甚切，章微析妙，惟恐人

---

〔註136〕《易經讀本》，頁523。
〔註137〕《崇安聖傳論》，卷1，〈周公謙牧〉，頁1608。
〔註138〕《易經讀本》，頁127～128。
〔註139〕《崇安聖傳論》，卷2，〈顏子復〉，頁1616～1617。

不解了，學者不能聞一而知舉隅，而反溺於言語之偏，中學幾於暗矣。未有天地，便有此中，人孰不稟是以生哉！……自昔聖賢講論發明，無非此事，口傳心授，初甚祕密，發端指踪，使人反求諸己焉，欲以直之，誠以明之，擴之達之，充之足之，日就月將，自強不息，及其至也，心融神會，囊綻冰釋，默契其理焉，世衰學弊，子思懼斯文之遂絕也，顯然論著筆之於書，其言曰：「喜怒哀樂未發謂之中，發而中節謂之和。」人皆有之，窮以未發之前，則茫然自失，孰主張是耶，孰施爲是耶，子思抽關啓鑰，發其祕奧，使學者洞然開曉，如得其遺物，自懷袖間，豈不樂哉！然喜怒哀樂，與生俱生，子思姑約此以明中，非捨此而中可得也。〔註140〕

在這段引文中，劉子翬把子思在中庸裡所談到的中，暗喻爲《繫辭》裡所講的那股寂然不動，感而遂通天下之故的力量。仔細對照其他篇章，便能明白劉子翬所指涉的中，就是他在〈堯舜一〉中所提到的「一」，也等於〈禹仁〉篇的「太易之旨」。〈堯舜〉篇曰：

道之不明也，彰之者誨之也；道之不行也，爲之者拘之也，聖人既歿，步驟聖人者日益眾，此甲彼乙，不能相統，心心有主，喙喙爭鳴，承舛聽訛，浸失其本，聖人之道，散於百家，蕩于末流，匯於學者，見聞之外，有密知其旨者，發而揚之，眾必愕眙，非詆而弗信也，而非聖人之道陷於所長而不能反也，故博以求約也，而聰陷之於雜思以索理也，而智陷之於鑿文以表義也，而才陷之於浮說由失其本，故才聰辨智爲之害也，不觀其全，各守其偏，聖人之道始離，互攻其異，不反其同，聖人之道始孤，不有卓然英睿出焉，孰能引而歸之，會而通之哉，夫道一而已，堯舜之心不間乎此，視聽言動必有司也，仁義禮樂必有宗也，堯舜有傳道之名，而無可傳之實，後世聖人豈託虛名而強追逗躅哉，必有授也。書論：「人心道心，本之惟精。」此相傳之密旨也，執一如天地，此致天下之要術也，心與道應，堯舜所以爲聖人也。一之所通，初無限量，斂之方寸，瑩然而已。感之遂通，未嘗變異，意形而忽消，應發而自絕，泛應而不隨，廣受而不蓄，此堯舜之心，所以常一也。〔註141〕

---

〔註140〕《崇安聖傳論》，卷2，〈子思中〉，頁1622～1624。
〔註141〕《崇安聖傳論》，卷1，〈堯舜一〉，頁1596。

在引文中，劉子翬說明聖人堯舜之所以成聖，是因爲實踐了「一」這個道，並主張「一」的重要，「一」就是指「心」，強調有心，便能成聖。道隱晦不明，甚至隱匿於學者見聞之外，眾人偏離聖人之道，唯獨「堯舜」能引而歸、會而通，所以，他們彰顯了「心」的價值，也足以成爲眾人楷模。可是，引文中並不強調堯舜如何學得「心」，只描述堯舜的表現，即能「視聽言動有司」、「仁義禮樂有宗」。他引導讀者以堯舜「視聽言動有司」、「仁義禮樂有宗」行爲爲表率，向他們學習，便可以成聖行「一」。劉子翬表示天地未有之前，早有此「中」，而這個中是昔時聖賢口傳心授，教人反求諸己，不斷擴之、達之、充之、足之，才終於明白箇中的奧妙之理，子思爲使後學洞曉其理，才撰寫《中庸》以發祕奧，這個中其實就是聖賢所講論發明、汲汲營營追求的「一」，〈堯舜一〉謂「一之所通，初無限量，斂之方寸，瑩然而已，感之遂通，未嘗變異，意形而忽消，慮發而自絕，泛應而不隨，廣受而不蓄，此堯舜之心所以常一也。」〔註142〕一可以呼應感通，且不受時間空間的限制，但一又可以收斂爲方寸之大，感通萬物的能力也不曾改變，雖然起念思慮的變化，是無窮無盡的，但是一仍然可以保持中，不受起念思慮變化的主宰，能夠做到「一」的，唯獨人心，才有這種能耐，像堯舜這般聖人的心，可以時常保持一的狀態，這種常一之心，符合了易學的太易之旨，〈禹仁〉曰：「太易之旨，貴乎無慮無思，然感心不滅也，應感之心，愛人利物之端也。」〔註143〕易學的最高宗旨，無貴乎無思無慮，沒有罣礙憂慮，感應之心才能夠真正發揮愛人利物的功效。

上述引文，除了說明劉子翬結合易學和中庸之學外，其實，也點出他的哲學思想。其哲學思想，有兩個特點：第一、劉子翬很少談論易學的數辭占象，他只從復卦揭示修身的功夫。第二、他很重視人心感通的力量，因爲他主張人是上天賦予的生命，人與萬物均充滿了天地之氣，「誠於覆載之間，一氣所運，皆同體也」。〔註144〕這種天人同體，一氣所運的感受，可以給人足夠的理由，發揮民胞物與的精神，對自我、對父母、對親友、對萬物，都須保持常一之心。

## （四）張九成

張九成在《橫浦日新》，表達了自己對儒學經典的態度，他說：「學者茍

---

〔註142〕《崇安聖傳論》，卷1，〈堯舜一〉，頁1596。
〔註143〕《崇安聖傳論》，卷1，〈禹仁〉，頁1602。
〔註144〕《崇安聖傳論》，卷1，〈禹仁〉，頁1599。

專意時文，經正吾心，史決吾行。」〔註145〕張九成肯定儒學經典洗滌心靈的作用，同時器重歷史鑑往知來的功效，也許正因爲如此，他對《易經》與《中庸》的應用，呈現出兩個特點，第一、他以《易經》卦辭解釋人事之理，強調在平常日用中落實天道的道理，關於這一點，其實與其他諸儒並無太大差別；第二、他同時以歷史事件輔助解釋經典，這點與涑水學派十分相似。

先談第一點，張九成認爲天理應該落實在平常日用之中，上天雖然沒有言說，但是自有其運行之道，道就在一草一木、一枝一葉中默默地展現著，致廣大而盡精微。正如張九成所言：「天何焉哉。……皆天理之所寓。」〔註146〕天並不是頹然地處在那裡，它令四時暢行，百物化生，這一切的一切，都寓載著天理，只是「百姓日用而不知」，〔註147〕但無論如何，它都一直如如實實地存在著，爲了能夠在運行的世界中順應天理，人必須先認知這個道理，並且透過易學，學習處世的原理原則，張九成《日新》專有一則〈易〉闡發其思想，其下羅列十二則，每一則都是利用卦爻辭解釋待人處世的道理，例如以「九五需」解釋酒食之義、以「小畜」解釋顏子不貳過的道理、以「謙」卦教人謙卑、以「大有」卦教人以柔尊居等。《橫浦日新》曰：

> 小畜初九言復自道，是一觸乎心，無非在道，此所謂安而行之也。九
> 二言牽復吉，則有勉強之意，已不若初九之自然，如顏子不貳過是也。
>
> 謙尊而光，卑而不可踰，謙之爲德，無所不亨，故尊而能謙則光大，
> 卑而能謙，雖至下，亦不可踰也。六二鳴謙，貞吉，謙德存諸中，凡
> 發於言辭者，亦無非謙也。如孔子曰：「若聖與仁，則吾豈敢。」又
> 曰：「吾何執？執御乎？執射乎？吾執御矣。」此皆鳴謙之義。〔註148〕

張九成以小畜卦初九爻和九二爻的寓意差別，說明主動復反正道的人，比受到影響後才歸正道者，要更爲令人讚許；另外，以謙卦說明即使因謙牧而獲得名聲遠播，也仍然必須守貞持正，對張九成而言，這些卦爻辭對應於人道之理的助益，著實匪淺。

在第二點方面，從《橫浦日新》中，可以發現張九成對歷史的偏好，其中有許多討論歷史的篇章，例如〈春秋〉、〈五代史〉、〈觀史之法〉、〈諸史〉

---

〔註145〕《橫浦日新》，卷上，〈經史〉，頁1641。
〔註146〕《橫浦日新》，卷上，〈吾無隱爾乎〉，頁1649。
〔註147〕《易經讀本》，頁504。
〔註148〕《橫浦日新》，卷下，〈易〉，頁1671～1673。

等，張九成曾言：「觀史所以決吾行。」透過歷史的檢驗，可以再次修正從儒學經典獲得的道理，無怪乎《橫浦日新》中，可以見到張九成以歷史輔助解經的情況，如《橫浦日新》中〈易〉曰：

> 舍逆取順，失前禽也。漢高祖有平城之圍，卒忍恥不報，此知失前禽之義也。唐太宗既平諸國，復親事遼東，謂之舍逆取順，可乎！
> 〔註 149〕

又另一則曰：

> 大有一卦，乾下離上，柔得尊位之時。求之古人，如漢文帝是也。吳王不朝，賜之几杖；尉他稱帝，召貴其兄弟；張武受賂，賜以金錢。此皆以柔居尊之義。〔註 150〕

張九成以易學驗證歷史，以歷史解釋易學，他舉漢高祖與唐太宗二例，來檢驗「前禽之義」，漢高祖不報平城圍城之辱，可謂失義；而唐高祖平定諸侯後，又親征遼東，可以算得上是合乎「前禽之義」，第二則引文，他舉漢文帝為例，說明「大有卦」以柔居尊位的方法與手段。由此來看，張九成不單重視易學卦爻辭，而且還用歷史檢驗易學的普遍性。

## 第三節　從心發展功夫論

　　《諸儒鳴道》諸儒對《中庸》和易學思想的結合，最後仍舊環繞於探討心的主題，在應用結合的過程中，諸儒嘗試解釋「心」的發展層次，一旦這個主題的論述，被建構成一種合理化、系統化的哲學思維時，這套體系自然就可以作為儒學基礎的功夫論，諸儒便是朝此方向努力前進。

　　諸儒關注心學的表現，不難從他們的言論與著作中找到證據，如〈涑水學案〉中記載司馬光「留心《太玄》三十年，既及諸說而為註，又作《潛虛》之書，自《通鑑》視之，則心學也。」〔註 151〕劉蕺山曰：「張子（張載）精言心學也。」〔註 152〕張載學術思想中的「大心」說，與《西銘》所說明的「道」，其實也透露出他強調認識論中「心」的主觀成分。〔註 153〕周敦頤提出「誠」

---

〔註 149〕《橫浦日新》，卷下，〈易〉，頁 1671～1673。
〔註 150〕《橫浦日新》，卷下，〈易〉，頁 1671～1673。
〔註 151〕《宋元學案》，卷 8，〈涑水學案〉，頁 182。
〔註 152〕《宋元學案》，卷 17，〈橫渠學案〉，頁 382。
〔註 153〕劉宗賢，〈陸王心學探源──試論周敦頤、張載、邵雍與心學思想的關係〉，《中

與「孔顏樂處」，正是心學思想的發展。〔註154〕程顥的〈識仁〉篇，開啓了心學一派的源流。〔註155〕程頤主張以「敬」處世。劉安世著重「誠」的表現，也是呈現「心」的直覺。江民表提出《心性說》。楊時所主張的「理一分殊」所指涉的「仁」，即是「本心」。潘殖《安正忘筌集》〈本心附〉篇，闡明「本心」與「人心」的不同，並主張「早覺早復」而「不失本心」，以強調治心的重要。〔註156〕劉子翬於《崇安聖傳論》首篇〈堯舜一〉即講「一」，「一」指一心，心有統整密旨的功能。〔註157〕張九成的《日新》就是要「正心以成天下之本」，方能日日新、苟日新。〔註158〕綜前所論，可知諸儒對心的用功匪淺。

　　從上節中，已知諸儒對於《易經》和《中庸》的應用模式，並不相同，這些差異反映出他們對心的認知差異，同時，也影響到他們所建構的心學理論。例如周敦頤，在他的哲學體系中，人要能正確地認識天，必須要透過「誠」，在五常百行中體現誠的精神，而「心」正蘊含了「誠」的宗旨，他主張「誠」的天人合一思想，必須通過心性涵養的境界來體會，所以人之聖，就是得天之誠，故曰：

> 寂然不動，誠也。感而遂通者，神也。動而未形，有無之間者，幾
> 也。誠精故明，神應故妙，幾微故幽。誠、神、幾，曰聖人。〔註159〕

在這個層次上來說，「誠」是「心」眞實的表現，當「心」善於感應外在事物，而且通情達理地回應時，便是神妙的表現，而這項主宰認知自然世界的機制，就是「心」。因爲「心」具有控制能力，才能克己行道，行「顏子樂貧」之道，行「至公至德」之道。〔註160〕

---

國哲學史》2期，1994年2月，頁59～65。

〔註154〕劉宗賢，〈陸王心學探源——試論周敦頤、張載、邵雍與心學思想的關係〉，頁59～65。

〔註155〕劉宗賢，〈程顥"識仁"思想及其與陸王心學的關係〉，《中國哲學史》，1994年1月，頁72～80。

〔註156〕《安正忘筌集》，卷3，〈本心附〉，頁1408。文曰：「當早覺而早復，使常不失其本心，此治心之要也。」

〔註157〕《崇安聖傳論》，卷1，〈堯舜一〉，頁1595。

〔註158〕《橫浦日新》，卷上，〈正心〉，頁1640。

〔註159〕《濂溪通書》，〈聖〉，頁44。

〔註160〕《濂溪通書》，〈顏子〉篇曰：「顏子不愛不求，而樂乎貧者，獨何心哉？……見其大則心泰，心泰則無不足，無不足，則富貴貧賤，處之一也。」〈公〉篇曰：「聖人之道，至公而已矣。或曰：何謂也？曰：『天地至公而已矣。』」〈孔子〉篇曰：「道德高厚，教化無窮，時與天地參而四時同，其惟孔子乎！」

主張氣本論的張載，把天人視爲一體，他曾曰：「乾吾父，坤吾母。吾乃乾坤之子，與人物渾然處于中間者也。心性即天地，夙夜存心養性，是夙夜匪懈以事天地也。」〔註161〕其個人就是一個小的天地，「心性」即是天地，〈大心〉篇曰：

> 大其心則能體天下之物，物有未體，則心爲有外。世人之心，止於聞見之狹。聖人盡性，不以見聞梏其心，其視天下無一物非我，孟子謂盡心則知性知天以此。天大無外，故有外之心不足以合天心，見聞之知，乃物交而知，非德性所知；德性所知，不萌於見聞。〔註162〕

引文中所指的「大心」能體天下萬物，如果無法體悟，則「心」外於身，遑論「治心」或操控存養，即使能夠體會萬物而有所見聞，也必須提醒自己，不被「所見所聞」禁錮認知，才能進一步作到「盡性」，體世界外物，便能盡個人心性，這就符合了孟子所言：「盡心而知天」。楊時也說：「由一身觀之，則心是也。」〔註163〕世上萬事萬物「千變萬化，只說從心上來，人能正心，則是無足爲者矣。」〔註164〕

他提倡「心統性情」說，「性情」發乎於「心」，心作爲人之主體，能夠思維運作，故「心」在張載哲學體系中扮演十分重要的角色，張載經常提出「盡心」論，在人倫庶物的體察認識上，強調「窮理盡性」，不論是「見聞之知，乃物交而知」或是「德性所知，不萌於見聞」，都要求以「盡心」知性知天。〔註165〕身爲一個有見識的人，必須體認到萬物和人類的生成，是基於同樣的道理，所以盡量擴大自己心的功能，體察天下萬物，要把天下萬物視爲同我一般，就如同孟子所講的「盡心知性」，將己心擴充以合天心，不論是經由眼見耳聞、或是經由德性體悟的認知，都能夠切合天理。

伊洛學派中的謝良佐，繼承二程的天理論，他進一步把天理等同於仁，同時，他也認爲天理和人欲是相對的，倘若要使天理顯現，就必須去除人欲，恢復本心，爲了消除人欲，達到天人合一的境界，就必須恪守二程格物窮理之法。〔註166〕所以，謝良佐和楊時一樣，都認爲心是重要的關鍵，〔註167〕

---

〔註161〕《宋元學案》，卷17，〈橫渠學案〉，頁384。
〔註162〕《張載集》，〈大心〉篇，頁24。
〔註163〕《龜山語錄》，卷1，頁1212。
〔註164〕《龜山語錄》，卷3，頁1287。
〔註165〕《張載易學與道學：以《橫渠易說》及《正蒙》爲主之探討》，頁174～175。
〔註166〕Selover , Thomas W., Hsieh Liang-Tso and the Analeects of Confucius, New York,

在居敬和靜坐的功夫裡，鍛鍊自己的心。

　　涑水學派特別強調「誠」的精神，對他們而言，能否實踐「誠」取決於「心」，人行「誠」才能真正感動他人，而非欺人，司馬光說：

　　　　鞠躬便辟不足爲恭，長號流涕不足爲哀，弊衣糲食不足爲儉，三者
　　　　以之欺人可矣，感人則未也。君子所以感人者，其爲誠乎？欺人者，
　　　　不旋踵，人必知之，感人者亦久而益信之。〔註168〕

人要能真實表達自己的感覺，才是誠的表現，道的體現也完全在於一個「誠」字。人活在天地之間，可以透過學習，時時要求自己回心、治心以求「事神」。〔註169〕在動靜語默，飲食起居之間，常常不忘「正心」。〔註170〕他深知「心」能起很大的影響力，因爲在他自己牙痛的實例中，深刻體會「心」的作用何等之鉅。

　　劉安世主張發揮「心」的認識功能，才能做到「誠」，也才能對世界上的事情人物，具有真知灼見的眼光，《元城先生語錄》中曾紀錄兩件史事：一爲唐明皇即位之初於前殿焚錦繡珠玉之事、〔註171〕一爲三國曹操臨死立遺令之事。〔註172〕一般人對這兩件事的評價，應該是會讚許唐明皇恭儉之表現，而批評曹操奸詐至極，老謀深算。但司馬光與劉安世，對他們的評價，卻恰好相反，他們反而認爲唐明皇的行爲，只是沽名釣譽，好名之蔽而已；而曹操立遺囑卻是好事一椿，曹操別有用心立遺囑，其目的並不是囑咐禪代之事，而是吩咐處置家人俾妾、分香賣履之家事。若非有識之士，如何能識破這箇中道理，若非「道心」檢驗，如何能客觀評斷史事，扮演「誠者」與「誠之者」的角色。

　　江民表特別強調心的主宰性，他之所以認定心的功用，是因爲他主張心具有易學神妙的精蘊，能無思無爲，並化育萬物，他認爲心對個體或群體，都十分重要，在身心關係中，心是身之主，「心」是整個身軀的主控者，所有外在的感官——舉凡眼耳鼻舌，都由「心」來操作。〔註173〕潘殖亦說：「人之

　　　　Qxford University Press, 2005, P42～43。
〔註167〕《上蔡先生語錄》，卷中，頁1029。
〔註168〕《涑水迂書》，〈三欺〉，頁78。
〔註169〕《涑水迂書》，〈事神〉，頁67，文曰：「事其心神。或曰：『其事之何如？』曰：『至簡矣。……君子上戴天，下履地，中函心。』」
〔註170〕李昌憲，《司馬光評傳》，頁370～371。
〔註171〕《元城先生語錄》，卷上，頁1073。
〔註172〕《元城先生語錄》，卷中，頁1096。
〔註173〕《江民表心性說》，〈心說〉，頁1177。

大患在於有身。」所以必須做到「身泯而神得安定休息，藏乎正位」，所謂藏乎正位，所指的即是「人心」而已。〔註174〕劉子翬也把心當作感應的利器，心是領會把握天地萬物的通道，可以作為「愛人利物之端」。〔註175〕正如張九成所深信「仁義禮智根於心」的道理，是一樣的。〔註176〕

綜前所論，諸儒以《中庸》和易學所建立的哲學思維，不論是強調心的功能，心的神妙，或是心的重要性，都圍繞著心學的關鍵，雖然他們對心的發展層次的思維，並不相同，但是他們從「心」開始建立功夫論的方向，則是一致的。

---

〔註174〕《安正忘荃集》，卷8，〈咸感〉，頁 1529～1530。

〔註175〕《崇安聖傳論》，卷1，〈禹仁〉，頁 1602。

〔註176〕《橫浦日新》，卷上，〈仁義禮智〉，頁 1656。

# 第五章　《諸儒鳴道》論心學宗旨

## 第一節　心性之學爲儒學傳統

　　「心性之學」或稱爲「性理之學」、「內聖之學」、「成德之教」，〔註1〕名稱或異，廣泛來看，蓋泛指儒學發展中，針對道德本心與道德實踐的功夫。「心性」的探討，一向是儒家傳統的重要課題。現今學者 Schwartz, Benjamin 也提到儒學思想的範疇，就是修身平天下、內外之治、知與行，《論語》、《大學》、《孟子》、《中庸》等書圍繞著儒學主題打轉，包括天命心性的論題，不論宇宙觀或本體論，都跟性命道德有關。〔註2〕在郭店楚簡文獻資料中，如〈老子〉、〈緇衣〉、〈五行〉、〈忠信〉等篇即紀錄關於「心」的論述，有些闡明「心」的功能，有些則是強調「心」的重要，〔註3〕與儒家重視的修養工夫，很有關聯，故可知

---

〔註1〕牟宗三，《心體與性體》（一），臺北，正中書局，民57年，頁6。

〔註2〕Schwartz, Benjamin（史華慈）著、楊立華等譯，〈儒學思想中的幾個極點〉，收於《宋代思想史論》，頁 98～110。侯外廬等編，《宋明理學史》，頁 9，也提出宋明理學主要以討論「性與天道」爲中心的哲學思想。

〔註3〕丁原植，《郭店楚簡儒家佚籍四種釋析》，臺北，臺灣古籍出版有限公司，2000年 12月，頁 125，〈成之〉篇曰：「天德。大禹曰『余才在宅天心』害曷？此言也，言余之此而宅於天心也。」另郭沂，《郭店楚簡竹簡六種考釋》，上海，上海教育出版社，2001 年 1月，頁 151，〈五行〉篇曰：「於兄弟，戚也。戚而信之，親。親而篤之，愛也。愛父，其攸愛人，仁也。中心。」〈老子〉篇曰：「心使氣曰強，物壯則老，是謂不道。」〈緇衣〉篇曰：「古心以體法，君以民亡。《詩》云：『誰秉國不自爲貞，勞百姓。』」〈忠信〉篇曰：「天也昭天墜地也者，忠信之謂此。口惠而實弗從，君子弗言。心。」上述摘錄數篇，有些是說明心的功用，有些則強調心的重要性，故可知郭店楚簡中早有記載關於「心」的論述。

這個主題很早就受到儒學的注重。不僅如此，先秦以來，也有許多著作提及此論題，例如《尚書》〈大禹謨〉篇便傳十六字心傳：「人心惟危，道心惟微，惟精惟一，允執厥中。」《中庸》言：「天命之謂性，率性之謂道，修道之謂教。」直指天人之際的修道方法；主張「存心養性」的孟子談「盡其心者，知其性也。知其性，則知天矣。存其心，養其性，所以事天也。」〔註4〕這些經典著作一句句圍繞在討論「性命、道德、心性」的領域之上，這一向都是儒學熟知與熱衷的範疇。

　　直至宋朝，仍有許多士大夫對於「道德性命之學」的討論，滔滔不絕，談性論道是君子的學習課題，亦是成賢成聖的必要修身功夫。自孔孟以來，養性存德的功夫，便與儒學緊密結合，故程頤要撰寫〈顏子所好何學論〉以彰顯此道，文曰：

> 聖人可學而至歟？曰：「然。」學之道如何？曰：「天地儲精，得五行之秀者為人。其本也真而靜，其未發也五性具焉，曰『仁義理智信』形既生矣，外物觸其形而動於中矣。其中動而七情出焉，曰『喜怒哀樂愛惡欲』……君子之學，必先明諸心，知所養，然後力行以求至……孔子則生而知也，孟子則學而知也，後人不達，以謂聖本生知，非學可至，而為學之道遂失。」〔註5〕

孔子儒學之道，始終談論著成人的學問，完整培訓儒家倡導「學」的終極目標，聖人之學先求成人，後成君子。君子之學，先求明心養性，力行求至，越見精進，不論是生而知覺如孔子者，或後而學知如孟子者，都是透過「學」，達成性命道德之終極養成。如此看來，「性命道德」的領域早為儒學所普遍談論。《宋史》〈藝文志〉序言便說：

> 宋有天下，先後三百餘年，考其治化之污隆，風氣之離合，雖不足以擬倫三代，然其時君汲汲於道藝，輔治之臣莫不以經術為先務，學士縉紳先生，談道德性命之學，不絕于口，豈不彬彬乎進於周之文哉！〔註6〕

正如引文所提，時君汲於道藝，輔臣以經術為先，學士縉紳往往滔滔不絕地談論道德性命，這些表現無異於彰顯出宋儒企圖建立新王道秩序，這秩序必

---

〔註4〕　朱熹注，《孟子》，收於《四書讀本》，〈盡心〉第七，頁309。
〔註5〕　《二程集》，頁577～578。
〔註6〕　《宋史》，卷202，〈藝文志〉155，序言，頁5031。

須透過復古的手段，從經典和符合禮樂精神的三代中，找尋新王道的實行方針。〔註7〕尤其是在韓愈提出〈原道〉一文後，北宋儒學的提升，在一定程度上必須通過對〈原道〉的討論與批判，進行推展道學的運動。韓愈曰：「周道衰，孔子沒。……斯吾道所謂道也，非向所謂老與佛之道也。堯以是傳之舜，舜以是傳之禹，禹以是傳之湯，湯以是傳之文武周公，文武周公以是傳之孔子，孔子傳之孟軻。」〈原道〉點出一個重點，吾「道」並非釋老之道，而是堯舜一路傳遞下來的「道」。

　　《朱子語類》紀錄許多朱熹閱讀傳統經籍的心得，從中不難發現，朱熹注意到先秦聖賢所求的主旨，也是「心學」，如〈語孟綱領〉記載：

> 《論語》之書，無非操存、涵養之要；七篇之書，莫非體驗、擴充之端，蓋孔子大概使人優游饜飫，涵詠諷味；孟子大概是要人探討力索，反己自求，故伊川曰：「孔子句句是自然，孟子句句是事實。」亦此意也。如《論語》所言「居處恭，執事敬，與人忠」，「出門如見大賓，使民如承大祭」，「非禮勿視聽言動」之類，皆是存養的意思。孟子言性善，存心，養性，孺子入井之心，四端之發，如火始然、泉始達之類，皆是要體認得這心性下落，擴而充之，於此等類語玩味，便自可見。〔註8〕

朱熹認為《論語》與《孟子》就是「心學」的入門書，《論語》教人學思，操存居處執事，視聽言動的要理，《孟子》講存心養性和四端發源的對應關係，教人反求諸己體認「心性」，進一步擴充發揮，其中談論了許多操持與存養的方法，朱熹對經典的理解，突顯了「心學」在儒學體系中的重要性。

　　此外，有一些道學家，藉由反駁王安石「新學」，以表達他們對儒學「心性論」認知的堅持，如二程、楊時與司馬光等人，便在學術爭辯中，表述新學的謬失。由於當時陷溺於「識心見性」的儒者，不僅是程門弟子，就連一代大儒王安石也同樣陷溺於佛學，王安石新學〔註9〕的思想調和了儒佛之說，尤其是

---

〔註7〕　陳俊民，〈「道學、政術」之間——論宋代道學之原型及其眞精神〉，收於《哲學與文化》卷29第5期，2002年5月，頁415。

〔註8〕　《朱子語類》，卷19，〈論語一　語孟綱領〉，頁664。

〔註9〕　李華瑞與水潞，〈南宋理學家對王安石新學的批判〉，《宋遼金元史》，2002年第3期，頁33～37；羅家祥〈北宋新學的興衰及其理論價值〉，《宋遼金元史》，2001年第3期，頁2～7；王書華，〈荊公新學的創立與發展〉，《宋遼金元史》，2001年第3期，頁8～12，對王安石新學的興衰變化，有所介紹。王安石新學創立於嘉祐、治平年間，其主要著作《上皇帝萬言書》、《淮南雜說》、《洪

他的「爲道之序」與「性情論」，結合了許多佛學理論，〔註10〕他「退藏於密」的思想內容，其實就是以佛學的心性之學，取代儒學的修養功夫，正因爲他的哲學思想，與儒學本有把持的觀點不同，令其他儒者無法接受，甚至連原先投入新學的學者，也紛紛出走，潘殖與江民表就是最好的例子。〔註11〕

隨著政治權力的轉移，新學與當時的道學相互批駁，也形成互有消長的局勢。道學家對新學的批判，大致表現在兩個方面：一是駁斥新學爲異端邪說，藉以標榜道學才是繼承孔孟之學的正統；二是就政治層面，駁斥它變亂祖宗法度。〔註12〕二程道學和新學，雖然同樣提倡義理與道德性命之說，也都反對章句訓詁，但是在哲學理論上，卻有相當大的歧見，二程以道爲理，天理即是道，道的內涵是儒家倫理，王安石則以「道常無爲」的老子爲依據，並引用了佛學「明心見性」的哲學理論，致使兩派出現「道不同，不相爲謀」的窘境。〔註13〕二程對王安石的批評，相當嚴厲，說他是儒學之「大患」，道他只是「去人主心術處加功」。楊時對新學更是大加詆毀，他說：

夫王氏之學，其失在人耳目，誠不待攻，而攻之者亦何罪耶？……

某故謂其（王安石）力學，溺於異端，以從夷狄，某故謂其不知道。

〔註14〕

楊時認爲王安石雖然專心致力於求學問，但是陷溺於異教，所追求的也只是

---

範傳》、《易解》等，體現了他的哲學思想，因爲神宗的支持，新學一度成爲官方意識型態。正因爲新學成爲貢舉新制的必要範本，「每試，初本經（《詩》、《書》、《易》、《周禮》、《禮記》），次兼經（《論語》、《孟子》），并大義十道。務通義理，不須盡用注疏」，故在當時《三經新義》頒行於全國，很多學者便從學於他，或是加入新學的行列之中。

〔註10〕 《宋代儒釋調和論及排佛論之演進——王安石之融通儒釋及程朱學派之排佛反王》，第二章，〈王安石之融通儒釋〉。

〔註11〕 《宋元學案補遺》中記載潘殖初時從新學，後來，悟其非，故便棄新學。《朱子語類》卷97則載曰：「當時王氏學盛行薰炙得甚廣，一時名流如江民表、彭器資、鄒道卿、陳了翁，皆被薰染大片說去。」

〔註12〕 劉成國，〈正統與政見之爭——論北宋中后期蘇氏蜀學對荊公新學之批評〉，《四川大學學報（哲學社會科學版）》，2004年第5期，總134期，頁103～109。亦可參考蔡方鹿，〈二程理學與宋學〉，《中國哲學史》1994年2期，1994年6月，頁52～53。李華瑞，〈20世紀王安石變法研究的回顧與展望〉，《中國史》第12卷，2002年10月，頁17～34。

〔註13〕 蔡方鹿，〈二程理學與宋學〉，頁52～53。

〔註14〕 楊時，《楊龜山先生全集》，〈答吳國華書〉。又於《宋元學案》，卷25，〈龜山語錄〉，頁548～549。

支離穿鑿的學問而已。〔註15〕司馬光學生劉安世亦反對王安石新學，〔註16〕其原因之一同樣歸咎於學術上的歧見，劉安世曾對弟子讚譽王安石是個「質樸儉素，終身好學」之輩，但是對於他的學問卻給予「其學乖僻，用之必亂天下」〔註17〕的評論，他說：

> 金陵（王安石）其質朴儉素，終身好學，不以官職爲意，是所同（同於司馬光）也，但學有邪正，各欲行其所欲學爾，而諸人輒溢惡。
>
> 〔註18〕

劉安世認爲王安石與司馬光都非泛泛之輩，但是學術方向卻有邪正之別。他更不贊同王安石施行新法，並不是新法所推行的制度不良，而是王安石大開僥倖之門，任用小人，大壞賞罰綱紀，而使天下大亂。從上述道學家對新學的駁斥，故可知潘殖與江公望二人早先從學於王安石，後「悟其非」而紛紛「棄暗投明」，其原因應也在於學術認知的差別。

諸儒捍衛心性之學的強烈企圖心，也顯示他們企圖重新建構更符合時代變遷的心性之學。

## 第二節　諸儒對已發未發命題——中和論的探究

誠如前節所言，心性之學既然是傳統儒學發展的重要命題，對建構新秩序的道學家而言，自然不能忽略這個主題，從《諸儒鳴道》內容來看，我們可以發現，諸儒的作品特別熱衷於探究心性問題，尤其是心性已發未發的關鍵問題，更是受到諸儒的注意。「已發未發」的中和論，是《中庸》的宗旨所在，《中庸》雖然是表述倫理道德的經典，但是建立倫常的哲理價值，根植在每一個人的心性之上，所以，道學家必須探究心性功夫，切實把心性扣緊中

---

〔註15〕盧廣森，〈楊時哲學思想簡論〉，《中州學刊》，1986 年 6 期，1986 年 11 月，頁 54～57。文中提到楊時責斥王安石的《字說》與《三經新義》，全都落入佛老之學，背離儒學之道。
〔註16〕王明蓀，〈王安石對人性之認識及其一道德說〉，《國際宋史研討會論文集》，1988 年 9 月，頁 211～230；田浩，〈史學與文化思想：司馬光對諸葛亮故事的重建〉，《中央研究院歷史語言研究所集刊》第七十三本，第一分，民 91 年 3 月，頁 165～195。該文主題雖是討論司馬光撰寫諸葛亮故事的原因以及方法，但也提到司馬光透過尋找歷史類比的例證，來反駁王安石的新法。
〔註17〕《元城先生語錄》，卷上，頁 1058。
〔註18〕《元城先生語錄》，卷上，頁 1058。

和論的道理說明清楚，才能夠彰顯道學家的心學宗旨，這種發展無疑也是北宋儒學向前推進的一大表徵。〔註19〕

道學家的心學宗旨，著重於探討「中和論」，正名「心性」的定義，釐清「人性善惡」的觀點，建立因應人性內涵而發展出來的一套教育修身的機制。諸儒根據《中庸》曰：「喜怒哀樂之未發，謂之中。發而皆中節，謂之和。中也者，天下之大本。和也者，天下之達道也。致中和，天地位焉，萬物育焉。」〔註20〕這一段「已發未發」的說明，是「中和論」的關鍵。楊時曾言：「《中庸》言其至也，故子思傳道之書，不正言其至，則道不明。」〔註21〕楊時認為這部子思傳道之書，明言道最關鍵核心的部分，如果不能正言最核心的部分，道無法彰明，《中庸》所言：「誠者，天之道；誠之者，人之道。」關鍵核心就在於「誠」，換句話說，人「思誠行誠」履踐「中和」的主題，是《中庸》哲理最極致的地方。

朱熹對「已發未發」主題的看法，曾經困惑許久，在〈中和舊說〉與〈中和新說〉裡，他對「已發未發」持有不同的見解，分別引述舊說與新說內容來比較，〈中庸舊說〉曰：

> 蓋通天下只是一個天機活物，流行發用，無間容息。據其已發者而指其未發者，則已發者人心，而凡未發者皆其性也，亦無一物而不備矣。夫豈別有一物拘於一時、限於一處而名之哉！〔註22〕

又於〈中和新說〉曰：

> 《中庸》未發、已發之義，前此認得此心流行之體，又因「程子凡言心者，皆指已發而言」，遂目心為已發，性為未發。然觀程子之書，多所不合。因復思之，乃知前日之說，非惟心、性之名命之不當，而日用功夫全無本領，蓋所失者不但文義之間而已。按《文集》、《遺書》諸說，似皆以思慮未萌，事物未至之時，為喜怒哀樂之未發。當此之時，即是此心寂然不動之體。而天命之性，當體具焉。以其無過不及，不偏不倚，故謂之中，及其感而遂通天下之故，則喜怒哀樂之性發焉，而心之中可見。以其無不中節，無所乖戾，故謂之和。〔註23〕

---

〔註19〕 吳怡，《中庸誠的哲學》，頁37～38。
〔註20〕 《中庸》，頁3。
〔註21〕 《龜山語錄》，卷2，頁1258。
〔註22〕 《晦庵先生朱文公文集》，卷32，〈答張敬夫〉，頁1393～1394。
〔註23〕 《晦庵先生朱文公文集》，卷64，〈與湖南諸公論中和第一書〉，頁3130～3131。

朱熹的舊說，將「未發」解釋爲一種天機活物的本性，形容物理天自然存在、不受干擾的狀態，這種狀態也是人接受到的天命本元，又可稱爲「性」；「已發」釋爲「人心」和其他外物產生作用的情狀，稱爲已發；但到新說時，他修正自己的見解，他認爲「心性分體」僅適用於單純解釋「未發」、「已發」，但是這兩種狀態又是不斷連續交替作用，所以「心性分體」解釋產生了問題，關鍵點在於舊說無法解答人存有時，究竟有沒有「未發」的狀態，就舊說的釋意，當人意識到自己的存在或是和外界環境產生互動時，便已經是「已發」的狀態，換言之，「未發」狀態便根本無法被人體察，朱熹於是修正這個觀點，在新說中，他以「未發」爲心之體，體具性理，「已發」爲心之用，用具情，如此釋義，同時能兼顧到「未發已發」定義，也解決了「已發未發」轉換之際的問題。

新舊二說突顯朱熹強調「中和」的重要性外，其實也分出了兩派不同的詮釋角度，依舊說之論，心性爲一條直線性的認知系統，在這條系統中，「未發」是性之自然狀態，而「已發」屬於心作用之後的狀態；相對的，依新說之論，「心性」是結合爲一體的系統，所以「未發」的狀態，是爲「心之體」，而「已發」的狀態，則是心之用。這兩種不同的說法，恰好可以用來幫助我們，理解諸儒對這個問題的看法，有些諸儒比較支持「舊說」，有些則相近於「新說」，但是同樣支持舊說或新說的道學家之間，仍然存有細微的差別。茲分下列兩項進行說明：

## 一、以「未發」爲性，以「已發」爲心

周敦頤對「已發未發」的解釋，他認爲「未發之中」爲性，這與《中庸》「喜怒哀樂之未發，謂之中」的「中」並不相同，《中庸》的「中」是形容一種人心七情六慾尚未作用時，最寂靜自然的狀態，是「天命」；對周敦頤學問下過功夫的朱熹，認爲周敦頤的中說，有兩種意涵，一種是「已發之中」、一種是「未發之中」，朱熹於《周子全書》曰：

> 中有二義，有已發之中，有未發之中，未發就是性上說，已發是就事上說，已發之中，當喜而喜，當怒而怒，那恰好處無過不及，便是中，此中即所謂和也。〔註24〕

---

〔註24〕周敦頤，《周子全書》，卷 8，頁 141。又朱熹註解亦言：「喜怒哀樂，情也。其未發，則性也。無所偏倚，故謂之中，發而中節，情之正也。無所乖戾，

引文所論的中有兩種，「已發之中」是就著人事上談，當人遇到事情時，當高興則高興，當生氣則生氣，情緒抒發於恰當之處，那就是「已發之中」，也就是「和」。另外一種「中」是指「未發之中」，周敦頤詮釋「未發」的中是人的本性，人的本性也包含了「情」，當其未發時，不偏不倚，是「中」的狀態，當情發出來時，符合節度，便是正確合宜的情感抒發，不造成錯誤，可以稱爲「和」。在周敦頤看來，「已發」是「心」的表現，換言之，「心」是一種已經有所感應，已經啓動反應的生理狀態，爲了達到「和」的理想，故周敦頤主張「純其心」。〔註25〕

對周敦頤而言，「性」既然是上天賦予人最自然的神妙之物，一切都是上天給予的，當然也包括「情」在內，故「性」中本有善有惡，故曰：「性者，剛柔善惡，中而已矣。」〔註26〕既然「有善有惡」，便須擴大「心」的功能，以「心」制衡已經發動的情感表現。

二程同樣以「未發」之中解釋「性」，以「已發」來解釋心，二程與周敦頤最大的不同有二：第一，二程更加強調「人心本善」，程顥說：

> 中者，天下之大本。天地之間，亭亭當當，直上直下之正理，出則
> 不是，唯敬而無失，最盡。〔註27〕

程顥解釋「中」爲天下的大本——真理，在未發前，都是正理，一旦「出則不是」，則需要「敬以直內」以求中。程頤也說：「中即性也。」〔註28〕又說：

> 稱性之善謂之道，道與性一也。以性之善如此，故謂之性善。性之
> 本謂之命，性之自然者謂之天，自性之有形者謂之心，自性之有動
> 者論之情。〔註29〕

二程認爲「性」的狀態是「中」，認可「心」的本質是善。程頤進一步說「性」之有形爲「心」，「性」之有動，便成「情」，「心」經過思慮，發爲情，才有善惡之別。換句話說，若有不善，是「發爲思慮」時的問題，而不是「心」存有善惡。第二，二程認爲心存在於「已發的狀態」，但是也可能存在於喜怒

---

〔註25〕《濂溪通書》，〈治〉，頁47。其文曰：「十室之邑，人人提耳而教，且不及；況天下之廣，兆民之眾哉？曰：『純其心而已矣。』仁義禮智，四者動靜，言貌視聽，無違之，謂純，心純則賢才輔，賢才輔則天下治，純心要矣，用賢急焉。」

〔註26〕周敦頤，《周子全書》，卷8，頁140。

〔註27〕《河南程氏遺書》，收於《二程集》，卷11，〈明道語錄〉一，頁132。

〔註28〕《二程集》，頁606。

〔註29〕《二程集》，頁318。

哀樂未發，寂然不動之際，這種狀態稱之爲「在中」，「心」在喜怒哀樂未發之時，能「寂然不動」，便是「處於中」。〔註30〕對二程而言，「心」並不單是周敦頤所理解的那種單純的已發狀態。

張載說：「所謂性即天道。」〔註31〕性乃天生自然，那「未發之中」也是性。他特別強調萬物之「性」均具有「虛」與「感」的特質，性是虛靈而具氣化，「性者，感之體」。性又有「天地之性」與「氣質之性」之別。

楊時對「已發未發」的觀點，與二程有很多相似之處，他認爲「未發」的天理是「天地之性」，其本質爲善，秉持「天命之謂性」的說法，他說：「在天爲命，在人爲性。」〔註32〕天命與人性本是一物，不可劃一爲二。喜怒哀樂未發便是「性」，他接著提出「已發」是一種心的動態表現，他說：

> 心一念之間，毫髮有差。……於喜怒哀樂未發之際，能體所謂中；於喜怒哀樂已發之後，能得所謂和，致中和，則天地可位，萬物可育。〔註33〕

「心」在體性致中的過程，扮演重要的角色外，在這一點上，楊時與二程的觀點十分相像，他們都一致認同「體性」與「致中」，要靠「正心到寂然不動處，方是極致」，以此「感而遂通天下之故」。〔註34〕

值得注意的是，他與二程的不同，在於他繼承了張載「氣質之性」的觀點，他認爲人性中惡的部分，都是因爲「氣質之性」作祟，他與仲素對話時，引用張載的話：「氣質之性，亦云人之性，有剛柔緩急彊弱昏明而已，非謂天地之性」〔註35〕來解釋人性中的昏暗面。楊時的老師二程認爲性之所以惡，是「心」思慮產生了偏差所致。楊時既然體認性中有善有惡，便提倡「盡心知性」以求善，「盡心知性」的前提是「認識心爲何物？」他說：「心之爲物，明白洞達，廣大靜一，若體會得了然分明，然後可以言盡。……不用問人，大抵須先理會「仁」之爲道，知仁則知心，知心則知性，是三者初無異也。」〔註36〕能體悟心性的本質，才能盡心知性。

〔註30〕羅光，《中國哲學思想史》，頁458。
〔註31〕《中國哲學思想史》，頁187。
〔註32〕《龜山語錄》，卷3，頁1296。
〔註33〕《龜山語錄》，卷3，頁1294。
〔註34〕《龜山語錄》，卷3，頁1277。
〔註35〕《龜山語錄》，卷3，頁1305。
〔註36〕《龜山語錄》，卷3，頁1314。

　　劉子翬把「中」的概念提升到一個較高的層次，他說「未有天地，便有此『中』，人孰不稟是以生哉？」〔註37〕天地未有時，「中」就已經存在，接著又說「人之生，咸具是性」。〔註38〕是故，「喜怒哀樂，與生俱生」。〔註39〕對劉子翬來說，「未發」是中、也是性，其本質為善。人之為惡，純粹起源於「情」，他舉李翱《復性書》言：「人所以惑其性者，情也。喜怒哀樂愛惡欲，皆情之所為也。情者，妄也，邪也。妄情熄滅本性，清明又循禮而動，所以教人忘嗜慾，歸性命之道也。」〔註40〕在這點上，劉子翬與周敦頤各持一見，周敦頤認為「情」並無不妥，而劉子翬認為喜怒哀樂之未發是性，喜怒哀樂之端是情之所發，「情」容易產生妄邪，但是，畢竟「情」也是自然天道所生，所以，劉子翬不認同李翱的「滅情」說，反倒是強調「知復養情」，以求順理而和。他說：

> 中苟契，則性自復，七情之生，如臂運指，如將將兵。惟吾是使莫
> 敢肆逸，發而中節，順理而和，造次顛沛，於庸言庸行之間，動容
> 周旋於君臣、父子、兄弟、夫婦、朋友之際，事事物物，無非中者。
> 〔註41〕

引文中，劉子翬提出「契中」，契合「中」的道理，掌控七情自如，便能「復性」。

　　「喜怒哀樂」已發後，表現為七情，而「心」在這過程中扮演「已發」的狀態，情慾發於「心」的想念。劉子翬說：「心之念，有邪有正，有妄有誠，合而觀之，皆一心也。」這樣的解釋正符合他對情所下的定義，心念已發為情，因心念有邪與正、妄與誠之別，而情亦有愛惡之差，故他特別要求克制自己的心。

　　江民表是其中最特殊的一位，他雖然也解釋「未發」的自然狀態為「性」，但其本質如抽象的「空間」，「已發」的關鍵雖然同樣在「心」，但他求的是「無心」。他在〈性說〉中提到：「『無性』，非『無性』也，謂『空』，無自性也。」又緊接著解釋：

> 性如空焉，無有相貌，無有聲味，無有小大，無有廣狹，以萬寶眾

---

〔註37〕《崇安聖傳論》，卷2，〈子思中〉，頁1623。
〔註38〕《崇安聖傳論》，卷2，〈顏子復〉，頁1618。
〔註39〕《崇安聖傳論》，卷2，〈子思中〉，頁1624。
〔註40〕《崇安聖傳論》，卷2，〈子思中〉，頁1624。
〔註41〕《崇安聖傳論》，卷2，〈孟子自得〉，頁1625。

采飾之，而空不受其飾，而亦無所措手而加飾也；以糞穢而污染之，而空亦不受其污染，而亦無所施其污染也。是猶以智聖飾其性，而性不加增，以狂愚污染其性，而性亦不加損性。〔註42〕

引文中可知，他定義「性」為一種最高尚純潔的東西，無法言喩，就像「空氣」一般，無形體聲色，更無大小範疇，不因外在事物加諸其上，而有所變異。他所解釋的「性」接近於自然天的「中」。從這種解釋角度來看，他支持「性與天道不可得而聞之」的論點。〔註43〕順帶一提，既然他以自然天的狀態來解釋「性」，這種「性」的本質落在何人何物上都毫無分別，他又如何來正名「萬事萬物」？江民表提出「習性」說來解圍，他認為萬物根據其性來取名，而所根據的「性」是「習性」，而不是更高層次的「性」。簡單來說，人類為萬物命名，往往考慮到其功用或功能，例如，水被稱之為「水」，是取決於其功能，而非原性。又如「德性」之名，也是取決其功效，他說：

孔子沒，諸子之言性，非正性也，指習性而為性也。或曰「誠」、或曰「氣」、或曰「心」、或曰「神」、或曰「道」、或曰「天」、或曰「命」與所謂「性」一耶？二耶？〔註44〕

引文中所提到的七種性，與最純粹的「性」並不相同，他認為上述七種道德原則的定義，全是見其功效而給予命名的。如「誠」——見於感天地，通神明，格萬物；「氣」——見於至大至剛，舉天地、生陰陽、行四時、育萬物，其存於中，若嬰兒之息綿綿若存而未忘，發而見於外，浩然不屈，萬乘不畏三軍，義之所在，百死不怖；「心」——潛天地，宰萬物，能久能近，能元能黃，能變能化，迎之無首，躡之無後，擴之彌滿八極，掃之不見蹤跡；「神」——鼓舞群動，莫知作上作下，如風無形，舍於心而無所感之，則通獨妙萬物；「道」——無不由也，無不通也，立之以為極，得之以為德，流通為五行，不易為五常，父天母地，徹古該今；「天」——無為也，非自然也，無作也，非任之也，仰之而蒼蒼，豈其色也哉，天得之而為天，人得之而為人，馬牛得之，嚙草飲泉不得已；「命」——天使我有。上述均是「習性」使然，並不是本性，江民表對性的看法，與「性相近而習相遠」的道理十分相近。在他看來，純粹的性是一切的本原。

---

〔註42〕　《江民表心性說》，〈性說〉，頁1189。
〔註43〕　《江民表心性說》，〈性說〉，頁1197。
〔註44〕　《江民表心性說》，〈性說〉，頁1196。

他解釋「已發」為心的見解也很特別，他說喜怒哀樂已發的動能在於「心」，「心為之官而管攝之也」，「心為之宰而制割之也」，心具有大的力量可以掌控官能，他接著又教人求「無心」，他說：「眾人放心，賢人勿喪心，聖人縱心，至人無心，故能忘天下，能忘天下，然後能得天下。」〔註45〕他所謂「無心」並不是棄絕心性的作用，而是說不刻意念茲在茲於「念頭」，沒有念頭的拘謹，反而能夠擴大身體的最大極限，忘天下而得天下，不刻意念頭反而可感人心之速，不刻意說要修身養性，即是實踐履行便是。〔註46〕

江民表純粹的「性」與教人不刻意「念頭」的觀點，其實都是依據《論語》、《中庸》、《易經》等傳統經典，江民表〈心說〉、〈性說〉二篇文章中還透露了許多儒學群體層面的關懷，例如他以文章上奏皇帝，冀望聖上能夠修養「心性」，以體恤萬民之苦。〔註47〕這不是儒家的宗旨，又為何呢？

綜上所論，雖然歸於此類的諸儒均以「未發」為性、「已發」為心，但是深入分析，不難發現他們對此命題仍有相當多的細微歧見，亦是不得不注意的地方。

## 二、以「未發」為心之體、以「已發」為心之用

司馬光認為「喜怒哀樂之未發謂之中」，而此「中」所指乃是「君子之心」，他說：「中者，心也，物之始也。」〈中和論〉對此更有詳盡說明，他說：

> 君子之心於喜怒哀樂之未發，未始不存乎中，故謂之中庸。庸，常也，以中為常也。及其既發必制之以中，則無不中節，中節則和矣。
>
> 是中和一物也，養之為中，發之為和。〔註48〕

司馬光對「心」的期許甚高，也肯定「心」的價值，他認為「未發」的中，就是「心」，而對事物已發所形成的「情」或「性」，也需要有「心」為之把關。

「已發」的狀態形成「性」，他把「喜怒哀樂」歸為「性情」一類，「夫性者，人之所受於天以生者也，善與惡必兼有之。」〔註49〕性來自於上天，

---

〔註45〕《江民表心性說》，〈心說〉，頁1178。

〔註46〕《江民表心性說》，〈心說〉，頁1179。

〔註47〕《江民表心性說》，〈心說〉，頁1184～1186。文中提到「陛下於鰥寡孤獨常時有養，疲癃老疾，冬賜以粟，一有凶荒水旱，分遣使者賑貸賙恤，無所不至。」可知江民表相當重視民間百姓的生活，乃是一介儒者應有的表現。

〔註48〕《溫國文正司馬公文集》，卷71，〈中和論〉，頁518。

〔註49〕《溫國文正司馬公文集》，卷72，〈善惡混辨〉，頁521。

性中含有「情」的成分，故有善有惡，善惡之念時常交雜出現，所以，必須以「道」來制止「情」之過度氾濫，他主張「不以喜怒哀樂亂其氣」，「心」應處於更高的位置，更純粹的立場來監督「性情已發未發」的狀態。

劉安世也如其師司馬光一樣，主張「未發」的狀態是心，「心」是「天之誠」落實到人身上的部分，而心也必須實踐「人之道」，去「思誠」，換句話說，劉安世認爲「心」應有兩個層次，一個是天賦予的天道，自然而毫不矯作；另一個則是反省思誠的人道表現。

事實上，劉安世並不著重討論「已發──未發」，反倒應用「歷史典故」來傳達「心學」的精華。他提倡心學要從「誠」入手，劉安世向司馬光求教得「誠」的典故，已於前文提過，「誠」是《中庸》宗旨，不僅是孔門傳授心法，更可以針貶佛學思想的空疏。〔註50〕劉安世平生學術以誠無往而非，他把這當作安樂法，以誠處禍處福，無非安樂。所謂「誠是天道，思誠是人道」，天人要合一，就必須遵守這個語言。他承認人性中有「慾望」，所以力求「不動心」，他說：

> 某自絕欲來三十餘年，氣血意思只如當時，終日接士友劇談，雖夜
> 不寐，翌朝精神如故，平生坐必端，己未嘗傾側靠倚，飯已，行千
> 步，燕坐調息，復起觀書，無晝寢，啜茶伴客有至六七盞。〔註51〕

上段引文可知劉安世認爲人性本有情慾慾望，要盡量絕止。絕止慾望後，思緒反而更爲清明，作息如常。劉安世並沒有將「誠」的本質說得很清楚，事實上，對他來說，「喜怒哀樂未發之際」，是「誠」，「發而中節」，亦是「誠」，以實例論證「誠」，對他來說可能比較重要。

張九成主張「心即理」，「心」是天理，具有重要的價值，是人倫規範之泉源。天地變化之所在，也都存於我心，而我心如此之大，不能被人欲所狹隘侷限了，如果被人欲控制，豈不可悲？張九成曰：「造化何在？吾心而已。吾心如此其大，而或者以人欲而挾之，殊可悲也。」〔註52〕所以，能否操控住「心」，起著決定性的關鍵，張言：

> 堯舜禹湯、文武周孔之道，具在人心。覺，則爲聖賢；惑，則爲愚
> 不肖，聖人懼其惑也。〔註53〕

---

〔註50〕《中庸誠的哲學》，第三章與第八章。
〔註51〕《劉先生譚錄》，頁1148。
〔註52〕張九成，《橫浦文集》，卷9，〈金縢論〉，頁8～9。
〔註53〕《橫浦文集》，卷17，〈海昌童兒塔記〉，頁1～2。

心具有絕大的力量，且是認知與實踐道德的主體。如果能覺察體悟，那麼能發揮心的功能，就能成爲聖賢，反之，可能成爲不肖。爲了發現「心之本體」與彰顯心之功效，他特別提出「愼獨」的功夫。

張九成曾一再地闡發子思的學術精微，他分述"喜怒哀樂"有「已發」、「未發」、「不發」之三種情況。

**張九成之中庸觀**

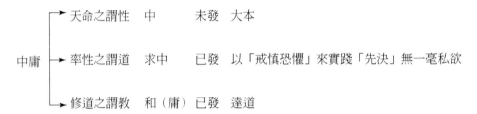

所謂「已發」乃等同於「和」，而這「和」是摻和了「適切正當的反應」，才算是「和」。「未發」等同於「中」，他特地說明「不發」，則是「毫無喜怒哀樂」，這種「毫無喜怒哀樂」之人並不算「人」，只能說是「麻木不仁」。張九成曰：

> 夫不睹不聞，少致其忽，宜若無害矣，然而怠忽之心，已顯於心目之間，昭昭乎不可掩也。其精神所發，道理所形，亦必有非心邪氣雜於其間，不足以感人動物而招非意之辱、求莫爲之禍焉。此君子所以愼其獨也。〔註54〕

又言：

> 夫君子之道所以大莫能載，小莫能破，以其戒愼不睹、恐懼不聞，察於微茫之功也。戒愼恐懼則於未形之先、未萌之始，已致其察矣。....顧爲此察始於戒愼恐懼而已，戒愼恐懼以養中和，而喜怒哀樂已發未發之間，乃起而爲中和。〔註55〕

所謂愼獨，君子在求中求道的過程中，必不可須臾離「戒愼不睹、恐懼不聞」，不論是單獨自處或處稠人廣眾之中，都必須保持戒愼恐懼，心稍稍有所怠忽，剛開始以爲未有損害，實質上，怠忽之心已昭然若揭，不自覺地表現於心目之間，所回應於萬事萬物的對話就會出錯，心也邪了、氣也雜了，這樣不正

---

〔註54〕張九成，《中庸說》，卷1，頁2～3。
〔註55〕《中庸說》，卷2，頁2～3。

當的態度肯定出錯，遑論感人動物，只招來污辱與禍端而已，所謂「誠於中便形於外」，即是此理。唯一的求中之理，就是「戒慎恐懼」！又言：「諸君誠有意於斯道，當自喜怒哀樂未發之前，求其所謂內心。」其慎獨說是通過內心之體認，並經由即事致察的功夫來把握，這種內外交並之反省活動，不單是道德上的修養，更具有經綸世間的功效。張九成內向於心的實踐過程，充滿深刻的反省思維。所有的道，必須在日常生活中實踐，才能算是真正的「道」，如張九成所言：「道非虛無也，日用而已矣，以虛無為道，足以亡國，以日用為道，則堯舜三代之勳業也。」〔註56〕道並不空渺，全在人倫日用之中，若是以為道是虛無口說，那麼「道」將無法達到修身、齊家、治國、平天下的作用，若是以道為體現之功，那麼，堯舜三代淳美之風，將指日可待。

潘殖認為「未發」的「中」，是一種心的本源，又可稱為「大中」或「正心」，他說：

> 宅心正位而已，正位之居，喜怒哀樂未發之先也，是謂「大中」，唯兩端無偏重則至焉。〔註57〕

以「心」解釋「中」並不奇特，潘殖認為喜怒哀樂未發之前的狀態，稱為「大中」，心達到大中的境界，便是盡中庸不偏不倚的道，他指稱「中」是一種先驗存在的神妙狀態，早於一切情性感發之前，就已經存在，道學家就要追求這種「大中」精神，〈養中〉篇曰：

> 中者，和之本，和者，中之達，而中存於喜怒哀樂未發之先，和見於喜怒哀樂既發之際。中以立本及其發也，偏則知反自然，適中相濟而和。〔註58〕

引文中可知，他以心為中，形容「中」為一個先驗存在的標準。他特別指出心作用於未發和既發（從未發到已發之間短暫的時間）之際，人「心」的操作，只在於面對事物時才應用之，否則，要讓心回歸到太極的狀態，「夫無思，則心還於太極，而惟危之心為己復；無為，則身還於大象，而大患之身為己藏。」〔註59〕他很少提到「性」，只在〈欽和〉篇中提及：「和以達順，謂之常性。」說明「中節之和」乃是常性。

---

〔註56〕《宋元學案》，卷40，〈橫浦學案〉，頁747。
〔註57〕《安正忘筌集》，卷1，〈統論〉，頁1358。
〔註58〕《安正忘筌集》，卷9，〈養中〉，頁1562。
〔註59〕《安正忘筌集》，卷9，〈至養〉，頁1564。

綜上所論，這類道學家多特別觀照「心」在「未發」之前的狀態，他們多以「心」作爲一種自然先驗存在的主體，再以「心」反觀情感發動的過程。

## 第三節　對已發未發的關鍵──戒愼恐懼的探究

《中庸》:「喜怒哀樂之未發，謂之中，發而皆中節，謂之和。」前節已經分別闡發諸儒對「已發未發」定義的見解，但這其中還有一個更深入的問題，需要說明，當他們具體開展心學功夫論時，一定會關注到從「未發」到「已發」間過渡的片刻狀態，這個「似要啓動，又未眞的發動」的短暫片刻，其實是實踐「心學」最困難的一部分。諸儒對這個「片刻」存在著「戒愼恐懼」的心情，唯恐未發轉爲已發的刹那，「心」無法掌握好感應的路徑，導致偏頗，已發而成的情或性，因此產生惡邪，所以，他們始終懷抱著「戒愼恐懼」的態度，無獨有偶的，西方 Rudolf Otto（1869～1937）也曾經提出「神聖」的宗教辭語，近似「戒愼恐懼」的論點，這證明了中西哲學深層的思考內涵，具有共同的議題。

諸儒「戒愼恐懼」的方法不甚相同，有絕大部分的儒者不約而同地提到「幾」。周敦頤就說:「動而未形有無之閒者，幾也。」〔註60〕朱熹爲之註解爲:「幾者，動之微，善惡之所由分也。蓋動於人心之微，則天理故當發見，而人欲亦以萌乎其間矣。」〔註61〕周敦頤解釋「幾」是一種似動未動之際的狀態，取決於人心之微，故它非常微妙而隱晦。司馬光〈機權論〉如此詮釋「機」，他說:

> 機者，弩之所以發矢者也。機正於此，而的中於彼，差之至微，失之甚遠。故聖人用機也，似之。《易》曰:「機者，動之微，吉之先見者也。」又曰:「君子見幾而作，不俟終日。」然則機者，事之未著，萌牙岢兆之時，聖人眇然見之，能去禍而取福，迎吉而禦凶，所以爲神也。〔註62〕

這段引文中，司馬光以「弓箭發矢」來比喻「機」，雖然此「機」與周敦頤的「幾」並非同字，但所比喻的道理是相近的，「箭矢」發射猶如聖人觀照細微

---

〔註60〕　《濂溪通書》，〈聖〉，頁44。
〔註61〕　《周子全書》，卷7，頁126。
〔註62〕　《溫國文正司馬公文集》，卷71，〈機權論〉，頁514。

的「幾」，差之毫釐，失之千里，箭射偏了，也就錯失了標的；心念偏了，也應對錯了。他不僅描述出聖人觀照「機」的細微外，也道出「機」之用途甚大，能「趨吉避凶」，「逢凶化吉」，可謂「神」也。張載也說：「幾，象而未形也。」更說：「知幾其神。」〔註63〕

二程認爲「幾」是能「反復道」者才能領略到的，因爲終日乾乾往來，皆由於道，能反復道者，必然「知始知終」，當然也「可與幾也」。否則，非知幾者，安能先是至處？〔註64〕對二程而言，「幾」的實踐方法之一，便是「愼獨」，程頤說：

> 或問：「獨處一室或行闇中，多有驚懼，何也？」曰：「只是燭理不
> 明，若能燭理，則知所懼者妄，又何懼焉？」〔註65〕

因爲，當人獨處或居於晦暗處，會驚懼於燭理不明，當心能虛明清澄，燭理自然澄明，也就不會驚懼，也能觀照物外、反觀自己。另一個實踐方法，則爲「靜坐」，〔註66〕二程的許多學生都曾經修練「靜坐」，如謝良佐與楊時，以靜坐求定心，定心能使心空，無思無慮，反而能做到「不勉而中，不思而得」。〔註67〕

同樣要求「愼獨」的張九成，也主張心念是格物窮理的關鍵，理解天下萬物，正確回應以參贊天地之化育。他說：「格物者，窮理之謂也。一念之微，萬事之眾，萬物之多，皆理也。」〔註68〕他認爲所格之物不只是外物，亦包括內心之思維，他說：

> 物不必謂事物，然後謂之物也。自一身之中，至萬物之理，但理會
> 得多，相次自然，豁然有覺處。〔註69〕

又言：

> 內而一念，外無萬事，無不窮其源流，窮其始終，窮之又窮，至於
> 極盡之地，人欲都盡，一旦廓然，則性昭昭無可疑矣。〔註70〕

唯有格物，能將天下之理窮盡，一旦窮盡天下之理，則人情物態、形勢縱橫

---

〔註63〕 《張載集》，〈神化〉，頁18。
〔註64〕 《二程集》，頁248。
〔註65〕 程顥、程頤，《河南程氏遺書》，收於《二程集》，卷18，〈伊川語錄〉。
〔註66〕 岡田武彥，《坐禪と靜坐》，東京，櫻楓社，昭和45年4月初版，頁27。
〔註67〕 《二程集》，頁158。
〔註68〕 張九成，《孟子傳》，臺北，臺灣商務印書館，民72年，卷19。
〔註69〕 《宋元學案》，卷15，〈伊川學案〉上。
〔註70〕 《孟子傳》，卷15。

無不出於理，而此理也在聖賢之中、眾民之中。

　　他主張「慎獨」並非狹隘地指「單獨空間的活動」，而是另一種對自我個人存在的修練。「慎獨」是一種內心的反省活動，且反省之對象是指「喜怒哀樂未發之前」，張九成認爲不論已發或未發之時，都一直保持「戒慎恐懼」，便能作到無一毫私欲。喜怒哀樂之未發，謂之中，而「中」也等於是天命的衍伸之義，喜怒哀樂之發而皆中節，謂之和，而「和」也等同於修道的衍伸之義，故未發、已發之時，能戒慎不睹、恐懼不聞，不抱一絲私欲，在這樣的堅持之下，人情之所抒發自然中節和庸，進而天地位焉，萬物育焉。

　　劉子翬稱呼「動之微」爲「一」，其意義與「幾」相類似，在〈堯舜一〉一文，他曰：

> 一之所通，初無限量，斂之方寸，瑩然而已，感之遂通，未嘗變異，
> 意形而忽消，慮發而自絕，泛應而不隨，廣受而不蓄，此堯舜之心，
> 所以常一也。〔註71〕

劉子翬以爲天下要術「一」，收斂於「心」中，「心」能瑩然剔透，遂能通透感物，在意念形成時，隨即消殆，思慮發動後，又隨即絕滅，這便是「一」起的功用。人能常一，乃能時時觀照意念啓動的當下，其意義與「幾」十分接近。

　　江民表所使用的辭彙則是「起心動念」，他認爲要不間斷地反省「此心一念」，因爲「念頭」稍縱即逝，但此念又是影響很深，〈心說〉曰：

> 方今此心一念，此一念心，直下研究，不見倏起之端倪，亦不得瞥
> 去之蹤跡。方生方滅之間，了然無所倚薄。惟狂克念作聖，一念聖
> 則全體是聖，惟聖罔念作狂，一念狂則全體是狂，狂與聖只一念間
> 爾。一念瞥起之心，與前乎百千萬世之已去，後乎百千萬世之未來，
> 同一時爾。蓋時由念起，念自心生。…是以日新之德，則念念故矣。
>
> 〔註72〕

江民表對此心一念的反省相當嚴格，他表示心念倏忽起倏忽滅，難以思索，但是並不能因爲心念「方生方滅」，就可以忽視或放縱它，江民表反而更加嚴謹地克制自己的心念，凡每一次起心動念都要注意，因爲，「一念瞥起之心」，影響的不僅僅是當下，也連帶牽涉到自然環境賦予人起心動念的責任。

---

〔註71〕《崇安聖傳論》，卷1，〈堯舜一〉，頁1596。
〔註72〕《江民表心性說》，〈心說〉，頁1178。

潘殖提出「守微」說，他所指稱的「微」，其實也就是「幾」，守微能夠洞燭先機，動應事機，潘殖舉武王、漢高祖的實例說明守微，文曰：

> 若能守微，乃保其生，聖人存之，動應事機。疏之彌四海，卷之不盈懷，居之不以宅室，守之不以城郭，藏之胷臆。〔註73〕

所守之「微」可以解釋爲事情發生的徵兆，也可以理解爲人心對意念的省察。潘殖於〈統論〉篇提到：

> 聖人……獨觀其始以歸其宗，故觀身於艮，而得不或其身之理；觀心於復，則得退藏於密之道。身心復本，而即廣居正位，以恬而養，以虛而應，無非順至理之自然，故不識不知。……其應而寂也，亦猶響答而谷虛，形燭而淵靜，甚夷易而略無難者。〔註74〕

他使身回艮、心回復，使身心處於清明之境，以求識知萬物。

綜上所論，諸儒之所以「戒慎恐懼」，戒慎於不睹，恐懼於不聞，這中間有兩個層次，一個是對「動之微」的釋名，或稱之爲「幾」、或稱之爲「機」、或「起心動念」、「微」、「一」等，各不相同；另一個則是體察「動之微」的方法論，或「靜坐」、或「獨處」、或「守」、或「復」等，只要是可以達到修養功夫者均可。

諸儒基於生命的歷程與經驗，而體悟出「戒慎恐懼」之說。西方學者 Otto 也曾提出神聖說「numinous」，〔註75〕兩者對於「戒慎恐懼」的哲理敘述，或有差別，他們都指出人皆有「恐懼」，唯恐對一切事物作出不正確地反應，亦害怕無法唯心地自觀，以自己觀照監督自我。在 Otto 看來，「numinous」是人們面對宗教時，普遍性建立的依據，他強調「神聖」是本存於人的心靈之中，只要透過教導的方式，去喚醒它，便能發揮作用；道學家並不是站在宗教的角度，而是以修養「成人」的立場，去討論這個問題。在時間上，二者相差近八百年

---

〔註73〕《安正忘筌集》，卷10，〈守微〉，頁1584～1585。

〔註74〕《安正忘筌集》，卷1，〈統論〉，頁1356。

〔註75〕孫亦平主編，《西方宗教學名著提要》（上），臺北，昭明出版社，2003 年 5 月，頁224～243。文中提到奧托的神聖說，「神聖」又稱之爲「被感受爲客觀的外在於自我的"神秘者"」，又可以指某種確定的"神秘的"心態，這個神秘者具有兩個層面：畏懼感（崇拜者在某個至高無上的超絕者面前，所產生的那種戰戰兢兢的、自慚形穢的、卑微渺小的神秘感受）與神往感（但是人又不自覺地想要轉向它，甚至要使之變成人自身的東西），這個神秘對象具有一種敬畏因素，使人必須「在心中保持某種神聖的東西」，要以一種特殊的畏懼之情，去把他和自己隔離開來。

之久，空間上，更有數千里之遙，但他們也有一個共同點，道學家的「恐懼」與 Otto 的「numinous」，皆屬於一個先驗的範疇，〔註76〕這先驗範疇亦是人類追求真理的那個光明點，共同的「永恆意識」，〔註77〕不論人類是否注意到它，抑或是不予理會，置之荒煙漫草，它依然存在，企求「明夷」待訪之日。當道學家面對困頓的人生，並未喪志或放棄，反是不以為意地持續個人學習的道路，追求超越個人生命的生命本質，方能將道推向更具意義的普遍性價值之上。

## 第四節　對群體的關懷

諸儒對自我修身與鍛鍊的工夫，並不是獨善其身的修養論，更不是無法落實的空談，張九成曾言：「孔門學問非徒載之空言，必期見於行事。」〔註78〕他說明儒學體系絕非空泛之論，乃求可終身行之之道。明人汪偉為張載《經學理窟》作序時，也點明宋儒在這方面的努力，他說：

> 論學則必期於聖人，語治則必期於三代，至於進為之方，設施之術，
> 具有節術，鑿鑿可行，非徒托諸空言者。〔註79〕

汪偉認為張載《經學理窟》可作為求道修道的參考，並非托於空言。《經學理窟》首章便論〈周禮〉，〔註80〕禮樂之道，最重要的依據在於《禮記》，《禮記》表述一種入世的積極意義，〔註81〕《禮記》作為紀錄禮的原理原則，探究社會與個人之間的關係，並隨著個人交際範圍的擴大，將禮樂要理自個人出發，及於家國、及於天下，一步步推展開來。〔註82〕《禮記》蘊含家庭倫理思想，

---

〔註76〕武金正，〈啟示與醒悟的奧秘之道〉，《輔仁宗教研究》，第 7 期，2003 年，頁 45〜74；武金正，〈奧托的宗教經驗〉，《輔仁宗教研究》，創刊號，2000 年，頁 25〜39。

〔註77〕日蘭‧克爾凱郭爾著，一諶等譯，《恐懼與顫慄》，北京，華夏出版社，1991 年 1 月，頁 12。作者說：「一個人的頭腦中如果不存在永恆的意識，如果在一切事物的底部，只有一種野性的騷動，或者是一種由晦暗激情生成的，一切有意義或無意義的事物，所形成的扭曲的強力，如果一切事物的背後，都隱藏著無形無止的空虛，那麼生命除了絕望，還會有什麼呢？」這就是對於永恆意識的追求。

〔註78〕《橫浦日新》，卷上，〈學問〉，頁 1655。

〔註79〕《張載集》，〈橫渠經學理窟序〉，頁 247。

〔註80〕《張載集》，頁 248。

〔註81〕夏祖恩，〈《禮記》的“入世”思想芻議〉，《福建師範大學福清分校學報》，2004 年第 1 期，頁 1〜8。

〔註82〕林文琪，〈《禮記》中的人觀〉，中國文化大學哲學研究所博士論文，民 87 年

例如孝道及婦道，也透過喪禮祭祀串聯人與鬼神之會，透過喪服制度建構宗親制度，它完全是一部治國安邦的教育良書。無怪乎張載特別對之進行相關研究，張載還明白地說：「聖學須專禮法修。」〔註83〕又如《程氏文集》卷十專論「禮」的實踐，〔註84〕全是因為人倫體制盡在其中。

　　道學家的修養論論及對群體的關懷，此處所指群體包含了家庭與社稷的倫理層次，可以分為兩點論述。

## 一、個人與群體的關係

　　道學家把群體當作小我的擴大範疇，也把個人看成是群體身體形態的縮小版，其修養之道從個人為起點，推廣於家庭社會之中，再回到個人的身體上。由於人的體現功能是在自我和社會之間，創造最根本的聯繫，所以，我們的身體成為社會、世界、政治，甚至是消費和醫學的身體，這其中固然存在矛盾與權力交織的問題，但各種身體形態終究是無法切割的，個人的身體作為來往於大小群體的美好工具，也成為道德實踐的基礎，所以，從基礎層次上來說，個人是十分重要的，〔註85〕道學家們自覺個人的重要性，身為君子，所必要承擔的社會責任相對較大，《周易》〈繫辭〉言：

> 君子居其室，出其言善，則千里之外應之，況其邇者乎？居其室，
> 出其言不善，則千里之外應之，況其邇者乎？言出乎身加乎民，行
> 發乎邇，見乎遠。言行，君子之樞機。樞機之發，榮辱之主也。言
> 行，君子之所以動天地也，可不慎乎？〔註86〕

君子一言一行所影響者千乎萬乎，不可不謹慎小心，好的行為表現能產生良善的影響；反之，則可能造成劣弊。楊時也同樣認為聖人其「大過人者」，在於能「以身救天下之弊」。〔註87〕聖人付出自我生命為天下蒼生之事，此為聖賢君子所當應為且義不容辭之事，是故，君子不能不堅持修身的工夫，畢竟，

---

　　　　12月，頁92。

〔註83〕《張載集》，頁369。

〔註84〕《二程集》，頁620。

〔註85〕O'neill, John, Five Bodies: The Human Shape of Modern Society, Cornell University Press, 1985。張旭春譯，《身體型態：現代社會的五種身體》，瀋陽，春風文藝出版社，1999年6月。

〔註86〕孔子，《易經》，臺北，曉園出版社，1993年，〈繫辭〉，頁77。

〔註87〕《龜山語錄》，卷1，頁1212。

「道」不可須臾離。

劉安世曾有一段話，指明個人、家庭與社稷三者與「道」的緊密關係，他曾說：

> 某（劉安世）從少至老觀之，誠實之風幾乎一日衰於一日，一年衰於一年，方今夫婦、兄弟、父母之間，猶相詔諛也，相欺詐也。況於君臣、朋友之間乎，且君臣、父子、兄弟、夫婦、朋友，只是一箇道理，若一處壞，即皆壞矣。〔註88〕

這段引文說明道德修養工夫，的的確確影響著倫理實踐，個人修身不成，三綱五常會因此也落於頹敗之地，此外，還突顯出家庭優先于社稷的想法，劉安世認為一旦家庭中夫婦、兄弟、父子三倫失序，遑論國之君臣與社會之朋友二倫，均是同一個道理，一處壞，便全盤壞，就好像個人的身體脫離了社會原先預設的道德標準，而使得社會對我們的小身體，失去控制作用，那麼，公共邏輯的結構便會面臨瓦解危機。《禮記》〈大學〉也曰：「宜兄宜弟，而後可以教國人。」又言：「一家仁，一國興仁；一家德，一國興德。」〔註89〕總而言之，個人、家庭、與社稷猶如同心圓，一輪一輪向外推廣，從個人身體是社會身體的一環，世界身體的一環，倫理關係環環相扣，絲毫馬虎不得，這就是修身——齊家——治國——平天下的理想目標。〔註90〕

基於對個人身體與群體的認知，道學家更重視「君王」的角色及其言行舉止，對於「社稷」的運作及其「君臣之道」，均有個人的心得灼見。尤其在他們實際參與政治活動後，《諸儒鳴道》所收諸儒，均曾擔任過官職，位階高者如司馬光榮任宰相，位階低者如周敦頤亦曾經擔任縣令，他們深知一般人的身體所影響到的社會範圍，並不如一國之君來得大，是故，道學家特別重視「君王」的行為表現，君王的行止，必須靠政府運作機制牽制他，例如應用諫官制度去檢視一國之君的言行，劉安世曾說「人主之職，在論一相」，也就是說，人主的價值與作用，全在於他選賢與能的決策能力之上。〔註91〕即使是對社會影響較

---

〔註88〕 《元城先生語錄》，卷中，頁1104。
〔註89〕 《禮記》，〈大學〉第42，頁942。
〔註90〕 《身體型態：現代社會的五種身體》，該書主旨提到人同時具有五種身體：世界身體、社會身體、政治身體、消費身體、醫學身體。這五種身體象徵人存有於這個世界，與其他個體展現的交往性，惟有認知到自己交往性身體的存在，才能真正思索和反省自身的身體行為。
〔註91〕 〈道學運動中的劉安世〉，頁93。

小的人臣，也必須謹守分際，最少必須做到兩點，第一，必須識大體，勇於諫言，進諫亦有其規矩——不恣意上奏，須具實以告。第二，必須公私分明，並以公共領域之大我利益為主要考量，捐棄個人小我之利益。〔註92〕

對整個國家而言，人主肩負十分重要的權利和責任，畢竟，天下之柄，歸於人主，可不重乎？張九成曾經提出「識國體」的重要性，他說：

> 為國家者，當識國家之體，惟學精識遠者，則知國體，豈惟國家，
> 一郡一邑，亦自有體第，識之者鮮爾。〔註93〕

很顯然地，張九成認為當權者必須認識自己所控有的場域，君王應對自己的國體有所識明，見識卓越的學者，也應當知道國體，如此一來，當權者才能讓自己的身體與國家身體的相互作用，而一般未真正參與政治運作者，也應該了解群體的範疇才是。

司馬光對於人君之道的見地，從《資治通鑑》便可窺知一二，又如江民表，他的〈心說〉是上奏給人主的，其宗旨在於教導人主治御社稷的方法，他呼籲君主要與堯舜同心，一旦同心，便能「任六子之力，收天下之成功，幹四時之樞，而揔一歲之能事。」〔註94〕舉凡四方上下、遠邇古今，均於君主的御用之內，陛下為政取人，動念用捨，便毫無罣礙。君主有這種仁德之心，社稷內的萬事萬物，便能廣受恩澤，他曰：

> 陛下於鰥寡孤獨常時有養，疲癃老疾，冬賜以粟，一有凶荒水旱，分
> 遣使者賑貸賙恤，無所不至，垂死之囚，刑可疑，情可矜，請必得生，
> 其仁於人之生者如此，已死之骨，埋掩有祭，其仁於死者如此，燒田
> 野有令，不輕於植物矣，殺牛馬有禁，不賤於動物矣。〔註95〕

由此可見，皇帝作為社稷的核心主幹，對於整個場域的運行，起著很大的作用，皇帝如有仁心，自然會關心社會中的弱勢族群，不論是對階下之囚或已死之骨，都能夠仁至義盡，甚至對天下萬物——植物動物，亦能有同情之心。江民表以道的內涵轉化為君心，教皇帝以此儉德率民，以之為政，以之設教，不期之日，九疇之內莫不政通人和。江民表主張君主要與「堯舜同心」，而楊時也提出類似的說法，只不過，他呼籲君主「推父母之心」，他認為君主身為

---

〔註92〕〈道學運動中的劉安世〉，頁92～93。
〔註93〕《橫浦日新》，卷上，〈國體〉，頁1646。
〔註94〕《江民表心性說》，〈心說〉，頁1181。
〔註95〕《江民表心性說》，〈心說〉，頁1184。

領導者，能夠推「父母之心」於百姓，就是符合王道精神的表現。〔註96〕

同樣認同人主重要性的二程，也認爲「聖王」是使天下順治的關鍵人物，丁進於《新鐫性理奧》中引用二程之言曰：

> 論治者，貴識體、修身、齊家以至平治者，治之道也，建立綱紀，分正百職，順天揆事，創制立度，以盡天下之務治之法也。法者，道之用也，聖王爲治，修刑罰以齊眾，明教化以善俗，必井田、必肉刑、必封建，而後天下可爲善治者，放井田而行之，而民不病，放封建而臨之，而民不勞，放肉刑而用之，而民不怨，得聖人之意，而不膠其迹者，因一時之利者耳，聖人能使天下順治，惟止之，各於其所而已。〔註97〕

一層層群體範疇中，「治者」不單是治道的推行者，也是不可或缺的基礎，治理之道，本在於建立綱紀，分正百職，順天揆事，創制立度，盡天下之務治之法，以法來輔助治道的推行。

除了注重國家的問題外，諸儒對於家庭倫理，亦有著墨，例如張載在《經學理窟》中探討許多祭祀和宗法的規範，因爲「個人」、「家庭」之間有相當緊密的關聯性，道學家「惟於家庭間行」正經事，爲使道學踐行的場域，能夠順利運作，道學家相當注意家族宗族間的細微規矩，祭祀活動便是其中一項，張載談祭禮、奠酒、祭尸等，相當廣泛地觸及這方面的問題。〔註98〕總而言之，「家庭」這個比「個人」稍微擴大一些的單位，在道學家看來，是實踐人倫關係的第一層，他們用不同的方式，去關注此範疇的倫理關係，由此可知，道學家不只戮力於內聖工夫，而且更加重視實際的人際活動。

## 二、即道體即功夫

道學家與傳統儒學不同的是，道學家強調即道體即功夫，在修養中體察道體，在道體認知下實踐功夫，所以，他們闡述關懷群體的論述時，會牽涉到對「心」的描述。從上述江民表與楊時對君主之道的論述，已經可見端倪，江民表主張君王要用「堯舜之心」，楊時則建議君王「推父母之心」，楊時認爲君臣之道，以「仁」作爲準則，不論任何一方，都不可以運用權勢權謀，

---

〔註96〕 丁進纂，《新鐫性理奧》，收於《四庫未收書刊輯》參輯21，頁395。

〔註97〕 《新鐫性理奧》，頁394～395。

〔註98〕 《張載集》，頁290、293、258。

權謀之術不僅不恰當，而且，也有損王道，他說：

> 人臣之事君，豈可佐以刑名之說。如此，是使人主失仁心也，人主
> 無仁心，則不足以得人。故人臣能使其君視民如傷，則王道行矣。
> 〔註99〕

人臣不可以「刑名」之說左右君主，人主若失去仁愛之心，便無法凝聚「君
者，群也」的向心力。他說：「君臣之間，當要一德一心，方作得事。古之聖
賢相與以濟大業，蓋無不然者。」人臣與人主都齊心齊力，使成就大功，濟
其大業，〔註100〕相較於楊時柔性訴求的勸戒論述，劉安世則主張「為政得屬
威嚴」，但他也同樣從心的角度去解釋君臣之道，他倡導君臣循行〈大學〉篇
之內外之道，自「正心誠意」至「治國家天下」，群體範圍的推廣，其實是同
一個道理──「君子篤恭而天下平」。君子誠其身，行道於天下之務，又有何
難。〔註101〕

　　二程也提出「君道」應當以「至誠仁愛」為本，以「正心窒慾」、「求賢
育材」為先的論點，《新鐫性理奧》曰：

> 人主常防未萌之欲，君道以悅服人心為本，君道稽古正學，明善惡
> 之歸，辨忠邪之分，曉然趨道之至正，君志定而天下治成矣。古之
> 聖王所以能化姦宄為善良，綏仇敵為臣子者，由弗之絕也，苟無含
> 弘之道，而與已異者，一皆棄絕之，不幾于棄天下以讐君子乎，聖
> 人無棄物，王者重絕人。〔註102〕

二程如此看重君道，是因為君主一人關係「宗社生靈長久之計」，〔註103〕不可
不小心輔養「上德」，君主可透過稽古正學而明善惡，辨忠邪，趨道至正途之
上，只要君之心所嚮往能忠於道，那麼天下必能順治，化姦為善，化敵為臣。

　　從家庭群體的層次來說，道學家同樣就「即道體即功夫」的角度去談，
劉子翬在《崇安聖傳論》中曾以〈曾子〉之孝呼應「欽心」，他說「孝是百行
之宗」、「孝以欽為本」，他說：

> 孝為百行之宗，行純則性通，行虧則性賊，二者常相因焉，同本故
> 也，孝以欽為本，而欽者，修性之門也，自天子達於庶人，孝之事

---

〔註99〕　《龜山語錄》，卷1，頁1230。
〔註100〕《龜山語錄》，卷3，頁1312～1313。
〔註101〕《龜山語錄》，卷3，頁1285。
〔註102〕《新鐫性理奧》，頁389。
〔註103〕《新鐫性理奧》，頁391。

> 雖不同，同本於欽，事親而不欽，何以爲孝乎？……欽心之發，孝
> 於其親矣，推於兄弟，恭而友者，是其應也；推於夫婦，和而順者，
> 是其應也；推於親黨朋友，恭而睦，同而信者，是其應也；推於事
> 君，治人忠而恕，廉而勸者，是其應也。〔註104〕

劉子翬把孝順的道理和純行通性合在一起談，兩者相互呼應，欽者，是修性
之門，應該比較接近「敬」的意思，以這個方法行孝，不論推及到哪一個層
次的群體，都能夠順應無礙。謝良佐有一回與弟子討論孝道問題，提倡以「同
理心」設想父母的處境和心意，《上蔡先生語錄》曰：

> 事父母有輕重否？曰：「無輕重。」曰：「父母所見不同，從父而母
> 不悅，順母而父不悅，則如之何？」曰：「凡人子之所欲，固有父母
> 制之，不得者矣。苟欲兩順之，獨無方便乎，若不以親之心爲心，
> 非孝子也。」曰：「親之心或有逆於義理，則亦以親之心爲心乎？」
> 曰：「未論到此，但只盡自家愛親之心苟盡矣，或得罪於鄉黨州閭，
> 則歸之無可奈何耳，所以從兄者，愛親也，故從此推去，至於兼愛
> 萬物。」〔註105〕

從謝良佐回答弟子的答案，可以發現他以「親之心爲心」體會父母的心意，
但他並不無限上綱此理，對於弟子所提父母意見相悖的問題時，他教弟子儘
管「盡自家愛親之心」，便能夠尋得解決之道，還要「從此推去，至於愛兼萬
物。」

　　道學家對家庭或社稷的關懷，其實只是他們落實儒學體系的其中一個環
節，猶如余英時先生所言，宋儒在追求一種「秩序重建」的文化，〔註106〕他
們在心性論方面的發展，一直與社會倫理的建立密切結合，在關注家庭或社
稷運作機制時，他們時常不經意地就流露出在心性論研究實踐的「心得成
果」，企圖把這朵璀璨的花朵，移花接木到「制度面」上培植，讓對外關懷奉
獻與內在修養實踐，互爲表裡且緊密相扣，如此，才能相互印證，相得益彰。

---

〔註104〕《崇安聖傳論》，卷1，〈曾子孝〉，頁1619。
〔註105〕《上蔡先生語錄》，卷上，頁1012。
〔註106〕余英時，《朱熹的歷史世界》，頁390～421。

# 第六章　結　語

　　因為《諸儒鳴道》受到注意，使我們得以重新探尋道學運動的軌跡，透過本論文的研究方法，總結其研究成果，分為下列數點說明：

　　第一、突顯道學定義與範疇重新檢討的重要性，從《諸儒鳴道》所收錄的作品，反應出道學運動的軌跡，和朱熹所訂定的道統有所出入。宋儒造就了道學運動，而「道學」之詞也被宋儒廣泛使用，事實上，「道學」一詞的涵蓋性最廣，也最符合宋人自己的用法。「道」是指「天人之際」再發現，並建立一種倫常經常之路徑。「道學家」便是研究道學的儒者，北宋時代背景因素趨使下，他們特別關注於「心學」。

　　道學運動應當是多數人在一段長時間下的集體活動，絕非「少數人參與與操弄」的活動，「道學」範疇的重新定義，不僅關係到還原重史派的歷史定位，還涉及到對道學運動宗旨的認定，透過《諸儒鳴道》、《伊洛淵源錄》和《宋元學案》的比較，本文已指出學術詮釋的型態，是因編輯者而異的，是故，道學範疇的廣狹，也因編輯者的角度而有所差異，在這之中，最符合運動初期多元化和開放性原則的作品，便是《諸儒鳴道》，《諸儒鳴道》所提司馬光、劉安世、劉子翬、潘殖、江民表等人，亦應屬於道學家之列，檢視《諸儒鳴道》所收錄的作品，他們研究目的與其他道學家如出一轍，其道學宗旨和精神也大為相同。

　　第二、突顯「語錄」體裁及對話模式，在道學運動中的特殊價值。「語錄」體裁的應用，與道學家對語言文字的反省有關之外，也是對話形式特別需要採用的紀錄體裁，這種文體才可以將「道學」不斷反覆地唱鳴出來。對宋人而言，「道學家」和「語錄」，猶如焦孟一般，如〈麗澤諸儒學案〉曰：

> 歐陽巽齋爲朱門世嫡，其弟子爲文山，徐徑畈爲陸氏世嫡，其弟子
> 爲疊山，二公爲宋之大忠，其生平未嘗有語錄行世，故莫知其爲朱、
> 陸之私淑者。〔註1〕

引文提到歐陽巽齋與徐徑畈二人，均無語錄傳世，致使他人無法知道歐陽和徐徑畈，原來是朱陸後學弟子。引文背後透露出，當時人可能都認爲道學家「理應」有「語錄」傳世，而且透過「語錄」，能夠說明其學派的師承關係，語錄猶如道學家必備的「產物」。因爲「語錄」能夠連帶說明師徒關係，有些不明究理者，便視「語錄」爲「門戶之習」，清人晉涵曾說：「宋人門戶之習，語錄庸陋之風，誠可鄙也。」〔註2〕這種講法有些「強人所難」，畢竟，大多數語錄，形成于師生對談教學之際，是故，語錄難免與「學派」有關，但把語錄看成門戶之習，從前文所敘述的內容來看，當時道學運動參與者的學習狀況，其實並不是一種封閉的學習狀態，所以把語錄當作門戶之習，確有不妥，而且，本文業已指出「語錄」不僅限於師徒對談的紀錄，有時也會是心得與日常生活經驗的紀錄。

「語錄」除了是道學家深層地語言反省外，還包括了儒學傳統對「學」的實踐，〈朱子語別錄後序〉曰：

> 抑堅聞之，大易居行，先以學聚問辯；中庸篤行，先以學問思辯；
> 程子以講明道義，論古今人物爲格物致知之首，則學非問辯不明，
> 審矣。朱子教人既有成書，又不能忘言者，爲答問發也。天地之所
> 以高厚，其在成書引而不發者，語錄所不可無也，凡讀先生成書者，
> 兼考乎語錄可也。〔註3〕

引文中所謂「學聚問辯」和「學問思辯」，是儒學傳統博學、審問、愼思、明辨、篤行的步驟之一，「學習」透過問答非辯不明，所以，朱熹教導後學閱讀經典外，亦不能輕忽語錄。它不僅是一種特殊的載體，也是可以藉以實踐日常倫理的冊子，《宋元學案》曰：「語錄所以極好玩索，近方看見如此意思顯然」，「唯于日用處便下工夫，或就事上便下工夫。」〔註4〕在反覆思索語錄的過程，從日用處和遇事處下工夫，便可以「時有心得」。

---

〔註1〕 《宋元學案》，卷73，〈麗澤諸儒學案〉，頁1379。
〔註2〕 《清史稿》，卷481，列傳268，〈儒林二〉，頁13210。
〔註3〕 《朱子語類》，〈建安刊朱子語別錄後序〉，頁6。
〔註4〕 《宋元學案》，卷39，〈豫章學案〉，頁730。

　　第三、突顯「心學」爲道學宗旨。道學家對「心性之學」的研究，來自于與佛學對話與儒學經典的回顧，迫使諸儒必須省思儒學傳統的「心性」課題，找尋解決之道，建立自己格物致知的方法。他們尤其關注中和、已發未發的探討，結合《易經》與《中庸》，從已發未發的體悟中，建構一套修身的方法論。本論文已指出道學家對儒學心性問題的關注，他們透過對《中庸》與易學思想的應用，思索心的發展層次，他們特別重視探討「已發未發」的問題，這些思索的主題，很容易使人誤解道學家只是空談心性的「理論家」，這種誤解是必須被消除的，透過對《諸儒鳴道》諸儒的研究，可以發現，道學家是眞正的「實踐家」，在他們建構哲學思維的同時，並沒有減少對社會的關懷。他們知道「道」必須落實於生活中，爲了要使社會中的人們，了解這些道理，道學家盡量接觸人民，正如《諸儒鳴道》所收諸儒，在吏治方面的努力，也是爲了把體物的道，實實在在地傳遞到社會中。

　　從整個學術史的發展角度來看，《諸儒鳴道》更是一部價值不菲的重要作品。《諸儒鳴道》編輯成書後曾一度失佚，致使道學運動的發展，缺少了一項可靠的證據，供後學研究探索。自北宋以來，道學運動的發展，在學術競爭「勝者爲王」的旗幟號召下，程朱學派以領導者的姿態，遙領後世對宋代道學的遵從與崇敬，儘管朱熹構建的道學型態，可能與北宋道學運動的眞實情況已然脫節，但仍舊主控了相當漫長的一段學術發展軌道。今日，《諸儒鳴道》這項新證據重新被發現與注意，得以用全新的視野，一探道學運動的軌跡。

　　本文已經指出朱熹於《伊洛淵源錄》建構的道學譜系，將重史派的學者完全抽離道學運動，例如涑水學派司馬光與弟子劉安世，然而，在紀錄道學運動初期的《諸儒鳴道》一書中，他們的的確確是被囊括在內的，卻因朱熹大刀闊斧「正本清源」後，硬生生被排斥於外，朱熹不僅影響到後人對「涑水學派」的認識，甚至連「浙東學派」也受此波及。〔註5〕

　　最初給予「浙學」一詞理論化定義者，便是朱熹，他統稱永嘉之學、永康之學爲「浙學」，其主要代表人物爲葉適（1150～1223）、陳亮（1143～1194）、呂祖謙（1137～1181），〔註6〕對他而言，浙學是他嚴加批評和批判的「異端」，

〔註5〕　蔣義斌，〈呂本中與佛教〉，《佛學研究中心學報》，1997年6月，頁132，文中提到在呂祖謙去世後，朱熹對呂氏所代表的「浙學」，採公開批駁的態度，而司馬光、呂氏等認同道學的學者，亦被排斥在道學的主流之外。

〔註6〕　關於研究呂祖謙的專著，可參考潘富恩、徐余慶，《呂祖謙評傳》，江蘇，南京大學出版社，1996年二刷。該書對於呂祖謙生平學術交往、政治哲學、人

〔註7〕而這些異端正如涑水學派一樣，並未被收錄於《伊洛淵源錄》之中。

浙東學界不乏與朱熹交善的學者，如呂祖謙便是其中一人，他與朱熹交情甚篤，〔註8〕二人時有書信往來，〔註9〕亦是學術上的講友，常一同討論《詩經》、《書》、《易》、《大學》、《女戒》等書，合編《近思錄》，談論《伊洛淵源錄》等，呂祖謙對朱熹來說，是一個不可或缺的益友，呂祖謙一直扮演著促進當時學術溝通的角色，倘無他居中敦促協調，鵝湖之會恐也無法成行。在呂祖謙過世時，朱熹爲之撰寫祭文，其文曰：

> 嗚呼哀哉！天降割于斯文，何其酷耶！往歲已奪吾敬夫，今者伯恭
> 胡爲又至於不淑耶！道學將誰使之振？君德將誰使之復？后生將誰
> 使之誨？斯民將誰使之福耶？經說將誰使之繼？事記將誰使之續
> 耶？若我之愚，則病將孰爲之箴，而過將誰爲之督耶？〔註10〕

朱熹在祭文中表露出他對呂祖謙的死，何其傷感，連用了許多問句，表達他失去摯友的無所適從。值得注意的是，他表示呂祖謙過世後，將無人振興道學，無人繼續經說，無人接續事記，更無人可以監督他的過失。對此時的朱熹來說，他頓失一位生死至交的良師益友。因爲呂祖謙的緣故，所以朱熹還與浙學保持良善的關係，直到呂祖謙過世，這一股中和調劑的力量消失后，朱熹與浙學便漸行漸遠。〔註11〕

浙學中永康學派的陳亮也與朱熹有交往，淳熙八年（1181），由於呂祖謙

---

生倫理、教育史學等學說思想均有探討。

〔註7〕吳光，〈簡論“浙學”的内涵及其基本精神〉，《浙江社會科學》，2004 年第 6 期，2004 年 11 月，頁 146～150。田浩，《功利主義儒家——陳亮對朱熹的挑戰》亦有所論述。浙東作爲地理範圍，根據清乾隆《浙江通志》包含了十一府，江右爲浙西有三府，江左爲浙東領有八府，宋代在浙東一帶，出現了永嘉、永康、金華等學派。

〔註8〕朱熹與呂祖謙這對朋友基於愛屋及烏之心，亦十分關照彼此眷屬，例如朱熹長子朱塾曾因呂祖謙的介紹，而借宿于潘景憲家中，爾後還成就了朱塾與潘景憲長女的婚事；又朱熹季子朱在與呂祖謙的胞弟呂祖儉之姪女成婚。朱熹曾經弔唁過呂祖謙父親與幼弟之喪。關於朱熹與呂祖謙的交往，可以參考劉昭仁，〈朱熹與呂祖謙的交誼〉，《黃山學院學報》，第 6 卷第 4 期，2004 年 8 月，頁 48～57。

〔註9〕朱熹曾經爲呂祖謙做過許多文章，如〈呂氏家塾讀詩記后序〉、〈讀呂氏詩桑中篇〉、〈跋呂伯恭日記〉、〈題呂伯公所抹荊公目錄〉、〈跋呂伯公書說〉等文。

〔註10〕《晦庵先生朱文公文集》，卷87，〈祭呂伯恭著作文〉，頁 4080。

〔註11〕錢穆，《朱子新學案》，臺北，三民書局，民78 年，書中提到朱熹對於浙學的態度，從呂祖謙過世之後，便開始進行嚴格的批判。

之故，朱熹拜訪了陳亮，他們互究學問，並於翌年正月，陳亮「謁熹于衢婺間，旬日始別。熹來書，述山間同游之樂。」〔註12〕通過互訪、暢談以及書信往來，他們彼此間增加了友誼。直至淳熙十一年至十三年（1184～1186）間，他們開始辯論「王霸義利」的問題，這場辯論震動了當時的學術界，也使得彼此的歧見越見明顯。〔註13〕

朱熹與浙東學派終究因為學術上的分歧，使得重經輕史的朱熹公開批駁他們，〔註14〕總結朱熹對浙學的批評，在於兩方面。

第一，經史觀的不同。浙東學派的宗旨誠如梁啓超所言：「其貢獻最大者實在史學。」〔註15〕朱熹曾不只一次的表示，「史學」壞了浙東學派，他說：「伯恭于史分外仔細，于經卻不甚理會。」〔註16〕又曰：

> 聖賢以六經垂訓，炳若丹青，無非仁義道德之說，今求義理不于六
> 經，而反取疏略淺陋之子長，抑惑之甚矣。〔註17〕

對於呂祖謙「兼看經史」的主張，也抱持不同意見，他說：

> 示喻令學者兼看經史，甚善，甚善！此間來學者少亦欲放此接之，
> 但少通敏之資，只看得一經或《論》、《孟》已無餘力矣。……恐亦
> 當令多就經中留意為佳。蓋史書鬧熱，經書冷淡。后生心志未定，
> 少有不偏向外者，此亦當預防也。〔註18〕

從引文中，可知朱熹憂心後學研讀六經之一，便要耗時良久，倘令他們再研讀史書，恐怕顧此失彼。朱熹認為歷史研究，只是探索天理的手段之一，通過對歷史興衰的考察，思考變動之理，並以此為「賢人君子出處進退」的依

---

〔註12〕 童振福，《陳亮年譜》，上海，上海商務印書館，1936 年；關於考亭學派與永康學派的交往，亦可參考劉樹勛主編《閩學源流》，頁 390～393。

〔註13〕 田浩，《功利主義儒家──陳亮對朱熹的挑戰》，頁 108～134。

〔註14〕 蔣義斌，〈朱熹的經史觀〉，《史學彙刊》第 16 期，頁 65～102。文中對於朱熹經先史次的觀點有詳細的說明。

〔註15〕 梁啓超，《清代學術概論》，臺北，中華書局，民 45 年；關於浙東學派的論述，亦可參考下列文章，如漆俠，〈浙東事功派代表人物陳亮的思想與朱陳"王霸義利之辨"〉，《河北大學學報（哲學社會科學版）》，2001 年第 3 期，第 26 卷，頁 5～15。方如金、張敏卿、趙遙丹，〈論南宋浙東事功學派的史學思想〉，《溫州大學學報》，第 17 卷第 6 期，2004 年 12 月，頁 61～66。鮑永軍，〈論永嘉事功派的史學思想〉，《史學史研究》，2003 年第 2 期，頁 28～33。

〔註16〕 《朱子語類》，卷 122，頁 3850。

〔註17〕 《朱子語類》，卷 122，頁 3850。

〔註18〕 《晦庵先生朱文公文集》，卷 33，頁 1423。

據就可以了，還是要以經爲本，史爲次，遵循經本史末的原則進行。但對主張「多識前言往行以蓄其德」的呂祖謙而言，通過治史功夫，聖賢義理才能夠被學者體會領悟，促進身心修養，最終形成淳厚的社會風氣。朱呂二人主張的差異性，追根究底，還是經史觀的不同，朱熹經先史后的想法，與呂祖謙兼重經史的態度，截然不同。

第二、朱熹對浙學中事功主義的批判。朱熹認爲浙東之學爲達事功目的，竟不惜犧牲儒家終極價值時，他更加無法接受，他說：「婺州自伯恭死后，百怪都出，至如子約別說一般差異底話，全然不是孔孟規模，卻作管商見識，令人駭嘆。」〔註19〕又說：「近年以來，彼中學者未曾理會讀書修己，便先懷取一副當功利之心；未曾出門踏著正路，便先做取落草由徑之計。相引去無人處，私語密傳，以爲奇特。」〔註20〕在朱熹看來，浙東之學對於功利的追求，無疑將儒學傳統的終極價值掃蕩無存，「今人只爲不見天理本原，而有汲汲以就功名之心」〔註21〕天理之心在追求功名利祿的過程中遭到矇蔽，當然也無法傳遞聖人之道。他更進一步將浙學追求事功的原因，歸咎於「讀史」一事，他說：

> 大抵是日前爲學只是讀史傳、說世變，其治經亦不過是記誦編節，
> 向外意多，而未嘗反躬內省，以究義理之歸。〔註22〕

讀史的方法不探求義理根源，也不問義利的歸趣，只是向外逐物，卻絲毫未能顧及心性本原，這樣的發展肯定無法明心性之理。〔註23〕上述兩點學術思想的分歧，突顯出朱熹對浙東學派的不滿，也說明朱熹未將他們收錄于道學譜系之中的原因。

僅管如此，浙學仍舊持續發展，並逐漸衍生爲一股學術力量，〔註24〕後世諸多學者試圖整理浙學發展脈絡，明人黃宗羲《移史館論不宜立理學傳書》，將姚江（王陽明）之學與蕺山（劉宗周）之學併入「浙東學統」，全祖望《宋元學案敘錄》完整敘述「浙學」涵括浙東與浙西之學，將之與當時胡

---

〔註19〕《晦庵先生朱文公文集》，卷35，頁1519。
〔註20〕《晦庵先生朱文公文集》，卷54。
〔註21〕《晦庵先生朱文公文集》，卷46，頁2138。
〔註22〕《晦庵先生朱文公文集》，卷54，頁2563。
〔註23〕趙峰，《朱熹的終極關懷》，上海，華東師範大學出版社，2004年7月，頁58～64。
〔註24〕周積明、雷平，〈清代浙東學派學術譜系的構建〉，《學術月刊》，2004年6月，頁40～46。

瑗湖學相呼應。之後，章學誠於《文史通義》中對「浙東之學」和「浙西之學」予以區別定義，他特別說明「浙東學派」是指從南宋四明學派，中經明代姚江學派到明清蕺山——梨洲的一支學術系統。〔註25〕近人何炳松在《浙東學派淵源》書中，主張用「浙東學術」來涵蓋其他不同的稱謂，並廣義地界定「浙東學派」包含了永嘉、永康、金華（呂祖謙）、四明、姚江，並在黃宗羲之後，又有萬斯同、章學誠、全祖望等人繼之。〔註26〕廣義而論，浙東學派一路從呂、葉、陳三脈延續下去，歷經黃宗羲、全祖望等人的繼承發揚。

浙東學派的後續發展，保留了史學在道學運動中的一塊場域，在宋朝，與朱熹同為學術翹楚的陸九淵，〔註27〕在經史觀上本「六經注我」的理念發揚心學，「六經注我」的論說，從「重視心的功能」角度上著手，其實正是明代王陽明「五經皆史」的前身，王陽明「五經皆史」論，認為所謂「理」的理解基礎，取決於「心」，因為「心即理」，況且「心外無物，心外無事，心外無理，心外無義，心外無善」。〔註28〕所謂的理，並不是超驗抽象地存在具體經驗事物之外，而是內在於作為普遍之理與個體意識相統一，具有道德和本體意義的「心」。由這種認識出發，不論是聖人所著的六經，或是紀錄具體經驗過程的歷史，都能發揮「事即道，道即事」的價值。「經史一也」，經史應當並駕齊驅。陸王心學一直朝著「經史並重」的方向前進，在明清兩代，經過王陽明「五經皆史」及章學誠「六經皆史」的推波助瀾下，終於解除了經學對史學的「禁咒」，〔註29〕更平衡了後世對經重史輕的觀感。

從浙東學派的例證中，可以發現因為《諸儒鳴道》澄清了道學的定義，才使得我們用更為廣泛的角度去觀察學術史。《諸儒鳴道》的失佚，猶如讓宋明儒學發展自轉了一圈，從重史派被兼容並包地收錄於《諸儒鳴道》，直到陸

---

〔註25〕關於「浙學」定義的文章，可以參考吳光〈簡論"浙學"的內涵及其基本精神〉，《浙江社會科學》2004 年第 6 期，2004 年 11 月，頁 146～150；蔡克驕〈"浙東史學"再認識〉，頁 43～54。

〔註26〕何炳松，《浙東學派溯源》，北京，商務印書館，1932 年。

〔註27〕關於討論陸九淵的專書，可以參考祁潤興，《陸九淵評傳》，江蘇，南京大學出版社 1998 年 12 月初版。彭永捷，《朱陸之辯——朱熹陸九淵哲學比較研究》，北京，人民出版社，2002 年 5 月初版，頁 29～63。

〔註28〕王守仁，《王陽明全集》，上海，上海商務印書館，1992 年，卷 4，〈答王純甫二〉，頁 156。

〔註29〕蔣義斌，〈章學誠「六經皆史」的意旨〉，《華岡文科學報》，第 16 期，民 77 年 5 月，頁 175～188。

王心學提出經史並重的觀點，這中間因為朱熹的緣故，禁錮了史學在道學運動中的發展，但終究儒學勢必會找到出路，而這條出路正是重新提出史學的價值。

# 參考書目

## 壹、原始史料

1. 〔明〕丁進纂,《新鐫性理奧》,10 卷,《四庫未收書輯刊》,第 3 輯,北京,北京出版社,1997 年。

2. 〔金〕元好問,《中州集》,10 卷,《文淵閣四庫全書》,臺北,臺灣商務印書館,1986 年 3 月,據國立故宮博物院。

3. (清)王夫之,《讀通鑑論》,30 卷,臺北,世界書局,1962 年 4 月。

4. 〔明〕王守仁,《王陽明全集》,38 卷、首 1 卷,上海,上海古籍出版社,1992 年。

5. 〔宋〕王安石,《王安石全集》,100 卷,上海,上海古籍出版社,1999 年 6 月,頁 737。

6. 〔宋〕王明清,《揮塵錄》,18 卷,《叢書集成初編》,北京,中華書局,1985 年,北京新一版。

7. 〔清〕王梓材、〔清〕馮雲濠,《宋元學案補遺》,100 卷,臺北,世界書局,1974 年 7 月再版。

8. 〔宋〕王偁,《東都事略》,130 卷,《叢書集成三編》,臺北,新文豐出版公司,1997 年。

9. 〔宋〕王開祖,《儒志編》,1 卷,《文淵閣四庫全書》,臺北,臺灣商務印書館,1986 年 3 月,據國立故宮博物院。

10. 〔明〕王褘撰,《王忠文集》,24 卷,《文淵閣四庫全書》,臺北,臺灣商務印書館,1986 年 3 月,據國立故宮博物院。

11. 〔宋〕王應麟,《困學紀聞》,20 卷,《四部叢刊續編》,上海,商務印書館,1934 年。

12. 〔清〕王懋竑，《宋朱子年譜》，4 卷，臺北，臺灣商務印書館，1987 年 8 月再版，頁 240。

13. 〔清〕王懋竑、何忠禮點校，《朱熹年譜》，4 卷，北京，中華書局，1998 年，頁 569。

14. 〔宋〕司馬光，《涑水紀聞》，2 卷，北京，中華書局，1989 年 9 月初版，頁 400。

15. 〔宋〕司馬光，《溫國文正司馬公文集》，80 卷，《四部叢刊初編》，臺北，臺灣商務印書館，1967 年。

16. 〔宋〕司馬光等撰、〔元〕胡三省注，《新校資治通鑑注》，294 卷，臺北，世界書局，1993 年 9 月初版，16 冊，頁 9612。

17. 〔宋〕司馬光著、王根林點校，《司馬光奏議》，40 卷，太原，山西出版社，1986 年，頁 447。

18. 〔宋〕司馬光著、李裕民校注，《司馬光日記校注》，1 卷，北京，中國社會科學出版社，1994 年，頁 213。

19. 〔宋〕司馬光著、〔清〕莫友芝批校，《司馬光家範》，1 卷，臺北，中國子學名著集成編印基金會，1978 年，頁 724。

20. 〔宋〕司馬光著、黃公渚選註，《司馬光文》，臺北，臺灣商務印書館，1976 年，頁 130。

21. 〔清〕皮錫瑞，《經學通論》，北京，中華書局，2003 年 11 月，頁 93。

22. 〔清〕朱澤澐，《朱止泉先生文集》，8 卷，收於《四庫全書存目叢書》，集部，別集類，臺南，莊嚴出版社，1995 年。

23. 〔宋〕朱熹，《四書章句集注》，北京，中華書局，1996 年 9 月 1 版 5 刷，頁 223。

24. 〔宋〕朱熹，《朱子全書》，上海，上海古籍書出版社；合肥，安徽教育出版社，2002 年 12 月，27 冊。

25. 〔宋〕朱熹集註，蔣伯潛廣解，《四書讀本》，臺北，啓明書局，3 冊。

26. 〔清〕朱彝尊，《經義考》，《四部備要》，300 卷，經部，聚珍仿宋版排印，上海，中華書局，1936 年。

27. 〔宋〕江少虞，《宋朝事實類苑》，78 卷，上海，上海古籍出版社，1981 年，2 冊。

28. 佚名，《諸儒鳴道》，72 卷，山東，山東友誼書社，1992 年 5 月，2 冊。

29. 〔元〕吳師道，《敬鄉錄》，14 卷，《文淵閣四庫全書》，臺北，臺灣商務印書館，1983 年。

30. 〔宋〕呂柟，《二程子抄釋》，10 卷，《文淵閣四庫全書》，臺北，臺灣商務印書館，1986 年 3 月，據國立故宮博物院。

31. 〔宋〕呂祖謙，《皇朝文鑒》，150 卷，《四部叢刊初編》，上海，上海書店，1989 年。

32. 〔宋〕宋綬、〔宋〕宋敏求編，《宋大詔令集》，240 卷，臺北，鼎文書局，1972 年 9 月初版。

33. 〔明〕宋濂，《文憲集》，32 卷，《文淵閣四庫全書》，臺北，臺灣商務印書館，1986 年 3 月，據國立故宮博物院。

34. 〔清〕李光地，《榕村集》，40 卷，《文淵閣四庫全書》，臺北，臺灣商務印書館，1986 年 3 月，據國立故宮博物院。

35. 〔清〕李光地等編，《御纂性理精義》，12 卷，《文淵閣四庫全書》，臺北，臺灣商務印書館，1986 年 3 月，據國立故宮博物院。

36. 〔金〕李純甫，《鳴道集說》，5 卷，臺北，中國子學名著集成編印基金會，1978 年，頁 218。

37. 〔清〕李清馥，《閩中理學淵源考》，92 卷，《四部叢刊初編》，臺北，臺灣商務印書館，1967 年。

38. 〔宋〕李燾，《續資治通鑑長編》，600 卷，序 1 卷，總目 1 卷，臺北，世界書局，1964 年 9 月 2 版。

39. 〔晉〕杜預注，《春秋經傳集解》，30 卷，《四部叢刊初編》，臺北，臺灣商務印書館，1967 年。

40. 〔清〕汪琬，《堯峰文鈔》，40 卷，《四部叢刊初編》，上海，上海書店，1989 年。

41. 〔宋〕汪應辰，《文定集》，24 卷，《文淵閣四庫全書》，臺北，臺灣商務印書館，1986 年 3 月，據國立故宮博物院。

42. 〔明〕周汝登，《聖學宗傳》，18 卷，《四庫全書存目叢書》，史部，傳記類，臺南，莊嚴出版社，1995 年。

43. 〔宋〕周敦頤，《周子全書》，22 卷，臺北，臺灣商務印書館，1968 年。

44. 〔清〕林豪，《澎湖廳志》，14 卷，《臺灣叢書》，第 1 輯，第 7 冊，臺北，國防研究院及中華學術院合作，1968 年。

45. 〔宋〕邵博，《聞見後錄》，30 卷，《文淵閣四庫全書》，臺北，臺灣商務印書館，1986 年 3 月，據國立故宮博物院。

46. 〔元〕耶律楚材，《湛然居士集》，14 卷，《文淵閣四庫全書》，臺北，臺灣商務印書館，1986 年 3 月，據國立故宮博物院。

47. 〔明〕胡廣，《性理大全書》，70 卷，《文淵閣四庫全書》，臺北，臺灣商務印書館，1986 年 3 月，據國立故宮博物院。

48. 〔清〕孫奇逢，《理學宗傳》，26 卷，《續修四庫全書》，史部，傳記類，上海，上海古籍出版社，1997 年。

49. 〔清〕徐松輯，《宋會要輯稿》，北京，中華書局，1957 年，8 冊。

50. 〔宋〕晁公武，《郡齋讀書志》，4 卷，《文淵閣四庫全書》，臺北，臺灣商務印書館，1986 年 3 月，據國立故宮博物院。

51. 〔宋〕晁說之，《性命聖理學彙函》，臺北，中國子學名著集成編印基金會，1978 年，頁 590。

52. 〔宋〕晁說之，《嵩山文集》，20 卷，《四部叢刊續編》，上海，商務印書館，1934 年。

53. 〔漢〕班固，《漢書》，120 卷，臺北，臺灣商務印書館，1967 年。

54. 〔宋〕真德秀，《西山文集》，55 卷，《文淵閣四庫全書》，臺北，臺灣商務印書館，1986 年 3 月，據國立故宮博物院。

55. 〔清〕翁天祐修、〔清〕翁昭泰纂，《續修浦城縣志》，42 卷，《中國方志叢書》，第 96 號，臺北，成文出版社，1967 年，光緒 26 年刊本景印。

56. 〔宋〕袁燮，《絜齋集》，24 卷，《叢書集成初編》，北京，中華書局，1985 年。

57. 〔宋〕馬永卿，《元城語錄》，3 卷，《諸儒鳴道》，山東，山東友誼書社，1992 年 5 月，2 冊。

58. 〔宋〕馬永卿，《嬾真子》，5 卷，《叢書集成續編》，臺北，藝文印書館，1970 年。

59. 〔宋〕馬永卿輯著、王崇慶註解，《元城語錄解》，3 卷，《四部叢刊續編》，上海，商務印書館，1934 年。

60. 〔元〕馬端臨，《文獻通考》，348 卷，《文淵閣四庫全書》，臺北，臺灣商務印書館，1986 年 3 月，據國立故宮博物院。

61. 〔宋〕張九成，《中庸說》，3 卷，《中國子學名著集成》，臺北，中國子學名著集成編印基金會，1978 年。

62. 〔宋〕張九成，《孟子傳》，29 卷，《文淵閣四庫全書》，臺北，臺灣商務印書館，1986 年 3 月，據國立故宮博物院。

63. 〔宋〕張九成，《橫浦文集》，20 卷，《文淵閣四庫全書》，臺北，臺灣商務印書館，1986 年 3 月，據國立故宮博物院。

64. 〔清〕張伯行編，《宋周濂溪先生惇頤年譜》，臺北，臺灣商務印書館，1978 年 4 月，頁 154。

65. 〔清〕張廷玉，《明史》，332 卷，臺北，中華書局，1981 年。

66. 〔宋〕張載撰、〔清〕王夫之注、湯勤福導讀，《張子正蒙》，上海，上海古籍書出版社，2000 年 12 月，頁 243。

67. 〔宋〕張鎡，《仕學規範》，40 卷，《文淵閣四庫全書》，臺北，臺灣商務印書館，1986 年 3 月，據國立故宮博物院。

68. 〔清〕清高宗敕修,《聖祖仁皇帝聖訓》,60 卷,臺北,文海出版社,2005 年。

69. 〔元〕脫脫,《宋史》,496 卷,臺北,鼎文書局,1978 年 9 月。

70. 〔元〕脫脫,《金史》,135 卷,臺北,鼎文書局,1978 年。

71. 〔清〕陳宏謀修訂,《宋司馬文正公光年譜》,臺北,臺灣商務印書館,1978 年,頁 60。

72. 〔宋〕陳長方,《步里客談》,2 卷,上海,商務印書館,1927 年。

73. 〔宋〕陳思編、〔元〕陳世龍補,《兩宋名賢小集》,380 卷,《文淵閣四庫全書》,臺北,臺灣商務印書館,1986 年 3 月,據國立故宮博物院。

74. 〔宋〕陳振孫,《直齋書錄解題》,22 卷,上海,上海古籍出版社,1987 年 12 月。

75. 〔清〕陳淑均纂,《噶瑪蘭廳志》,8 卷,《臺灣文獻叢刊》,南投,臺灣省文獻委員會,1993 年。

76. 〔宋〕陸九淵,《陸九淵集》,36 卷,北京,中華書局,1980 年。

77. 〔宋〕陸游,《渭南文集》,50 卷,《文淵閣四庫全書》,臺北,臺灣商務印書館,1986 年 3 月,據國立故宮博物院。

78. 〔清〕學誠,《文史通義》,9 卷,臺北,鼎文書局,1673 年 11 月。

79. 〔漢〕揚雄,《法言》,13 卷,上海,上海書店,1989 年。

80. 〔明〕焦竑,《焦氏筆乘》,6 卷,續 8 卷,臺北,廣文書局,2 冊。

81. 〔宋〕程顥、〔宋〕程頤著,王孝魚點校,《二程集》,北京,中華書局,2004 年重印,2 冊,頁 1272。

82. 〔明〕賀復徵,《文章辨體彙選》,780 卷,《文淵閣四庫全書》,臺北,臺灣商務印書館,1986 年 3 月,據國立故宮博物院。

83. 〔明〕黃宗羲、〔清〕全祖望,《宋元學案》,100 卷,臺北,世界書局,1991 年 9 月 5 版。

84. 〔明〕黃淳耀,《陶菴全集》,22 卷,《文淵閣四庫全書》,臺北,臺灣商務印書館,1986 年 3 月,據國立故宮博物院。

85. 〔宋〕黃震,《黃氏日抄》,97 卷,日本京都,中文出版社,據日本立命館大學圖書館藏書景印,1979 年。

86. 〔宋〕楊時,《楊龜山先生全集》,42 卷,臺北,臺灣學生書店,1974 年。

87. 〔宋〕楊萬里,《誠齋集》,133 卷,《文淵閣四庫全書》,臺北,臺灣商務印書館,1986 年 3 月,據國立故宮博物院。

88. 〔明〕楊應詔,《閩南道學源流》,16 卷,《四庫全書存目叢書》,史部,傳記類,臺南,莊嚴出版社,1995 年。

89. 〔清〕萬斯同,《儒林宗派》,16 卷,《叢書集成續編》,臺北,藝文印書館,1970 年。

90. 〔宋〕葉夢得,《避暑錄話》,2 卷,《叢書集成新編》,臺北,新文豐出版公司,1989 年。

91. 〔宋〕葉夢得,《巖下放言》,3 卷,《文淵閣四庫全書》,臺北,臺灣商務印書館,1986 年 3 月,據國立故宮博物院。

92. 〔宋〕董棻,《嚴陵集》,9 卷,《文淵閣四庫全書》,臺北,臺灣商務印書館,1986 年 3 月,據國立故宮博物院。

93. 〔清〕熊燦修、〔清〕張文楷纂,《扶溝縣志》,16 卷,臺北,成文出版社,1976 年。

94. 臺灣銀行經濟研究室主編,《泉州府志選錄》,收於《臺灣文獻叢刊》,臺北,臺灣銀行經濟研究室,1967 年,頁 174。

95. 〔東漢〕趙岐注,《孟子章句》,1 卷,《四部叢刊續編》,上海,商務印書館,1934 年,頁 124。

96. 〔清〕趙爾巽,《清史稿》,536 卷,上海,上海古籍出版社,1997 年。

97. 〔宋〕劉安世,《盡言集》,13 卷,《四部叢刊續編》,上海,商務印書館,1934 年。

98. 〔宋〕劉克莊,《後村先生大全集》,196 卷,《四部叢刊初編》,臺北,臺灣商務印書館,1967 年。

99. 〔明〕劉宗周,《人譜——人譜類記》,1 卷,《文淵閣四庫全書》,臺北,臺灣商務印書館,1986 年 3 月,據國立故宮博物院。

100. 〔宋〕劉祁,《歸潛志》,14 卷,北京,中華書局,1991 年。

101. 〔宋〕劉攽,《彭城集》,40 卷,《文淵閣四庫全書》,臺北,臺灣商務印書館,1986 年 3 月,據國立故宮博物院。

102. 〔梁〕劉勰,《文心雕龍》,10 卷,杭州,浙江古籍出版社,2000 年。

103. 〔梁〕劉勰撰、詹瑛義證,《文心雕龍義證》,10 卷,上海,上海古籍出版社,1989 年,3 冊。

104. 〔清〕德昌重修、〔清〕王增纂,《汝寧府志》,29 卷,清嘉慶元年 1796 年刊本。

105. 〔清〕潘永因,《宋稗類鈔》,36 卷,《文淵閣四庫全書》,臺北,臺灣商務印書館,1986 年 3 月,據國立故宮博物院。

106. 〔宋〕潘自牧,《記纂淵海》,100 卷,《文淵閣四庫全書》,臺北,臺灣商務印書館,1986 年 3 月,據國立故宮博物院。

107. 〔漢〕鄭玄注,《禮記》,臺北,臺灣中華書局,1970 年,2 冊。

108. 〔戰國〕墨翟,《墨子》,4 卷,北京,北京圖書館,2002 年。

109. 〔清〕穆彰阿等纂修,《嘉慶重修一統志》,560 卷,臺北,臺灣商務印書館,1966 年。

110. 〔宋〕韓瓘,《譚錄》,1 卷,《諸儒鳴道》,山東,山東友誼書社,1992 年 5 月,2 冊。

111. 〔宋〕魏了翁,《鶴山集》,109 卷,《文淵閣四庫全書》,臺北,臺灣商務印書館,1986 年 3 月,據國立故宮博物院。

112. 〔元〕釋念常,《佛祖歷代通載》,22 卷,《大藏經》,49 冊,臺北,新文豐,1983 年,頁 477～735。

113. 〔清〕顧炎武,《日知錄集釋》,32 卷,臺北,世界書局,1984 年 11 月。

## 貳、近人研究論著

## 一、中　文

### (一) 專　書

1. 丁原植著,《郭店楚簡儒家佚籍四種釋析》,臺北,臺灣古籍出版有限公司,2000 年 12 月,頁 431。

2. 丁傳靖輯,《宋人軼事彙編》,北京,中華書局,2003 年 12 月再版,2 冊,頁 1160。

3. 習忠民,《宋代臺諫制度研究》,四川,巴蜀書社,1999 年 5 月初版,頁 311。

4. 習忠民,《兩宋御史中丞考》,四川,巴蜀書社,1995 年 11 月初版,頁 249。

5. 中國哲學史學會、浙江省社會科學研究所編,《論宋明理學》,杭州,浙江人民出版社,1983 年,頁 557。

6. 尹協理著,《宋明理學》,北京,新華出版社,1993 年,頁 166。

7. 尹達主編,《中國史學發展史》,臺北,天山出版社,1985 年,頁 572。

8. 孔東,《宋代東萊呂氏之望族及其貢獻》,臺北,臺灣商務印書館,1988 年 1 月初版,頁 143。

9. 方立天,《佛教哲學》,北京,中國人民出版社,1991 年。

10. 方克立,《中國哲學上的知行觀》,北京,人民出版社,1997 年 10 月重印,頁 393。

11. 方彥壽,《朱熹書院與門人考》,上海,華東師範大學,2000 年,頁 226。

12. 日蘭・克爾凱郭爾(丹)著,謐肖聿、王才勇譯,《恐懼與顫慄》,北京,華夏出版社,1998 年,頁 270。

13. 毛禮銳、沈灌群主編,《中國教育通史》,濟南,山東出版社,1999 年,

6 卷。

14. 王先謙，《莊子集解》，臺北，三民書局，1999 年 5 月，頁 202。

15. 王明蓀，《宋遼金元史》，臺北，眾文圖書，1990 年，頁 163。

16. 王明蓀，《宋遼金史論文稿》，臺北，明文書局，1988 年 7 月再版，頁 190。

17. 王善軍，《宋代宗族和宗族制度研究》，石家莊，河北教育出版社，1999 年，頁 296。

18. 王瑞明，《宋儒風采》，湖南，岳麓書社出版社，1997 年 10 月初版，頁 715。

19. 王壽南主編，《中國歷代思想家》，臺北，臺灣商務印書館，1999 年 4 月初版，25 冊。

20. 王錦貴，《司馬光及其資治通鑑》，鄭州市，大象出版社，1997 年，頁 151。

21. 包偉民主編，《宋代制度史百年研究：1900～2000》，北京，商務印書館，2004 年，頁 462。

22. 古清美，《宋明理學概述》，臺北，臺灣書店，1996 年 11 月，頁 216。

23. 史次耘註解，《孟子今註今解》，臺北，臺灣商務印書館，民 81 年 5 月，頁 410。

24. 田浩，《朱熹的思維世界》，臺北，允晨文化出版社，1996 年 5 月，頁 429。

25. 田浩著、姜長蘇譯，《功利主義儒家——陳亮對朱熹的挑戰》，南京，江蘇人民出版社，1997 年 7 月初版，頁 206。

26. 田浩編、楊立華、吳艷紅等譯，《宋代思想史論》，北京，社會科學文獻出版社，2003 年 12 月，頁 661。

27. 任繼愈主編，《中國哲學史》第三冊，北京，人民出版社，1999 年 9 月再版重印，頁 402。

28. 任繼愈主編，《國際漢學》第三輯，河南，大象出版社，1999 年 4 月初版，頁 602。

29. 印順，《中國禪宗史——從印度禪到中華禪》，江西，江西人民出版社，1993 年 9 月 2 刷，頁 365。

30. 朱伯崑，《易學哲學史》，北京，北京大學出版社，1988 年 1 月，3 冊。

31. 朱杰人主編，《邁入 21 世紀的朱子學——紀念朱熹誕辰 870 周年逝世 800 周年論文集》，上海，華東師範大學出版社，2001 年 11 月，頁 411。

32. 朱剛，《唐宋四大家的道學與文學》，臺北，東方出版社，1997 年 10 月初版，頁 255。

33. 朱瑞熙，《中國政治制度史——第六卷宋代》，北京，人民出版社，1996 年 12 月初版，頁 731。

34. 朱瑞熙，《朱熹教育和中國文化》，北京，北京燕山出版社，1991 年，頁

636。

35. 朱義祿，《黃宗羲與中國文化》，貴陽，貴州人民出版社，2001 年 10 月初版，頁 382。

36. 牟宗三，《中國哲學十九講》，上海，上海古籍出版社，1998 年 6 月，頁 453。

37. 牟宗三，《心體與性體》，臺北，正中書局，1968 年，3 冊。

38. 牟宗三，《周易哲學演講錄》，上海，華東師範大學出版社，2004 年 5 月，頁 126。

39. 艾爾曼著、趙剛譯，《從理學到樸學——中華帝國晚期思想與社會變化面面觀》，南京，江蘇人民出版社，1997 年 3 月，頁 236。

40. 何成軒，《儒學南傳史》，北京，北京大學出版社，2000 年 6 月初版，頁 431。

41. 余英時，《中國近世宗教倫理與商人精神》，臺北，聯經出版社，1987 年初版，頁 173。

42. 余英時，《朱熹的歷史世界：宋代士大夫政治文化的研究》，臺北，允晨文化出版社，2003 年 6 月，2 冊。

43. 吳乃恭編著，《宋明理學》，長春，吉林文史出版社，1994 年，頁 507。

44. 吳以寧，《朱熹及宋明理學研究資料》，北京，國際文化出版公司，1990 年，頁 453。

45. 吳怡，《中國哲學發展史》，臺北，三民書局，1989 年 12 月，頁 531。

46. 吳怡，《中庸誠的哲學》，臺北，東大圖書有限公司，1984 年 3 月再版，頁 186。

47. 吳康，《宋明理學》，臺北，華國出版社，1962 年，頁 376。

48. 吳懷祺，《中國史學思想通史·宋遼金卷》，合肥，黃山書社，2002 年 2 月，頁 471。

49. 宋旭軒論文集編委會，《宋旭軒教授八十榮壽論文集》，臺北，新店，宋旭軒論文集編委會，2000 年，2 冊，頁 1148。

50. 宋衍申，《司馬光評傳：忠心為資治 鴻篇傳千古》，南寧市，廣西教育出版社，1995 年，頁 227。

51. 宋衍申，《司馬光傳》，臺南，大行出版社，1997 年，頁 676。

52. 宋晞，《宋史研究論叢》，臺北，中國文化大學出版部，1999 年 9 月，5 冊。

53. 宋晞編，《司馬光史論》，臺北，中央文物供應社，1954 年，頁 762。

54. 李仁群、程梅花、夏當英著，《道家與中國哲學（宋代卷）》，北京，人民出版社，2004 年 6 月，頁 417。

55. 李日章，《宋明理學研究》，高雄，三信出版社，1979 年，頁 182。

56. 李冬君，《孔子聖化與儒者革命》，北京，中國人民大學出版社，2004 年 4 月初版，頁 299。

57. 李幼蒸，《仁學解釋學：孔孟倫理學結構分析》，北京，中國人民大學出版社，2004 年 7 月初版，頁 463。

58. 李申，《中國儒教史》，上海，上海人民出版社，2000 年 12 月初版，2 卷，頁 1100。

59. 李秀雄，《朱熹與李退溪詩比較研究》，北京，北京大學出版社，1991 年，頁 260。

60. 李昌憲，《司馬光評傳》，南京，南京大學出版社，1998 年 12 月，頁 450。

61. 李則芬，《宋遼金元歷史論文集》，臺北，黎明文化事業股份有限公司，1991 年 11 月，頁 764。

62. 李則芬，《泛論司馬光資治通鑑》，臺北，臺灣商務印書館，1986 年，頁 212。

63. 李國鈞等著，《中國書院史》，湖南，湖南教育出版社，1994 年 6 月，頁 1196。

64. 李甦平編，《中外儒學比較研究》，北京，東方出版社，1998 年，頁 377。

65. 李道湘，《現代新儒學與宋明理學》，瀋陽市，遼寧大學出版社，1998 年，頁 378。

66. 李學勤，《周易正義》，北京，北京大學出版社，1999 年 12 月，頁 383。

67. 李學勤主編，《中國學術史（宋元卷上）》，南昌，江西教育出版社，2000 年，7 卷。

68. 杜保瑞，《北宋儒學》，臺北，臺灣商務印書館，2005 年，頁 328。

69. 杜維明，《儒家思想——以創造轉化為自我認同》，臺北，東大圖書公司，1997 年 11 月初版，頁 207。

70. 杜維明著、段智德譯，《論儒學的宗教性——對《中庸》的現代詮釋》，武昌，武漢大學出版社，1999 年 7 月初版，頁 241。

71. 沈松勤，《北宋文人與黨爭——中國士大夫群體研究之一》，北京，人民出版社，1998 年 10 月，頁 375。

72. 沈松勤，《南宋文人與黨爭》，北京，人民出版社，2005 年 3 月，頁 537。

73. 狄百瑞著、李弘祺譯，《中國的自由傳統》，臺北，聯經出版社，1983 年，頁 145。

74. 邢鐵，《宋代家庭研究》，上海，上海人民出版社，2005 年 2 月初版，頁 347。

75. 卓新平，《神聖與世俗之間》，哈爾濱，黑龍江人民出版社，2003 年 12

月，頁 401。

76. 周大同，《朱熹》，臺北，臺灣商務印書館，1971 年，頁 515。

77. 周晉，《道學與佛教》，北京，北京大學出版社，1999 年 7 月初版，頁 200。

78. 周德昌編著，《朱熹教育思想述評》，長春，吉林教育出版社，1987 年，頁 116。

79. 季羨林總主編、郭齊勇主編，《宋明儒學與長江文化》，武漢，湖北教育出版社，2004 年 10 月初版，頁 443。

80. 忽滑谷快天著、朱謙之譯，《中國禪宗思想史》，上海，上海古籍出版社，2002 年 4 月，2 冊，頁 890。

81. 林尹，《中國學術思想大綱》，臺北，臺灣商務印書館，1979 年，頁 272。

82. 武夷山朱熹研究中心編，《朱熹與中國文化》，上海，學林出版社，1989 年，頁 353。

83. 祁潤興，《陸九淵評傳》，江蘇，南京大學出版社，1998 年 12 月初版，頁 473。

84. 金春峰，《朱熹哲學思想》，臺北，東大圖書，1998 年，頁 433。

85. 侯外廬、邱漢生、張豈之主編，《宋明理學史》，北京，人民出版社，1997 年 10 月重印，2 卷，頁 1048。

86. 胡元玲，《張載易學與道學：以《橫渠易說》及《正蒙》為主之探討》，臺北，臺灣學生書局，2004 年，頁 264。

87. 胡道靜、戚文編著，《周易十講》，上海，上海人民出版社，2004 年 7 月，頁 402。

88. 苗春德主編，《宋代教育》，河南，河南大學出版社，1999 年 2 月，頁 514。

89. 苗書梅，《宋代官員選任和管理制度》，河南，河南大學出版社，1996 年 6 月初版，頁 565。

90. 韋政通，《孔子》，臺北，東大圖書公司，1996 年，頁 347。

91. 唐納德 J.夢羅著、莊國雄、陶黎銘譯，《早期中國「人」的觀念》，上海，上海古籍出版社，1994 年 8 月初版，頁 198。

92. 夏瑞春著，陳愛政等譯，《德國思想家論中國》，1995 年 1 月，頁 283。

93. 孫亦平主編，《西方宗教學名著提要》，臺北，昭明出版社，2003 年 5 月，2 冊。

94. 徐吉軍、方建新、方健、呂鳳堂著，《中國風俗通史：宋代卷》，上海，上海文藝出版社，2001 年 11 月，頁 885。

95. 徐定寶，《黃宗羲評傳》，南京，南京大學出版社，2001 年 9 月，頁 427。

96. 徐紀芳，《陸象山弟子研究》，臺北，文津出版社，1990 年 4 月，頁 181。

97. 徐復觀，《兩漢思想史》，臺北，臺灣學生書局，1976 年，3 冊。

98. 徐復觀著、陳克艱編，《中國知識份子精神》，上海，華東師範大學出版社，2003 年 12 月，頁 252。

99. 徐復觀著、陳克艱編，《中國學術精神》，上海，華東師範大學出版社，2003 年 11 月，頁 286。

100. 徐遠和，《洛學源流》，濟南，齊魯書社，1987 年 9 月，頁 384。

101. 祝尚書，《宋人別集敘錄》，北京，中華書局，1999，年 11 月初版，2 冊，頁 1545。

102. 馬克思·韋伯（德）著，洪天富譯，《儒教與道教》，南京，江蘇人民出版社，1993 年 8 月初版，頁 279。

103. 馬積高，《宋明理學與文學》，長沙，湖南師範大學出版社，1989 年頁，382。

104. 高令印、陳其芳，《福建朱子學》，福建，福建人民出版社，1999 年 7 月，頁 581。

105. 國立文藝基金會、國立政治大學編，《紀念司馬光王安石逝世九百週年學術研討會論文集》，臺北，國立文藝基金會，國立政治大學，1986 年，頁 6107。

106. 國立臺灣大學中國文學研究所主編，《宋代文學與思想》，臺北，臺灣學生書局，1989 年 10 月，頁 768。

107. 宿白，《唐宋時期的雕版印刷》，北京，文物出版社，1999 年 3 月初版，頁 252。

108. 張加才，《詮釋與建構──陳淳與朱子學》，北京，人民出版社，2004 年 8 月，頁 364。

109. 張立文，《朱熹思想研究》，北京，中國社會科學出版社，1994 年 9 月，頁 474。

110. 張立文，《朱熹評傳》，南京，南京大學出版社，2000 年 2 月初版，頁 629。

111. 張立文，《宋明理學研究》，北京，人民出版社，2002 年 11 月初版，頁 641。

112. 張立文，《宋明理學邏輯結構的演化》，臺北，萬卷樓發行三民總經銷，1993 年，頁 529。

113. 張立文，《道》，臺北，漢興書局，1994 年，頁 397。

114. 張立文等著，《理》，北京，中國人民大學出版社，1996 年 1 月，頁 335。

115. 張旭春譯，《身體型態：現代社會的五種身體》，瀋陽，春風文藝出版社，1999 年 6 月，頁 210。

116. 張希清等著，《宋代典章制度》，長春，吉林文史出版社，2001 年 3 月，頁 447。

117. 張其凡、范立舟主編,《宋代歷史文化研究(續編)》,北京,人民出版社,2003 年 9 月初版,頁 457。

118. 張其成,《易道主干》,北京,新華書店,2002 年 1 月,頁 376。

119. 張其成,《易圖探秘》,北京,中國書店,2003 年 1 月,頁 266。

120. 張延生,《易學入門》,北京,團結出版社,2004 年 6 月,頁 382。

121. 張延生,《易學應用》,北京,團結出版社,2004 年 6 月,頁 369。

122. 張秋升、王洪軍主編,《中國儒學史研究》,濟南,齊魯書社,2004 年 12 月初版,頁 497。

123. 張起鈞、吳怡,《中國哲學史話》,臺北,東大圖書公司,1989 年 8 月,頁 404。

124. 張高評,《黃梨洲及其史學》,臺北,文津出版社,1989 年 10 月,頁 281。

125. 張清泉,《北宋契嵩的儒釋融會思想》,臺北,文津出版社,1998 年,頁 376。

126. 張暢耕主編,《遼金史論集(第六輯)》,北京,社會科學文獻出版社,2001 年 7 月,頁 439。

127. 張學強,《拒斥與吸收:教育視域中的理學與佛學關係研究》,成都,巴蜀書社,2002 年 7 月,頁 262。

128. 張蕙慧,《儒家樂教思想研究》,臺北,文史哲出版社,1985 年 6 月初版,頁 160。

129. 張灝,《幽暗意識與民主傳統》,臺北,聯經出版社,1989 年 5 月初版,頁 243。

130. 曹國慶,《曠世大儒——黃宗羲》,石家莊,河北人民出版社,2000 年 7 月初版,頁 335。

131. 梁太濟,《唐宋歷史文獻研究叢稿》,上海,上海古籍出版社,2004 年 11 月,頁 589。

132. 梁啓超,《中國近三百年學術史》,臺北,里仁書局,1995 年,頁 511。

133. 梁啓超,《清代學術概論》,臺北,商務印書館,1993 年,頁 113。

134. 許理和(荷)著,李四龍、裴勇等譯,《佛教征服中國》,南京,江蘇人民出版社,2003 年,頁 486。

135. 郭沂注,《郭店楚簡竹簡六種考釋》,上海,上海教育出版社,2001 年 1 月,頁 859。

136. 郭東旭,《宋代法制研究》,保定,河北大學出版社,2000 年 8 月 2 版,頁 634。

137. 郭建勳注釋,《易經讀本》,臺北,三民書局,1999 年 8 月,頁 601。

138. 郭齊,《朱熹傳》,成都,四川大學出版社,2000 年,頁 305。

139. 都興智，《遼金史研究》，北京，人民出版社，2004 年 12 月，頁 337。

140. 陳正夫，《朱熹評傳》，南昌，江西人民出版社，1984 年，頁 225。

141. 陳克明，《司馬光學述》，武漢，湖北人民出版社，1990 年，頁 454。

142. 陳來，《有无之境：王陽明哲學的精神》，北京，人民出版社，1997 年 2 月重印，頁 418。

143. 陳來，《朱子哲學研究》，上海，華東師範大學出版社，2000 年 9 月，頁 450。

144. 陳來，《朱熹哲學研究》，臺北，文津出版社，1990 年，頁 414。

145. 陳來，《宋明理學》，臺北，洪葉文化出版社，1993 年，頁 404。

146. 陳科華，《儒家中庸之道研究》，桂林，廣西師範大學出版社，2000 年 4 月初版，頁 323。

147. 陳茂同，《中國歷代選官制度》，上海，華東師範大學出版社，1997 年 9 月，頁 777。

148. 陳郁夫，《周敦頤》，臺北，東大圖書公司，1990 年 12 月初版，頁 168。

149. 陳榮捷，《中國哲學文獻選編》，臺北，巨流圖書公司，1993 年，2 冊，頁 933。

150. 陳榮捷，《王陽明傳習錄詳註集評》，臺北，臺灣學生書局，1998 年 2 月修訂版三刷，頁 472。

151. 陳榮捷，《朱熹》，臺北，東大圖書公司，1990 年，頁 343。

152. 陳榮捷，《宋明理學之概念與歷史》，臺北，中研院文哲所，1996 年，頁 428。

153. 陳榮捷，《新儒學論集》，民 84 年 4 月，臺北，中央研究院文哲所，1995 年，頁 374。

154. 陳遠寧，《中國佛教與宋明理學：一次本土文化與外來文化融合的成功例證》，長沙市，湖南人民出版社，1999 年，頁 204。

155. 陶晉生，《女真史論》，臺北，稻鄉出版社，2003 年，頁 238。

156. 陶晉生，《北宋士族家庭‧婚姻‧生活》，臺北，中央研究院史語所，2001 年 2 月，頁 380。

157. 陶懋炳，《司馬光史學論探微》，湖南，湖南師範大學出版社，1989 年 11 月初版，頁 225。

158. 傅小凡，《宋明道學新論——本體論建構與主體性轉向》，北京，社會科學文獻出版社，2005 年 5 月初版，頁 449。

159. 傅海波著，崔瑞德編，史衛民等譯，《劍橋中國遼西夏金元史》，北京，中國社會科學出版社，1998 年 9 月，頁 935。

160. 勞思光，《新編中國哲學史》3 冊上下，臺北，三民書局，1993 年 8 月，

頁 897。

161. 單波，《心通九境——唐君毅哲學的精神空間》，北京，人民出版社，2001年 7 月，頁 344。

162. 彭永捷，《朱陸之辨——朱熹陸九淵哲學比較研究》，北京，人民出版社，2002 年 5 月初版，頁 302。

163. 曾春海，《易經的哲學原理》，臺北，文津出版社，2003 年，頁 417。

164. 游彪，《宋代寺院經濟史稿》，保定，河北大學出版社，2003 年 3 月初版，頁 261。

165. 湯勤福，《朱熹的史學思想》，濟南，齊魯書社，2000 年，頁 451。

166. 程應鏐，《司馬光新傳》，上海，上海人民出版社，1991 年，頁 237。

167. 童振福，《陳亮年譜》，上海，上海商務印書館，1936 年，頁 121。

168. 粟品孝，《朱熹與宋代蜀學》，北京，高等教育出版社，1998 年，頁 209。

169. 馮炳奎，《宋明理學研究論集》，臺北，黎明文化事業，1989 年，頁 499。

170. 馮惠民，《司馬光和資治通鑑》，北京，中華書局，1987 年，頁 264。

171. 黃俊傑，《孟子》，臺北，東大圖書公司，1993 年 2 月初版，頁 304。

172. 黃寬重、劉增貴主編，《家族與社會》，北京，中國大百科全書出版社，2005 年 4 月，頁 478。

173. 黃鎮偉，《坊刻本》，南京，江蘇古籍出版社，2003 年 8 月，頁 184。

174. 宵慧如，《北宋進士考試內容之演變》，臺北，知書房出版，1996 年 10 月初版，頁 200。

175. 楊天石，《朱熹及其哲學》，北京，中華書局，1982 年，頁 308。

176. 楊念群，《儒學地域化的近代型態——三大知識群體互動的比較研究》，北京，三聯書店，1997 年 6 月初版，頁 567。

177. 楊東蓴，《中國學術史講話》，南京，江蘇教育出版社，2005 年 4 月初版，頁 250。

178. 楊金鑫，《朱熹與岳麓書院》，上海，華東師範大學，1996 年，頁 4163。

179. 楊柱才、鄭曉江主編，《道學宗主——周敦頤哲學思想研究》，北京，人民出版社，2004 年 12 月，頁 393。

180. 楊洪傑、吳麥黃，《司馬光傳》，太原，山西人民出版社，1997 年，頁 332。

181. 楊慶中，《二十世紀中國易學史》，北京人民出版社，2000 年 2 月，頁 550。

182. 楊儒賓，《儒家身體觀》，臺北，中央研究院中國文哲研究所籌備處，1996 年，頁 443。

183. 溝口雄三著，李甦平譯，《日本人視野中的中國學》，北京，中國人民大學出版社，1996 年，頁 213。

184. 溫偉耀，《成聖之道——北宋二程修養功夫論之研究》，開封，河南大學出版社，2004 年 4 月初版，頁 166。

185. 葉坦，《大變法——宋神宗與十一世紀的改革運動》，北京，三聯書店，1996 年 4 月，頁 262。

186. 董根洪，《司馬光哲學思想述評》，太原，山西人民出版社，1993 年，頁 420。

187. 賈順先，《宋明理學新探》，成都，四川人民出版社，1987 年，頁 388。

188. 鄒昌林，《中國禮文化》，北京，社會科學文出版社，2002 年 6 月，頁 367。

189. 熊琬，《宋代理學與佛學探討》，臺北，文津出版社，民 80 年 5 月，頁 389。

190. 臧克和，《中國文字與儒學思想》，廣西，廣西教育出版社，1999 年 7 月，頁 295。

191. 蒙培元，《理學的演變——從朱熹到王夫之戴震》，福州，福建人民出版社，1998 年 4 月再版，頁 494。

192. 蒙培元，《理學範疇系統》，北京，人民出版社，1997 年 5 月重印，頁 530。

193. 褚斌杰等著，《儒家經典與中國文化》，武漢，河北教育出版社，2000 年 1 月，頁 465。

194. 趙吉惠、趙馥潔、郭厚安、潘策主編，《中國儒學史》，鄭州市，中州古籍出版社，1991 年，頁 853。

195. 趙吉惠、劉學智主編，《張載關學與南冥學研究》，北京，社會科學文獻出版社，2004 年 9 月，頁 392。

196. 趙峰，《朱熹的終極關懷》，上海，華東師範大學出版社，2004 年 7 月，頁 380。

197. 趙琦，《金元之際的儒士與漢文化》，北京，人民出版社，2004 年 9 月，頁 345。

198. 劉乃和、宋衍申主編，《司馬光資治通鑑》，長春，吉林文史出版社，1996 年，頁 381。

199. 劉子健，《兩宋史研究彙編》，臺北，聯經出版社，1997 年 4 月，頁 369。

200. 劉子健著，趙冬梅譯，《中國轉向內在——兩宋之際的文化內向》，南京，江蘇人民出版社，2001 年 12 月，頁 197。

201. 劉述先，《儒家思想開拓的嘗試》，北京，中國社會科學出版社，2001 年 7 月初版，頁 195。

202. 劉復生，《北宋中期儒學復興運動》，四川大學博士論文，臺北，文津出版社，1991 年，頁 228。

203. 劉樹勛，《閩學源流》，福建，福建教育出版社，1993 年 12 月初版，頁

587。

204. 潘雨廷，《周易表解》，上海，上海社會科學院出版，2004 年 7 月，頁 327。

205. 潘英編著，《資治通鑑司馬光史論之研究》，臺北，明文書局，1987 年，頁 240。

206. 潘富恩、徐余慶著，《呂祖謙評傳》，江蘇，南京大學出版社，1996 年 1 月，頁 464。

207. 潘富恩、徐洪興主編，《中國理學》，上海，東方出版社，2002 年 6 月，4 冊。

208. 滕復，《馬一浮思想研究》，北京，中華書局，2001 年，頁 257。

209. 蔣義斌，《宋代儒釋調和論及排佛論之演進——王安石之融通儒釋及程朱學派之排佛反王》，臺北，臺灣商務印書館，1997 年 10 月，頁 234。

210. 蔣義斌，《宋儒與佛教》，臺北，東大圖書公司，1997 年 9 月初版，頁 312。

211. 蔡仁厚，《牟宗三先生學思年譜》，臺北，臺灣學生書局，1996 年 2 月初版，頁 240。

212. 蔡方鹿，《程顥程頤與中國文化》，貴州，貴州人民出版社，1996 年 1 月 1 日，頁 410。

213. 諸葛憶兵，《宋代宰輔制度研究》，北京，中國社會科學出版社，2000 年 7 月初版，頁 349。

214. 鄭家棟，《斷裂中的傳統：信念與理念之間》，北京，中國社會科學出版社，2001 年 4 月初版，頁 660。

215. 鄧艾民，《朱熹王守仁哲學研究》，上海，華東師範大學出版社，1989 年，頁 228。

216. 鄧克銘，《宋代理概念之開展》，臺北，文津出版社，1993 年 6 月初版，頁 278。

217. 鄧洪波，《中國書院史》，上海，東方出版社，2004 年 7 月初版，頁 609。

218. 鄧啟，《司馬光學述》，臺北，文史哲出版社，1994 年，頁 113。

219. 魯道夫‧奧托著，成窮、周邦憲譯，《論"神聖"——對神聖觀念中的非理性因素及其與理性之關係的研究》，成都，四川人民出版社，1995 年，頁 290。

220. 墨翟撰、吳毓江註，《墨子校注》，成都，新華書店，1992 年 8 月，頁 946。

221. 盧連章，《程顥程頤評傳》，南京，南京大學出版社，2001 年 4 月，頁 466。

222. 盧廣森、盧連章主編，《洛學及其中州后學》，開封，河南大學出版社，1999 年 5 月，頁 353。

223. 蕭漢明，《《周易本義》導讀》，濟南，齊魯書社，2003 年 10 月，頁 287。

224. 蕭慶偉，《北宋新舊黨爭與文學》，北京，人民文學出版社，2001 年 6 月，頁 351。

225. 賴永海，《佛學與儒學》，杭州，浙江人民出版社，1992 年，頁 231。

226. 錢穆，《中國近三百年學術史》，臺北，商務印書館，1995 年再版，2 冊，頁 885。

227. 錢穆，《中國思想史》，臺北，臺灣學生書局，1992 年，頁 302。

228. 錢穆，《朱子新學案》，臺北，三民書局，1989 年，5 冊。

229. 錢穆，《朱子學提綱》，北京，三聯書店，2002 年 8 月，頁 225。

230. 錢穆，《宋代理學三書隨箚》，北京，三聯書店，2002 年 8 月，頁 227。

231. 錢穆，《宋明理學概述》，臺北，臺灣學生書局，1977 年，頁 438。

232. 錢穆，《國史大綱》，臺北，臺灣商務印書館，1995 年三版，2 冊，頁 914。

233. 戴瑞坤，《中日韓朱子學陽明學之研究》，臺北，文史哲出版社，2000 年，頁 306。

234. 薛瑞兆，《金代科舉》，北京，中國社會科學出版社，2004 年 12 月，頁 355。

235. 韓鍾文，《朱熹教育思想研究》，南昌，江西教育出版社，1989 年，頁 567。

236. 龐景仁著、馮俊譯，《馬勒伯朗的"神"的觀念和朱熹的"理"的觀念》，北京，商務印書館，2005 年，頁 244。

237. 羅立剛，《宋元之際的哲學與文學》，上海，復旦大學出版社，1999 年 6 月初版，頁 443。

238. 羅光，《中國哲學思想史宋代篇》，臺北市，臺灣學生書局，1984 年再版，2 冊，頁 939。

239. 羅家祥，《北宋黨爭研究》，臺北，文津出版社，1993 年 11 月初版，頁 352。

240. 關長龍，《兩宋道學命運的歷史考察》，上海，學林出版社，2001 年 12 月初版，頁 481。

241. 龔延明，《宋代官制辭典》，北京，中華書局，1997 年 4 月，頁 800。

## （二）期刊論文

1. Bol, Peter K.著、陳大可譯，〈十二至十六世紀的文化、社會及理學〉，"Culture, Society, and Neo-Confucianism, 1100-1500"，《中國文哲研究通訊》，臺北市，中央研究院中國文哲研究所，9 卷 1 期（總 33 期），1999 年 3 月，頁 89～103。

2. Elman, Benjamin A.，〈道學之末流——從宋明道學至清朝考證的轉變〉，《清華學報》，新竹市，國立清華大學，15 卷 1/2 期，1983 年 12 月，頁 67～89。

3. Myers, Roman H. and　Metzger, Thomas A.著，劉紀曜、溫振華譯，〈漢學的陰影：美國現代中國研究近況〉（上、下），《食貨月刊》，臺北市，食貨月刊社，10 卷 10、11 期，頁 28～41、頁 37～51。

4. Schwartz, Benjamin（史華慈）著、楊立華等譯，〈儒學思想中的幾個極點〉，《宋代思想史論》，北京，社會科學文獻出版社，2003 年，頁 98～110。

5. 文科科研處編，《文科科研簡報》，2003 年第 5 期，2003 年 11 月。

6. 方如金、張敏卿、趙遙丹，〈論南宋浙東事功學派的史學思想〉，《溫州大學學報》，第 17 卷第 6 期，2004 年 12 月，頁 61～66。

7. 王中江，〈中國哲學中的公私之辨〉，《哲學與文化》，臺北縣，哲學與文化月刊雜誌社，27 卷 5 期，（總 312 期），2000 年 5 月，頁 467～478；511。

8. 王心竹，〈20 世紀中國大陸程朱理學研究綜述〉，《哲學動態》，中國社會科學院哲學所，2002 年第 1 期，2002 年，頁 32～35。

9. 王立文、孫長祥，〈祭祖儀式意涵之探索〉，《佛學與科學》，臺北市，財團法人圓覺文教基金會，6 卷 2 期，民 94 年 7 月，頁 52～58。

10. 王明蓀，〈王安石的王霸論〉，《中華文化復興月刊》，臺北市，中華文化復興運動推行委員會，15 卷 2 期，1982 年 2 月，頁 6～12。

11. 王明蓀，〈王安石對人性之認識及其一道德說〉，《國際宋史研討會論文集》，1988 年 9 月，頁 211～230。

12. 王明蓀，〈李純甫之三教思想〉，《宗教哲學》，臺北縣，中華民國宗教哲學研究社，第 4 卷第 1 期，1998 年 1 月，頁 38～48。

13. 王明蓀，〈金代士人之歷史思想〉，《興大歷史學報》，臺中市，國立中興大學歷史學系，11 期，2000 年 12 月，頁 1～25。

14. 王明蓀，〈金初的功臣集團及其對金宋關係的影響〉，《邊政研究所年報》，臺北，國立政治大學邊政研究所，10 期，1979 年 7 月，頁 135～154。

15. 王明蓀，〈金修國史及金史源流〉，《書目季刊》，臺北，書目季刊社，22 卷 1 期，1988 年 6 月，頁 37～60。

16. 王明蓀，〈郝經之史學〉，《興大歷史學報》，臺中市，國立中興大學歷史學系，1 期，1991 年 2 月，頁 75～89。

17. 王書華，〈荊公新學的創立與發展〉，《宋遼金元史》，北京，中國人民大學書報資料中心，2001 年第 3 期，頁 8～12。

18. 王智勇，〈《宋大詔令集》的價值及整理〉，《四川大學學報（哲學社會科學版）》，2000 年 4 期（總 109 期），頁 80～85。

19. 王德毅，〈宋代史家的唐史學〉，《文史哲學報》，臺北市，國立臺灣大學文史哲學報編輯委員會，50 期，1999 年 6 月，頁 307～309；311～327。

20. 王慶生，〈李純甫生平事迹考略〉，《晉陽學刊》，山西，山西社會科學院，2001 年 4 期，2001 年，頁 95～99。

21. 王澤龍，〈文章語言的主要特色辨說〉，《四川大學學報（哲學社會科學版）》，2004 年第 1 期，2004 年，頁 72～75。

22. 司徒港生，〈程顥研究的原始材料——《二程全書》中未確定語錄的判別方法初探〉，《鵝湖學誌》，臺北市，東方人文學術研究基金會暨中國哲學研究中心，15 期，1995 年 12 月，頁 117～132。

23. 田浩，〈史學與文化思想：司馬光對諸葛亮故事的重建〉，《中央研究院歷史語言研究所集刊》，第 73 本，第 1 分，2002 年 3 月，頁 165～195。

24. 田浩，〈所謂“朱子的社倉”與當代道學社群和政府裡的士大夫的關係〉，《黃山學院學報》，安徽，黃山學院，第 6 卷第 4 期，2004 年 8 月，頁 26～28。

25. 田浩，〈金代的儒教：道學在北部中國的印迹〉，《中國哲學》，第 14 輯，1990 年，頁 107～141。

26. 田浩，〈金代思想家李純甫和宋代道學〉，《大陸雜誌》，臺北市，大陸雜誌社，78 卷 3 期，1989 年 3 月，頁 9～13。

27. 田浩，〈評余英時《朱熹的歷史世界》〉，《世界哲學》，2004 年第 4 期，頁 104～107。

28. 田浩，〈論陳亮與道學的關係：以宋刻本「圈點龍川水心二先生文粹」中的漢論為中心〉，《大陸雜誌》，臺北市，大陸雜誌社，78 卷 2 期，1989 年 2 月，頁 1～5。

29. 田浩，〈儒學研究的一個新指向：新儒學與道學之間差異的檢討〉，《宋代思想史論》，北京，社會科學文獻出版社，2003 年，頁 77～97。

30. 田浩、江宜芳譯，〈80 年代中葉以來美國的宋代思想史研究〉，《中國文哲研究通訊》，臺北市，中央研究院中國文哲研究所，第 3 卷第 4 期，1993 年 12 月，頁 63～70。

31. 申小龍，〈論宋代的語言學變革〉，《學術月刊》，1996 年第 9 期，頁 99～106。

32. 向燕南，〈從“榮經陋史”到“六經皆史”——宋明經史關係說的演化及意義之探討〉，《史學理論研究》，頁 31～41。

33. 早坂俊廣，〈關於《宋元學案》的“浙學”概念——作為話語表象的“永嘉”、“金華”和“四明”〉，《浙江大學學報（人文社會科學版）》，第 32 卷第 1 期，2002 年 1 月，頁 110～115。

34. 朱義祿，〈論學案體〉，《哈爾濱工業大學學報（社會科學版）》，第 1 卷第 1 期，1999 年 12 月，頁 111～114。

35. 朱漢民，〈理學之術的“實學精神”〉，《湖南大學學報（社會科學版）》，

第 14 卷第 2 期，2000 年 6 月，頁 3～9。

36. 朱喆，〈道言論——先秦道家語言哲學研究〉，《哲學與文化》，臺北縣，哲學與文化月刊雜誌社，28 卷第 1 期，2001 年 1 月，頁 48～64。

37. 何兆龍，〈論章學誠的「六經皆史」〉，《中國文化月刊》，臺中市，中國文化月刊雜誌社，198 期，1996 年 4 月，頁 39～49，頁 48。

38. 余英時，〈從宋明儒學的發展論清代思想史〉，《中國學人》，香港，新亞研究所，2 期，1970 年 9 月，頁 19～41。

39. 余英時，〈清代思想史重要觀念通釋〉，《史學評論》，臺北市，史學評論社，5 期，1983 年 1 月，頁 19～98。

40. 吾妻重二，〈美國的宋代思想研究——最近的情況〉，《宋代思想史論》，北京，社會科學文獻出版社，2003 年，頁 7～29。

41. 吳光，〈簡論"浙學"的內涵及其基本精神〉，《浙江社會科學》，2004 年第 6 期，2004 年 11 月，頁 146～150。

42. 呂實強，〈曾國藩先生的行誼〉，《故宮學術季刊》，臺北市，國立故宮博物院，11 卷 3 期，1994 年春，頁 27～54。

43. 宋家復，〈詮釋的歷史與（歷）史的詮釋——章學誠「六經皆史」說的再理解〉，《九州學刊》，臺北市，九州學刊雜誌社，7 卷 1 期，1996 年 1 月，頁 21～70。

44. 宋晞，〈五十年來我國與香港地區對宋史的研究〉，《漢學研究通訊》，臺北市，漢學研究中心蔣經國國際學術交流基金會，第 20 卷第 1 期（總 77 期），2001 年 2 月，頁 1～5。

45. 李文澤，〈司馬光文集版本考述〉，《大陸雜誌》，臺北市，大陸雜誌社，99 卷 2 期，1999 年 8 月，頁 23～31。

46. 李壯鷹，〈談談禪宗語錄〉，《北京師範大學學報（社會科學版）》，1998 年 1 期，總 145 期，頁 65～71。

47. 李俊清，〈關於司馬光《歷年圖》的幾個問題〉，《山西大學學報（哲學社會科學版）》，1988 年 1 期（總 39 期），頁 46～50。

48. 李哲賢，〈美國漢學研究的概況〉，《文理通識學術論壇》，雲林縣，國立雲林科技大學文理通識學科，1 期，1999 年 1 月，頁 1～6。

49. 李敏辭，〈《二程語錄》的文獻史料價值〉，《湖南師範大學社會科學學報》，1998 年第 2 期，總第 27 期，1998 年，頁 63～67。

50. 李甦平，〈中日朱子學「理」範疇比較〉，《哲學研究》，9 期，1991 年 9 月，頁 69～75。

51. 李甦平，〈宋明理學在日本的傳播和演變〉，《哲學研究》，3 期，1982 年，頁 66～70。

52. 李華瑞，〈20 世紀王安石變法研究的回顧與展望〉，《中國史》，第 12 卷，

2002 年 10 月，頁 17～34。

53. 李華瑞、水璐，〈南宋理學家對王安石新學的批判〉，《宋遼金元史》，北京，中國人民大學書報資料中心，2002 年第 3 期，頁 33～37。

54. 李曉東，〈經學與宋明理學〉，《中國史研究》二，1987 年，頁 83～95。

55. 李錦全，〈論周敦頤對儒學哲理化的歷史貢獻〉，《齊魯學刊》，1994 年 1月，頁 73～77。

56. 杜維運，〈尚書與史學〉，《國立政治大學歷史學報》，臺北市，國立政治大學歷史學系，9 期，1992 年 1 月，頁 19～27。

57. 沈松勤，〈北宋臺諫制度與黨爭〉，《歷史研究》，北京，科學出版社，1998年 4 期，頁 27～44。

58. 阮芝生，〈學案體裁源流初探〉，《中國史學史論文選集》，第一冊，1976年，頁 574～596。

59. 具熙卿，〈宋代禪宗語錄被動式語法研究——以被字句、爲字句爲例〉，臺北，國立政治大學中文研究所碩士論文，1998 年 6 月，頁 60。

60. 周杏芬，〈朱熹與書院研究〉，臺北，國立政治大學中文研究所碩士論文，1995 年，頁 121。

61. 周益忠，〈從子産不毀鄉校道尋孔顏樂處——兼談孔門對話精神對後世教改的啓示〉，《國文學誌》，第 6 期，2002 年 12 月，頁 29～52。

62. 周紹賢，〈宋明理學家所傳之道及所講之道〉，《哲學與文化》，第 15 卷第11 期，1988 年 11 月，頁 30～39。

63. 周策縱，〈《易經》「修辭立其誠」辨〉，《中國文哲所研究集刊》，3 期，1993 年 3 月，頁 27～53。

64. 林久貴，〈《宋元學案》的作者及成書經過述論〉，《黃岡師專學報》，湖北，黃岡師專報編輯部，第 18 卷第 3 期，1998 年 8 月，頁 64～69。

65. 林久貴，〈略論《宋元學案》的學術史批評方法〉，《湖北大學學報（哲學社會科學版）》，1997 年第 5 期，1997 年，頁 75～77。

66. 林文琪，〈《禮記》中的人觀〉，文化大學哲學研究所博士論文，1998 年12 月，頁 195。

67. 林平，〈論宋代禁毀道學圖書〉，《社會科學輯刊》，2004 年第 6 期（總 155期），2004 年，頁 87～92。

68. 武金正，〈啓示與醒悟的奧秘之道〉，《輔仁宗教研究》，臺北縣，輔仁大學法學院宗教學系，第 7 期，2003 年，頁 45～74。

69. 武金正，〈奧托的宗教經驗〉，《輔仁宗教研究》，創刊號，2000 年，頁 25～39。

70. 邱漢生，〈朱熹的生平及其著述〉，《朱子學刊》，總 2，1990 年 10 月，頁

134～150。

71. 金春峰，〈概論理學的思潮、人物、學派及其演變和終結〉，《求索》，1983年3期。

72. 侯立朝，〈關於道學、朱熹、南宋和戰問題〉，《中華雜誌》，臺北市，中華雜誌社，18卷9～11期，1980年9～11月，頁45～48。

73. 南懷瑾，〈宋明理學與禪宗〉，《孔孟學報》，臺北市，中華民國孔孟學會，23期，1972年4月，頁23～37。

74. 姜吉仲，〈北宋吏治法改革議論之研究——以歐陽修和司馬光之逐路取士爭論爲主〉，《華岡文科學報》，臺北市，中國文化大學，21期，1997年3月，頁225～246。

75. 柳立言，〈評 Beverly J. Bossler, Power Relations：Kinship,Status and the State in Sung China（960～1279）〉，《臺大歷史學報》，臺北市，國立臺灣大學出版委員會，24期，1999年12月，頁433～444。

76. 胡元玲，〈朱熹思想中「存天理去人欲」之研究〉，《國立臺灣師範大學國文研究所集刊》，臺北市，國立台灣師範大學，44期，民89年6月，頁179～266。

77. 胡克均，〈胡三省“蒙昧草野”六百載初探〉，《鹽城師專學報（哲學社會科學版）》，1995年2期，頁87～76。

78. 胡傳志，〈李純甫考論〉，《社會科學戰線》，2000年2期，頁116～125。

79. 范立舟，〈理學名稱與概念解析〉，《學術史研究》，頁56～59。

80. 范立舟，〈理學發生原由及創始人問題的再考察〉，《暨南學報（哲學社會科學）》，臺北市，臺聯國風出版社，第25卷第5期，2003年9月，頁93～103。

81. 倉修良，〈要給學案體以應有的地位〉，《光明日報》，1988年3月23日。

82. 唐君毅，〈略談宋明儒學與佛學之關係〉，《佛教與中國文化》，張曼濤主編，現代佛教學術叢刊第十八冊，臺北，大乘文化出版社，1978年4月，頁329～334。

83. 夏長樸，〈司馬光疑孟及其相關問題〉，《臺大中文學報》，臺北市，國立臺灣大學中國文學系，9期，1997年6月，頁115～144。

84. 夏祖恩，〈《禮記》的“入世”思想芻議〉，《福建師範大學福清分校學報》，2004年第1期，頁1～8。

85. 孫長祥，〈「詩經」中的時間觀——從詩經試探儒家時間觀的原型〉，《人文與管理學報》，桃園縣，元智工學院通識教學部與管理學院，1卷1期，1997年3月，頁1～28。

86. 孫長祥，〈墨辯中的認識與語言〉，《華岡文科學報》，臺北市，中國文化大學，26期，2003年9月，頁1～43。

87. 孫長祥，〈儒家禮樂思想中的身體思維——從《禮記》論起〉，《東方哲學學報》，第 10 期，2004 年 8 月，頁 25～54。

88. 孫瑋，〈中國古代的名和字〉，《臨沂師專學報》，1994 年 2 期，頁 39～42。

89. 徐洪興，〈周敦頤《通書》、《太極圖說》關係考——兼論周敦頤本體論思想〉，《中國哲學史》，2000 年第 4 期，頁 80～89。

90. 晏選軍，〈金代理學發展路向考論〉，《北京師範大學學報（社會科學版）》，2004 年第 6 期（總 186 期），2004 年，頁 74～81。

91. 馬納、馬斗成，〈宋代潭州晁氏家學試探〉，《天津師範大學學報（社會科學版）》，2004 年第 4 期，頁 31～36。

92. 高柏園，〈論勞思光先生對宋明理學的分系態度〉，《淡江人文社會學刊》，臺北縣，淡江大學，2 期，1998 年 11 月，頁 23～42。

93. 崔珍皙，〈重玄學對宋明理學的影響——以成玄英、華嚴宗以及程朱理學之間的比較爲中心〉，《哲學雜誌》，臺北縣，業強出版社，31 期，2000 年 1 月，頁 120～137。

94. 張永儁，〈比論二程子理學思想之分歧——兼論楊龜山及謝上蔡之思想發展〉，《臺大哲學評論》，臺北，國立臺灣大學，第 9 期，1986 年 1 月，頁 109～137。

95. 張玉法，〈曾國藩的歷史地位〉，《故宮學術季刊》，臺北市，國立故宮博物院，11 卷 2 期，1993 年冬，頁 60～61。

96. 張立文，〈公私論〉，《孔孟月刊》，30 卷 10 期、11 期，1992 年 6 月、7 月，頁 26～34、頁 32～38。

97. 張立文，〈從宋明新儒學到現代新儒學〉，《上海社會科學院學術季刊》，1994 年 1 月，頁 113～122。

98. 張有軍，〈語言認知的哲學觀〉，《遼寧大學學報（哲學社會科學版）》，第 32 卷第 5 期，2004 年 9 月，頁 18～20。

99. 張亨，〈張橫渠的功夫歷程與實際〉，《宋代文學與思想》，臺北，臺灣學生書局，1989 年，頁 749～770。

100. 張邦煒，〈論北宋晚期士風〉，《四川師範大學學報（社會科學版）》，27 卷 2 期，2000 年 3 月，頁 76～84。

101. 張明華，〈試論北宋時期的“臺諫合一”〉，《許昌師專學報（社會科學版）》，17 卷 3 期，1998 年 3 月，頁 64～66。

102. 張靜二，〈曾國藩的文學理論——從養氣到行氣〉，《漢學研究》，臺北市，漢學研究中心，9 卷 2 期，民 80 年 12 月，頁 339～346。

103. 張耀謙，〈莊子對語言之意見的時代考察〉，《哲學與文化》，臺北縣，哲學與文化月刊雜誌社，31 卷第 4 期，2004 年 4 月，頁 179～189。

104. 梁庚堯，〈內斂文化的定型——十二世紀晚期中國文化的趨向〉，《聯合文

學》，臺北市，聯合文學出版社有限公司，7 期 8 期，1991 年 6 月，頁 26～31。

105. 梁庚堯，〈宋代的義學〉，《臺大歷史學報》，臺北市，國立臺灣大學出版委員會，24 期，1999 年 12 月，頁 177～224。

106. 梁庚堯，〈南宋教學行業興盛的背景〉，《宋史研究集》，第 30 輯，2000 年，頁 317～343。

107. 陳廷湘，〈中國文化中兩種信仰體系的衝突──宋代理學的排佛及其理論侷限〉，《中國文化論壇》，2002 年 1 月，頁 98～102。

108. 陳來，〈豈弟君子教之誨之──張岱年先生與我的求學時代〉，《文史知識》，2005 年 2 期、3 期，2005 年。

109. 陳來，〈略論《諸儒鳴道集》〉，《中國近世思想史研究》，2003 年，頁 3～21。

110. 陳來，〈儒家"禮"的觀念與現代世界〉，《孔子研究》，2001 年第 1 期，2001 年，頁 4～12。

111. 陳俊民，〈道學與宋學、新儒學、新理學通論〉，《渭南師範學院學報（社會科學版）》，2000 年 3 期，第 15 卷（第 53 期），頁 5～14。

112. 陳俊良，〈朱熹《論語集注》的思想史研究〉，臺北，中國文化大學史學研究所博士論文，2004 年 12 月，頁 314。

113. 陳祖武，〈朱熹與《伊洛淵源錄》〉，《文史》，39 期，1994 年 3 月，頁 149～164。

114. 陳植鍔，〈從疑傳到疑經──宋學初期疑古思潮論述〉，《中國經學史論文選集》，1992 年，頁 22～35。

115. 陳榮捷，〈使理學臻於完善的朱熹〉，收於《宋史研究·紀念巴拉茲教授叢書》二，1973 年。

116. 陳贇，〈作為一種思問方式的心學〉，《孔孟月刊》，第 39 卷第 6 期，2001 年 2 月，頁 35～46。

117. 陶晉生，〈北宋世人的起家及其家族之維持〉，《興大歷史學報》，臺中市，國立中興大學歷史學系，3 期，1993 年 4 月，頁 11～34。

118. 章啟輝，〈程顥程頤與周敦頤的佛學思想〉，《求索》，2001 年 5 月，頁 87～89。

119. 彭永捷，〈論儒家道統及宋代理學的道統之爭〉，《文史哲》，臺北市，文史哲雜誌社，2001 年第 2 期（總 263 期），2001 年 2 月，頁 36～42。

120. 彭忠德，〈章學誠〈易教〉、〈書教〉、〈詩教〉補說〉，《漢學研究》，臺北市，漢學研究中心，18 卷 1 期，2000 年 6 月，頁 73～82。

121. 彭國翔，〈20 世紀宋明理學研究的回顧與前瞻（上）（下）〉，《哲學動態》，2003 年 4、5 期，頁 41～44、頁 38～40。

122. 曾春海，〈儒學「誠」的觀念解析〉，《哲學與文化》，臺北縣，哲學與文化月刊雜誌社，24 卷 12 期，1997 年 12 月，頁 1171。

123. 童長義，〈德川大儒伊藤仁齋與明遺臣朱舜水〉，《中國歷史學會史學集刊》，臺北市，中國歷史學會，30 期，1998 年 10 月，頁 219～243。

124. 舒大剛，〈談談《儒藏》的編纂分類問題〉，《四川大學學報》，2004 年第 4 期，頁 56～63。

125. 黃俊傑，〈儒學價值系統中的兩難式「元代朱熹正統思想之興起」讀後〉，《中外文學》，臺北市，中外文學月刊社，8 卷 9 期，1980 年 2 月，頁 100～106。

126. 黃復山，〈王安石三不足說考辨〉，《漢學研究》，臺北市，漢學研究中心，11 卷 1 期，1993 年 6 月，頁 209～252。

127. 黃進興，〈「學案」體裁補論〉，《食貨月刊》，臺北市，食貨月刊社，16 卷 9 期/10 期，1987 年 12 月，頁 372～375。

128. 黃進興，〈學案體裁產生的思想背景：從李紱的「陸子學譜」說起〉，《漢學研究》，臺北市，漢學研究中心，2 卷 1 期（總 3 期），1984 年 6 月，頁 201～221。

129. 黃開國，〈吳虞對儒家經典的懷疑〉，《天府新論》，1994 年 6 期，頁 51～56。

130. 黃鳳岐，〈論金朝的教育與科舉〉，《宋遼金元史》，北京，中國人民大學書報資料中心，2002 年第 4 期，頁 49～55。

131. 黃儀冠，〈論程伊川格物窮理之說〉，《哲學與文化》，臺北縣，哲學與文化月刊雜誌社，27 卷 9 期（總 316 期），2000 年 9 月，頁 889～899；903。

132. 黃寬重，〈宋代四明士族人際網絡與社會文化活動──以樓氏家族為中心的觀察〉，收於《家庭與社會》，北京，中國大百科全書出版社，2005 年，頁 364～405。

133. 黃繁光，〈北宋推行幕役之必要及施行實況〉，《新埔學報》，臺北縣，新埔工商專科學校，3 期，1977 年 4 月，頁 33～54。

134. 黃繁光，〈宋代墓誌銘中的報償表述法──以士人仕宦際遇及婦女持家生涯為探討中心〉，《東吳歷史學報》，臺北市，東吳大學，12 期，2004 年 12 月，頁 55～94。

135. 黃繁光，〈南宋義役的推展及其意義〉，《淡江史學》，臺北縣，淡江大學歷史學系，3 期，1991 年 6 月，頁 49～74。

136. 黃繁光，〈南宋義役的綜合研究〉，《新埔學報》，臺北縣，新埔工商專科學校，12 期，1992 年 4 月，頁 253～265。

137. 逯耀東，〈司馬光「通鑑考異」與裴松之「三國志注」〉，《臺大歷史學報》，臺北市，國立臺灣大學出版委員會，21 期，1997 年 12 月，頁 125～145。

138. 楊渭生，〈評司馬光的歷史觀〉，《山西大學學報（哲學社會科學版）》，1988 年 1 期（總 39 期），頁 41～45。

139. 楊儒賓，〈《中庸》、《大學》變成經典的過程——從性命之書的觀點立論〉，《臺大歷史學報》，臺北市，國立臺灣大學出版委員會，24 期，1999 年 12 月，頁 29～66。

140. 楊樹勛、陳遵沂，〈論楊時在思想文化史上的地位〉，《閩學研究》，1994 年第 2 期，1994 年 4 月，頁 6～12。

141. 葉明華、楊國樞，〈中國人的家族主義：概念分析與實徵衡鑑〉，《中研院民族學研究所集刊》，臺北市，中央研究院民族學研究所，83 期，1998 年 6 月，頁 169～225。

142. 葉毅均，〈從思想史到文化史的嘗試——包弼德《斯文》一書及其相關討論述評〉，《新史學》，14 卷 2 期，2003 年 6 月，頁 215～240。

143. 董金裕，〈理學的名義與範疇——孔孟學會一九○次研究會講稿〉，《孔孟月刊》，第 20 卷第 9 期，1981 年，頁 22～27。

144. 董建和、盧香霄，〈南宋浙東學派的 "家學" 源與流〉，《浙江師大學報（社會科學版）》，1994 年第 3 期，頁 80～84。

145. 董根洪，〈司馬光是理學的重要創始人〉，《山西大學學報》，1996 年 4 期，頁 53～60。

146. 虞雲國，〈宋代臺諫言事制度述論〉，《大陸雜誌》，臺北市，大陸雜誌社，89 卷 5 期，1994 年 11 月，頁 39～48。

147. 虞雲國，〈試論宋代對臺諫系統的監控〉，《史林》，1997 年 3 期，頁 25～32。

148. 詹啓華，〈在倒塌的偶像與高貴的夢想之間：中國思想史領域的札記〉，《宋代思想史論》，北京，社會科學文獻出版社，2003 年，頁 30～76。

149. 賈德納，〈宋代的思維模式與言說方式〉，《宋代思想史研究》，頁 394～425。

150. 漆俠，〈浙東事功派代表人物陳亮的思想與朱陳 "王霸義利之辨"〉，《河北大學學報（哲學社會科學版）》2001 年第 3 期，第 26 卷，頁 5～15。

151. 蒙培元，〈《中庸》的 "參贊化育說"〉，《泉州師範學院學報（社會科學）》，第 20 卷第 5 期，2002 年 9 月，頁 14～40。

152. 趙文坦，〈金元之際漢人世候的興起與政治動向〉，《宋遼金元史》，北京，中國人民大學書報資料中心，2001 年第 2 期，頁 2～9。

153. 劉成國，〈正統與政見之爭——論北宋中后期蘇氏蜀學對荊公新學的批評〉，《四川大學學報（哲學社會科學版）》，2004 年第 5 期，頁 103～109。

154. 劉宗賢，〈陸王心學探源——試論周敦頤、張載、邵雍與心學思想的關係〉，《中國哲學史》，1994 年 2 期（總 7 期），頁 59～65。

155. 劉宗賢,〈程顥"識仁"思想及其與陸王心學的關係〉,《文史哲》,臺北市,文史哲雜誌社,1994 年 1 月,頁 72～80。

156. 劉昭仁,〈朱熹與呂祖謙的交誼〉,《黃山學院學報》,第 6 卷第 4 期,2004 年 8 月,頁 48～57。

157. 劉述先,〈方東美哲學與當代新儒家思想互動可能性之探究〉,《鵝湖》,臺北縣,鵝湖出版社,26 卷 6 期(總 306 期),2000 年 12 月,頁 18～27。

158. 劉祥光,〈中國近世地方教育的發展——徽州文人、塾師與初級教育(1100～1800)〉,《中研院近代史研究所集刊》,臺北市,中央研究院近代史研究所,28 期,1997 年 12 月,頁 5～44。

159. 劉祥光,〈從徽州文人的隱與仕看元末明初的忠節與隱逸〉,《大陸雜誌》,臺北市,大陸雜誌社,94 卷 1 期,1997 年 1 月,頁 32～84。

160. 劉復生,〈北宋"黨爭"與儒學復興運動的演化〉,《社會科學研究》,新加坡,社會科學出版公司,1999 年 6 期,頁 114～119。

161. 劉廣京,〈近三十年來美國研究中國近代史的趨勢〉,《近代史研究》,臺北市,中央研究院近代史研究所,1983 年第 1 期,頁 289～312。

162. 蔣義斌,〈《樂記》的禮樂合論〉,《簡牘學報》,臺北市,蘭臺出版社,第 14 期,1992 年 3 月,頁 135～168。

163. 蔣義斌,〈《論語》隱處思想對現代社會的反思〉,《宗教哲學》,臺北縣,中華民國宗教哲學研究社,6 卷 2 期,2000 年 6 月,頁 9～27。

164. 蔣義斌,〈六藝身體思維的意旨〉,《宗教哲學》,臺北縣,中華民國宗教哲學研究社,29 期,2003 年 9 月,頁 68～87。

165. 蔣義斌,〈司馬光對佛教的態度〉,發表於 2002 年 11 月〈紀念陳樂素教授百年誕辰國際學術研討會〉,收於《歷史文化研究續編》,北京,人民出版社,2003 年 9 月,頁 316～348。

166. 蔣義斌,〈朱熹的經史觀〉,《史學彙刊》,臺北市,中國文化大學歷史系,16 期,1988 年,頁 65～102。

167. 蔣義斌,〈呂本中與佛教〉,《佛學研究中心學報》,2 期,1997 年 6 月,頁 129～155。

168. 蔣義斌,〈章學誠「六經皆史」的意旨〉,《華岡文科學報》,第 16 期,1988 年 5 月,頁 175～188。

169. 蔣義斌,〈禮樂合論與禮的內化〉,《宗教哲學》,臺北縣,中華民國宗教哲學研究社,32 期,2005 年 3 月,頁 1～14。

170. 蔡仁厚,〈牟先生研究宋明理學過程之探析〉,《鵝湖月刊》,臺北縣,鵝湖出版社,20 卷第 1 期(總 229 期),頁 1～7。

171. 蔡仁厚,〈宋明理學與當代新儒家的對比及其前瞻〉,《南昌大學學報(人

社版)》，第 35 卷第 2 期，2004 年 3 月，頁 156～160。

172. 蔡仁厚，〈南宋理學三大系〉，《新亞學術集刊》，香港，新亞學術集刊編輯委員會，第 3 期，1982 年，頁 143～156。

173. 蔡介裕，〈朱熹與湖湘學者論辯「涵養察識先後」之探討〉，《文藻學報》，高雄市，文藻外語學院學報編輯委員會，6 期，2000 年 1 月，頁 1～15。

174. 蔡方鹿，〈二程理學與宋學〉，《中國哲學史》，1994 年 2 期（總 7 期），1994 年 6 月，頁 51～58。

175. 蔡方鹿，〈宋代理學心性論之特徵及其時代意義〉，《中國文化月刊》，臺中市，中國文化月刊雜誌社，173 期，1994 年 3 月，頁 21～43。

176. 蔡宏，〈道家、道教對宋明理學本體論形成和發展的影響〉，《宗教哲學》，臺北縣，中華民國宗教哲學研究社，5 卷 3 期（總 19 期），1999 年 7 月，頁 140～153。

177. 鄭強勝，〈中國傳統家學文化史研究的新領域〉，《歷史文化》，1995 年 5 期，頁 16～18。

178. 魯子平，〈略論中國文化吸取佛教文化的邏輯進程及其歷史啟示〉，《哲學與文化》，臺北縣，哲學與文化月刊雜誌社，第 29 卷，2002 年 9 月，頁 836～846。

179. 黎昕，〈楊時"理一分殊"說的特色及其對朱熹的影響〉，《中州學刊》，河南，社會科學院，1986 年第 2 期（總 33 期），1986 年 4 月，頁 49～53。

180. 盧廣森，〈楊時哲學思想簡論〉，《中州學刊》，河南，社會科學院，1986 年第 6 期（總 36 期），1986 年 11 月，頁 54～57。

181. 盧毅，〈劉歆與經古文學〉，《唐都學刊》，2000 年 3 期，第 16 卷（總 65 期），頁 35～40。

182. 盧鍾鋒，〈論《宋元學案》的編纂，體例特點和歷史地位〉，《史學史研究》，1986 年第 2 期，頁 68～73。

183. 錢穆，〈中國史學名著——黃黎洲的《明儒學案》和全謝山的《宋元學案》〉，《文藝復興》，臺北市，中國文化大學華岡學會，30 期，1972 年 6 月，頁 14～18。

184. 錢穆，〈從黃、全兩學案講到章實齋《文史通義》〉，《文藝復興》，臺北市，中國文化大學華岡學會，31 期，1972 年 7 月，頁 1～5。

185. 鮑永軍，〈論永嘉事功學派的史學思想〉，《史學史研究》，2003 年第 2 期，頁 28～33。

186. 戴君仁，〈朱子與陸象山的交誼及辯學的經過〉，《宋史研究集》，第 1 輯，1958 年，頁 463～471。

187. 戴建國，〈宋代家族政策初探〉，《大陸雜誌》，臺北市，大陸雜誌社，99

卷 4 期，1999 年 10 月，頁 5～25。

188. 薛瑞生，〈東坡南遷辭考辨〉，《人文雜誌》，馬來西亞，華社研究中心，1996 年 1 期，頁 99～104。

189. 鍾彩鈞，〈二程對孟子知言養氣闡釋之分析〉，《宋代文學與思想》，臺北，臺灣學生書局，1989 年，頁 597～626。

190. 簡貴雀，〈陳亮與朱熹之辯論〉，臺北，國立師範大學國文研究所碩士論文，1983 年，頁 215。

191. 魏崇武，〈金代理學發展初探〉，《歷史研究》，中國科學出版社，2000 年 3 期，頁 31～44。

192. 羅光，〈曾國藩家書的五倫道德〉，《故宮學術季刊》，臺北市，國立故宮博物院，11 卷 3 期，1994 年春，頁 1～16。

193. 羅家祥，〈北宋新學的興衰及其理論價值〉，《宋遼金元史》，北京，中國人民大學書報資料中心，2001 年第 3 期，頁 2～7。

194. 羅獅谷，〈從楊時到朱熹：宋代理學的傳授和繼承問題〉，《中國史研究動態》，6 期，1984 年，頁 28～32。

195. 蘇寶榮，〈論宋代理學對我國語言文字學研究的影響〉，《古漢語研究》，1997 年 1 期，頁 32～36。

196. 顧立三，〈《左傳》中之禮〉，《國立政治大學歷史學報》，臺北，國立政治大學歷史學系，11 期，1992 年，頁 12。

197. 顧全芳，〈司馬光與蘇東坡〉，《歷史月刊》，96 期，1996 年 1 月，頁 66～71。

## 二、日　文

### （一）專　書

1. 大橋健二，《良心と至誠の精神史》，東京，太平印刷社，平成 11 年 11 月，頁 318。

2. 小島毅，《宋學の形成と展開》，東京，創文社，1999 年 6 月，頁 269。

3. 山井勇，《黃宗羲》，東京，日本講談社，1983 年。

4. 日原利國編，《中國思想史》，東京，ぺるかん社，1987 年 12 月，頁 773。

5. 木田知生，《司馬光時代》，東京，白帝社，1994 年，頁 315。

6. 寺地遵，《南宋初期政治史研究》，廣島，溪水社，1988 年 9 月，頁 515。

7. 衣川強，《朱熹》，東京，白帝社，1994 年，頁 275。

8. 宋代史研究會，《宋代人の認識——相互性と日常空間》，東京，汲古書院，平成 13 年 3 月，頁 343。

9. 宋代史研究會，《宋代の社會と文化》，東京，汲古書院，昭和 58 年 6 月，

頁 303。

10. 宋代史研究會，《宋代の社會と宗教》，東京，汲古書院，昭和 60 年 10 月，頁 396。

11. 宋代史研究會，《宋代の規範と習俗》，東京，汲古書院，1995 年 10 月，頁 282。

12. 宋代史研究會編，《宋代の政治と社會》，東京，汲古書院，昭和 63 年 5 月，頁 135。

13. 岡田武彦，《中國思想における理想と現實》，東京，木耳社，昭和 58 年 9 月，頁 714。

14. 岡田武彦，《坐禪と靜坐》，東京，櫻楓社，昭和 45 年 5 月初版，頁 164。

15. 岡田武彦，《宋明哲學序說》，東京，文言社，昭和 52 年 5 月，頁 357。

16. 竺沙雅章，《宋元佛教文化史研究》，東京，汲古書院，2001 年 10 月，頁 603。

17. 阿部肇一，《中國禪宗史の研究》，東京，誠信書房，昭和 38 年 3 月，頁 514。

18. 津田左右吉，《儒教の研究第一》，東京，岩波書店，昭和 25 年 3 月，頁 488。

19. 島田正郎，《遼代社會史研究》，東京，三和書房，昭和 27 年 1 月，頁 348。

20. 荒木見悟，《佛教と儒教》，京都，平樂寺書店，昭和 38 年初版。

21. 高佃常信，《宋代湖南學研究》，東京，秋山書社，平成 8 年 12 月，頁 497。

22. 野家啓一，《敘述的哲學——柳田國男與歷史的發現》，東京，岩波書店，1936 年。

23. 楠本正繼，《宋明時代儒學思想の研究》，東京，廣池學園出版部，昭和 39 年 12 月，頁 505。

24. 福永光司，《莊子》，東京，中央公論社，昭和 39 年 12 月，頁 210。

25. 麓保孝，《北宋に於ける儒學の展開》，東京，書籍文物流通會，昭和 42 年 3 月，頁 432。

26. 麓保孝，《宋元明清近世儒學變遷史論》，東京，國書刊行會，昭和 51 年 7 月，頁 370。

27. 麓保孝等，《陸象山（上）》，東京，株式會社明德出版社，昭和 48 年 10 月，頁 434。

（二）期刊論文

1. 久富木成大，〈中國古代詩の修辭と形式——『詩經』の興と疊詠につい

て〉,《中國思想史研究——湯淺幸孫教授退官紀念論集》,第 4 號,1981年 3 月,頁 35～69。

2. 土田健次郎,〈宋代思想史上における周敦頤の位置〉,《東方學論集》,平成 9 年 5 月,頁 875～885。

3. 小島毅,〈宋朝士大夫の研究をめぐつて〉,《中國——社會と文化——》,第 1 號,1986 年 6 月,頁 110～118。

4. 小笠智章,〈邵雍と張載の思想における〈神〉の意義〉,《中國思想史研究》,第 8 號,1985 年度論文,1986 年 3 月,頁 53～84。

5. 山口智哉,〈宋代「同年小錄」考——「書かれたもの」による共同意識の形成〉,《中國——社會と文化——》,第 17 號,平成 14 年 6 月,頁100～124。

6. 中純夫,〈朱子の工夫論について——已發未發の問題をめぐつて〉,《中國思想史研究》,第 7 號,1984 年度論文集,1985 年 3 月,頁 77～113。

7. 木下鐵矢,〈張載の思想について——「大」と「聖」——〉,《中國思想史研究》,第 4 號,1981 年 3 月,頁 217～246。

8. 市來津由彥,〈閩北における朱松と朱熹——程氏語錄資料の收集をめぐつて〉,《東洋學集刊》卷 62,1989 年 4 月,頁 129～142。

9. 寺地遵,〈『天人相關說』より見たる司馬光と王安石〉,《史學雜誌》,76編 10 號,1967 年 10 月,頁 34～62。

10. 早坂俊廣,〈「宋明思想」研究の現狀と課題〉,《中國——社會と文化——》,第 19 號,2004 年 6 月,頁 291～403。

11. 池田知久,〈中國思想史における「自然」の誕生〉,《中國——社會と文化——》,第 8 號,平成 5 年 6 月,頁 3～34。

12. 佐野公治,〈黃宗羲研究の現狀〉,《中國——社會と文化——》,第 3 號,1988 年 6 月,頁 239～245。

13. 吳光,〈『宋元學案』補考〉,《中國——社會と文化——》,第 3 號,1988年 6 月,頁 291～301。

14. 荒木見悟,〈潘殖の忘筌書について〉,《中國哲學論集》,第 12 號,1986年,頁 19～34。

15. 渡邊雅之,〈生徒の疑問を活かした授業——『史記』項羽本紀の場合〉,《中國文化——研究と教育——》,53 號,1995 年,頁 90～103。

16. 飯山知保,〈金初華北における科舉と士人層——天眷二年以前を對象として——〉,《中國——社會と文化——》,第 19 號,2004 年 6 月,頁 137～152。

17. 福島仁,〈「理の哲學」と「氣の哲學」——宋から清に至る理氣哲學の雜組をめぐつて——〉,《中國——社會と文化——》,第 3 號,1988 年 6

月，頁 175～183。

## 三、英　文

### （一）專　書

1. Austin, J. L., *How to Do Things with Words*, Oxford, Oxford University Press,1962,169P.

2. Berthrong, John H., *Transformations of the Confucian Way,* Boulder, Colo, Westview Press, 1998, 250p.

3. Bossler, Beverly J., *Powerful Relations: Kinship, Status, and the State in Sung China（960～1279）*, Asian Studies , Harvard University, Harvard University Press , 1998, 390P.

4. Ch'ien, Edward T.,Chiao Hung and the Restructing of Neo-Confucianism in the Late Ming, New York,Columbia University Press, 1986, 367P.

5. Chaffee, John W, The Thorny Gates of Learning in Sung China──A Social History of Examinations, New York, Cambridge University Press, 1985,279P.

6. Ching, Julia , *The Religious Thought of Chu His,* Oxford and New York, Oxford University Press, 2000, 348P。

7. Chow, Kai-wing, Ng, On-cho, and Henderson, John B., *Imagining Boundaries：Changing Confucian Doctrines, Texts, and Hermeneutics ,* New York, State University of New York Press,1999, 269P.

8. De Bary, William Theodore, *The Message of The Mind in Neo-Confucianism,* New York, Columbia university Press, 1989,292P.

9. Eno, Robert , The Confucian Creation of Heaven： Philosophy and The Defense of Ritual Mastery, New York, State University of New York Press, 1990, 349P.

10. Fingarette, Herbert, *Confucius*: *The Secular as Sacred,* New York,Harper and Row Press, 1972, 84P.

11. Gardner, Daniel K., Zhu Xi's Reading of the Analects： Canon, Commentary, and the Classical Tradition, New York, Columbia University Press, 2003, 226P.

12. Goldin, Paul Rakita , *Rituals of the Way*: *The Philosophy of Xunzi,* Chicago, Open Court Publishing Company, 1999, 182P。

13. Haeger, John Winthrop, *Crisis and Prosperity in Sung China,* Tucson, University of Arizona Press, 1975, 264P.

14. Huang, Siu-chi ,Essentials of Neo-Confucianism: Eight Major Philosophers of The Song and Ming Periods, Westport, Conn, Greenwood Press, 1999, 261P.

15. Lakoff, George and Johnson, Mark, Philosophy in the Flesh──The Embodied Mind and its Challenge to Western Thought,New York, Basic Books, 1999, 624P.

16. Makeham, John , *New Confucianism*: *A Critical Examination,* New York, Palgrave Macmillan, 2003, 262P.

17. Munro, Donald J., *The Concept of Man in Early China,* Stanford and California, Stanford University, 1969, 256P.

18. Neville, Robert C., *Boston Confucianism*: *Portable Tradition in The Late-Modern World*, Albany and New York, State University of New York Press, 2000, 258P.

19. Nivison, David S., *The Ways of Confucianism*: *Investigations in Chinese Philosophy,* Chicago, Open Court Publishing Company, 1996, 339P。

20. O'neill, John , *Five Bodies∶The Human Shape of Modern Society,*Ithaca, Cornell University Press,1985,181P.

21. ○tto, Rudolf: translated by Harvey, John W.（英譯）, The Idea of the Holy∶An Inquiry Into The Non-Rational Factor in The Idea of The Divine and Its Relation to The Rational, New York,Oxford University Press, 1939, 232P.

22. Selover, Thomas W., Hsieh Liang-tso and The Analects of Confucius: Humane Learning as A Religious Quest, New York, Oxford University Press, 2005, 183P.

23. Tu, Wei-Ming, Centrality amd Commonality: An Essay on Confucian Religiousness, New York, State University, 1989, 165P.

24. Tucker, Mary Evelyn and Berthrong, John H., *Confucianism and Ecology*: *The Interrelation of Heaven, Earth, and Humans,* Cambridge, Mass, Harvard University Press , 1998, 378P.

25. Wright, Arthur F., *The Confucian Persuasion,* California, Stanford University Press, 1960, 390P.

26. Wu, Kuang-ming （吳光明）, *On Chinese Body Thinking—A Cultural Hermeneutic,*New York,Brill ,1997,492P.

## （二）期刊論文

1. De Bary, William Theodore, "The Uses of Neo─Confucianism∶A Response to Professor Tillman" , *Philosophy East & West,* Vol. 43, No.3, July 1993, PP.541-555.

2. Lui, James ,"How Did a Neo-Confucian School Become the State Orthodoxy", *Philosophy East & West*, Vol.23, No.4, October 1973, PP483-505.

3. Tillman , Hoyt Cleveland," Confucianism under the Chin and Impact of Sung Confucian Tao─hsueh", *China under Jurchen Rule,*（Albany, State University of New York Press,1995,385P）, PP.71-114.

4. Tillman, Hoyt Cleveland, " The Uses of Neo──Confucianism, Revisited: A Reply to Professor de Bary", *Philosophy East & West,* Vol. 44, No.1, January 1994, PP.135-142.

# 附表一 《諸儒鳴道》諸儒關係圖

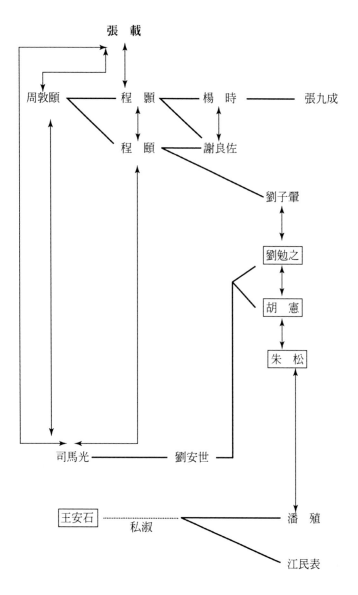

【 ←→ 代表講友 ── 代表師承 |人名| 並不包含在《諸儒鳴道》之內 】